Diploma × KYOTO ´22

The Kyoto exhibition of graduation projects
by architecture students

—

Infect

JN055233

はじめに

「建築」という言葉はあまりにも広義すぎるため、それを容易に解釈することはできません。しかし、我々はその難題に果敢に立ち向かい、自分なりの解釈を獲得し、カタチに現しました。卒業設計とは時に孤独であり、自身の思考に溺れてしまうことすらあります。そうならずに、全員が最後まで走りきれたのは、「Diploma × Kyoto」があったからです。

「Diploma × Kyoto」は関西の大学4年生による卒業設計展覧会です。出展者が自ら企画運営を行う団体であり、仲間同士で自身の思考について語り、さまざまな価値観に触れられる場でもありました。展示空間のデザイン、来場者を盛り上げる企画など、常にヒトを意識して考え、自らも体験するというのは、建築を考える上で通ずるものがあると思います。

オンラインが浸透してきた中で、従来の表現方法に疑問を持ち、色々な改善策を検討しました。作品展示は対面とオンラインの両方で行い、より多くの人に届けるための試行錯誤と挑戦の年でした。

卒業設計とは大学4年間の集大成とよく言われますが、本当に熱量のある作品が並びました。

本書を通して、その熱量を感じ取っていただき、出店者の数だけの価値観に触れていただけると幸いです。

テーマ

Infect

直訳すると「感染させる」という意味です。しかし本来は「影響を与える」と言うニュアンスを持っています。

ライバルであり、仲間でもある関係の中で、お互いに影響を与え合いながら大きく成長を遂げた一年でした。

本書を通して皆様にも影響をもたらすことができれば幸いです。

京都建築学生之会 2022年度代表
坂東幸樹

CONTENTS

開 催 概 要

主　　宰　　京都建築学生之会

会　　期　　2022年2月26日（土）〜28日（月）

会　　場　　京都市勧業館みやこめっせ 3F 展示会場

テ ー マ　　Infect
　　　　　　Day1 ／ architectural update
　　　　　　Day2 ／ field update
　　　　　　Day3 ／ next update

参加大学　　16 大学
　　　　　　（大阪大学、大阪工業大学、大阪市立大学、大阪電気通信大学、関
　　　　　　西大学、京都大学、京都建築大学校、京都工芸繊維大学、京都女子
　　　　　　大学、京都橘大学、近畿大学、神戸大学、摂南大学、帝塚山大学、
　　　　　　武庫川女子大学、立命館大学）

出展者数　　123 名

審 査 員　　Day1 ／内藤廣（建築家／内藤廣建築設計事務所／東京大学名誉教
　　　　　　授）、藤本壮介（建築家／藤本壮介建築設計事務所）、藤原徹平（建
　　　　　　築家／フジワラテッペイアーキテクツラボ／横浜国立大学大学院
　　　　　　Y-GSA 准教授）、畑友洋（建築家／畑友洋建築設計事務所／神戸芸
　　　　　　術工科大学准教授）
　　　　　　Day2 ／千葉学（建築家／千葉学建築計画事務所／東京大学大学院
　　　　　　教授）、五十嵐太郎（建築史・建築批評家／東北大学大学院教授）、
　　　　　　饗庭伸（建築家／東京都立大学教授）、石川初（ランドスケープアー
　　　　　　キテクト／慶應義塾大学教授）、長坂常（建築家／スキーマ建築計画）
　　　　　　Day3 ／藤野高志（建築家／生物建築舎）、山田紗子（建築家／山
　　　　　　田紗子建築設計事務所）、榮家志保（建築家／ EIKA studio）、神谷
　　　　　　勇机（建築家／ 1-1 Architects）、奈良祐希（建築家／陶芸家）

Day 1
architectural update

—

Diploma × KYOTO '22
The Kyoto exhibition of graduation projects
by architecture students

Day 1
architectural update

建築設計の最前線で活躍している意匠系の建築家4名を審査員に迎え、

学生の集大成である卒業設計をプロの目線から評価、議論していただく。

自身の "architectural" をより洗練されたものへと更新する。

審査方法

① 巡回審査
会場に並んだ模型とプレゼンボードから、
各審査員が予備審査で議論したい作品を
選出する。

② 予備審査
ポートフォリオを用いて、
最終講評会に進む8選を選出する。

③ 最終講評会
8選について、
パワーポイントと模型を用いた
プレゼンテーションと質疑応答を実施。
ディスカッションを経て、
1〜3位と審査員賞を決定する。

1位
ID010
柴垣 志保 Shiho Shibagaki
（大阪大学）

パラール2022
－生きる場所の意味を教えてくれた人たちへ－

2位
ID118
鎌田 彩那 Ayana Kamada
（武庫川女子大学）

なびくみち あままで届き うづもれぬ
－保久良山道 保全計画－

3位
ID055
佐藤 夏綾 Kaya Sato
（京都大学）

磯に生きるを灯ス

ファイナリスト／内藤廣賞
ID114
清岡 鈴 Rin Kiyooka
（京都大学）

名前をなくした場所

ファイナリスト／藤本壮介賞
ID030
有吉 慶太 Keita Ariyoshi
（立命館大学）

職藝と建築

ファイナリスト／藤原徹平賞
ID099
饗庭 優樹 Yuki Aiba
（立命館大学）

水トノ共生作法
針江集落のカバタの集積による失われた
水との暮らし・生業拠点の再編

ファイナリスト／畑友洋賞
ID033
中野 雄介 Yusuke Nakano
（大阪大学）

大地の子
－今日的地形が広がる都市に築くまちと
　子供たちのための三つのコウテイ－

ファイナリスト
ID063
半澤 諒 Ryo Hanzawa
（大阪工業大学）

見えない空間

審査員

内藤 廣
Hiroshi Naito

建築家
内藤廣建築設計事務所
東京大学名誉教授

———

総評：形を決めるのは何でしょうか？ 人によって2種類のタイプがあると思っています。1つは他者、設計者以外のものにそれを求めるタイプ。例えば都市や環境、自然など、「自分ではない他のもの」を決定する要因に仕立て上げていく。もう1つは、形を決める要因は「自分の中にしかない」、というタイプです。「見えない空間」の半澤諒さんは後者で、提案を通して、形を決める要素は自分以外にいないと言っているのです。「名前をなくした場所」の清岡鈴さんもそうで、自分が捉えた感覚やイメージで形をつくっています。また「パラール」の柴垣志保さんは、自身の衝動がベースにあります。皆さんには、自分がどちらのタイプなのかを強く意識してもらいたい。2つのタイプがある前提で、これからの若い人たちがどうしていくのか。今のところ、「自分がこういう風につくっていく」とハッキリと決めてかかった方が、面白い提案になることが多いのではないかと思っています。社会の求めるものが、建築の姿形を導き出すほど強固ではないからです。でも、次は分かりません。自己と他者、この激しいせめぎ合いが次の世代のエネルギーになっていくことを期待しています。

1950年神奈川県横浜市生まれ。1974年早稲田大学理工学部建築学科卒業、1976年早稲田大学大学院修士課程修了、1976-78年フェルナンド・イゲーラス建築設計事務所（スペイン・マドリッド）、1979-81年菊竹清訓建築設計事務所、1981年内藤廣建築設計事務所設立、2001年東京大学大学院助教授、2002-11年同大学院教授、2010-11年東京大学副学長、2011年東京大学名誉教授

審査員

藤本 壮介
Sou Fujimoto

建築家
藤本壮介建築設計事務所

———

総評：社会の活動や、その周辺環境も含めた
さまざまなことを、自分の意識と地続きに捉え
ている提案が多く素晴らしいと思いました。
情熱がありつつも、変に気負っているわけで
はなく、とても自然に社会と自分がつながって
いる意識を獲得しているようで、これからの新
しい時代を切り拓いていく世代だと希望を感
じています。そこへ、建築家というプロフェッ
ショナルとしての努力が上乗せされていくの
でしょう。今後ますます頑張っていただけれ
ばと思います。

1971年北海道生まれ。
1994年東京大学工学
部建築学科卒業。2000
年藤本壮介建築設計事
務所設立

審査員

藤原 徹平
Teppei Fujiwara

建築家
フジワラテッペイアーキテクツラボ
横浜国立大学大学院Y-GSA准教授

────

総評：普段、大学で建築を教えていますが、こうした設計展の場でしか出会えないプロジェクトというものがあります。柴垣志保さんの「パラール」のプレゼンを聞いて、今日ここに来て良かったと思いました。ファイナリスト以外にも力作が本当に多く、コロナ禍の大変なときに皆さんとても努力をされたのだと感じました。限られた時間の中で、理解しきれず選べなかった良い提案もあっただろうと思いますが、選ばれて壇上に上がった提案はどれも面白く、大きい問題に向かっていこうとしていて良かったです。

　設計において最も重要なのは、まだ見えていない何か重要なものを見ようとして、建築へ向かう自分を支える心象のようなものかもしれません。自分の中にある想いが建築として現れ、人から共感されたとき、それは個人の物語ではなく、みんなで共有する大きな問題に広がる瞬間なんだと思います。豊かな創作の時間と、できたものをみんなに共有する努力を大学院や就職先でも続けて欲しいです。

1975年神奈川県横浜市生まれ。1998年横浜国立大学工学部卒業、2001年横浜国立大学大学院工学研究科修士課程修了、2001-12年隈研吾建築都市設計事務所、2009年フジワラテッペイアーキテクツラボ代表、2010年NPO法人ドリフターズインターナショナル理事、2012年横浜国立大学大学院Y-GSA准教授

審査員

畑 友洋
Tomohiro Hata

建築家
畑友洋建築設計事務所
神戸芸術工科大学准教授

———

総評：皆さんの時間の捉え方が印象的でした。柴垣志保さんの「パラール」は、自分が体験したことのない過去という時間軸を追っていて、あるいは佐藤夏綾さんの「磯に生きるを灯ス」のように、来ないかもしれないし来るかもしれない未来を見ようとしている。現在のリサーチをして、今この時代にピントがしっかり合っているもの、逆に言うとそこにしかピントが合っていないものは、あっという間に消費されてしまうかもしれない危うさを持っていると思います。長い目で通時的に建築を捉えることによって、時間を超えた提案の強度が出てくるのだということを改めて感じました。

1978年兵庫県生まれ、2001年京都大学工学部建築学科卒業、2003年京都大学大学院工学研究科修了、2003-04年高松伸建築設計事務所、2005年畑友洋建築設計事務所設立、2017年神戸芸術工科大学准教授

ID010

パラール2022
―生きる場所の意味を教えてくれた人たちへ―

柴垣 志保 ／Shiho Shibagaki　　大阪大学 工学部 地球総合工学科 木多研究室

設計期間 ▷ 9カ月　　製作中の苦労や思い出 ▷ 長田と大阪の往復の電車で睡眠を確保していた。
お気に入りの本 ▷ 二重のまち(詩集)　　製作中に影響を受けた人物や思想 ▷ イーフー・トゥアン

神戸市長田区南部「震災復興再開発事業地区・最終工区」 ―目まぐるしく目に見える姿が変化したまち―

　敷地は神戸市長田区南部。27年前に震災によって甚大な被害を受け、かつてないほど大規模な、今なお続く「震災復興再開発事業」が進められている。「パラール2022」は、この再開発事業の最終工区であり、新たなビルの建設が始まる場所で計画する。

再開発エリアとパラール敷地

大胆な街の空間の変化

街の骨格となっていた「大正筋商店街」

■■市場・商店街

震災以前の大正筋商店街は多くの人でにぎわっていた。現在は、テナント料、管理費、維持費がかさみ、シャッターが目立つ

パラール1995　―このまちで人が生きていくことの意味を知った、震災復興の集合市場―

　震災からたった5カ月後、商売を主な生業としてきた焼け野原となったまちに、青と白のテントでできた大きな市場が建った。「一刻も早く商売ができる場所を取り戻さないといけない」と、住民が中心となって建設した。

敷地:神戸市長田区腕塚町6丁目
面積:2700㎡
事業主体:久二塚地区震災復興まちづくり協議会
店舗数:100店舗(大型スーパー1店舗)

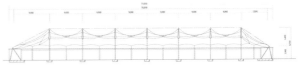

パラール断面図

生きた空間はカタチだけでは生まれない。神戸市長田区南部地域。このまちは「そこで生きる意味」を体現しながら生きる、人々の営みによって生きた空間ができている。27年前、阪神淡路大震災によってカタチを失い、その後の大規模な復興再開発事業を経験するこのまちには、震災後たった5カ月で、住民の手によって建てられた仮設の大きな集合市場が存在した。それが「パラール」である。現在、まちの人は再開発によってできたビルたちを皮肉を込めて「ハコ」と呼ぶ。そこで私はまちの人と、仮設の小さな空間「パラール2022」をつくることを提案し、1月17日に実行した。この取り組みが、このまちが生きているということの証になることを願って。

パラール外観

パラール内観

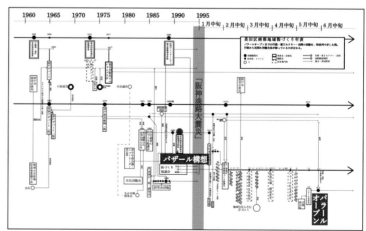

長田区南部地域まちづくり年表。パラールが震災後5カ月で建設できた背景には、以前から「バザール構想」が地域住民主体で計画されていたことにあった

私と長田のまち　－カタチだけじゃない、リアルな「生きた空間」とは何かを探した9カ月－

卒業研究がきっかけで、長田のまちで過ごした9カ月。この間に見てきたこと、聞いてきたことが「パラール2022」提案への動機となった。

2021・5　　長田の街と出会う	初めて見たこの街は、妙に角ばっていて、どこか冷たく、無機質に感じた。
2021・6・4　　パラールの存在を知る	当時この街で先生をされていた方にお話を聞いた。『パラールって市場ができて、そこは活気があって、本当によかったんだ』と教えてくださった。
2021・6・10-　街の思ひでを聞いて回る	震災や再開発、ダイナミックな空間の変化を経験したまちを、この街に生きる人はどう思っているのか、それを知るために、かつての街の地図と共に思い出を聞いて回ることにした。
一何度もパラールの話を聞く	地震があって、カタチを失った街に新たに出来た空間を、街の人は『ハコ』といい、何年たっても愛着を抱けないことを口々に話してくれた。
	同様に、何度も「パラール」の話を聞いた。『パラールは本当によかった。』
	『何よりも、お商売ができることがどれだけうれしかったか…』
2022・10・5　パラール建設に奔走した人と出会う	パラールは当時の住民が主体となって作ったものであること、過去の街づくりが礎になっていって出来ているものであることを学んだ。
2022・10・13-　街で、生活してみる	出会いがきっかけで、この街で居候生活をさせてもらうことになった。今の街に生きる人とたくさん話した。
	何度もこの街の地べたで生きる人の営みとリンクした空間に感動した
2022・12・14　パラール2022を提案する	もう一度、パラールがあった場所に、『一緒に、自分たちで空間を作りませんか』と提案した。

主な出来事

震災復興再開発事業によってつくられたビルたち

パラール2022

　そこは私が9カ月の間、このまちで見てきたこと、聞いてきたことを語るために、関わってくれたまちの人たちと、その人たちが集めてくれたものでつくった空間だった。そうしてできた空間に身を置いたとき、「あなたはちゃんとこのまちで生きていたんだよ」と言ってくれているような気がした。

　このまちで出会った大切なあの人に喜んでもらいたい。そう思ってつくった空間だったが、あたたかい場所をつくるために借りてきたものたちが、目の前で楽しそうに話をする人たちが、私のやってきたことを、言葉にしなくても代弁してくれているように感じた。

　この9カ月、たくさんの人たちに、なぜこのまちで生きているのか、どのようにこのまちを見ているのかを聞かせてもらい、人が生き生きとしている空間を目の当たりにし、そして最後に、自分自身が「生きている」と心から実感できる空間を体験して、思ったことがある。

　「私のことを代弁してくれるような空間」が、「生きた空間」なのだ。

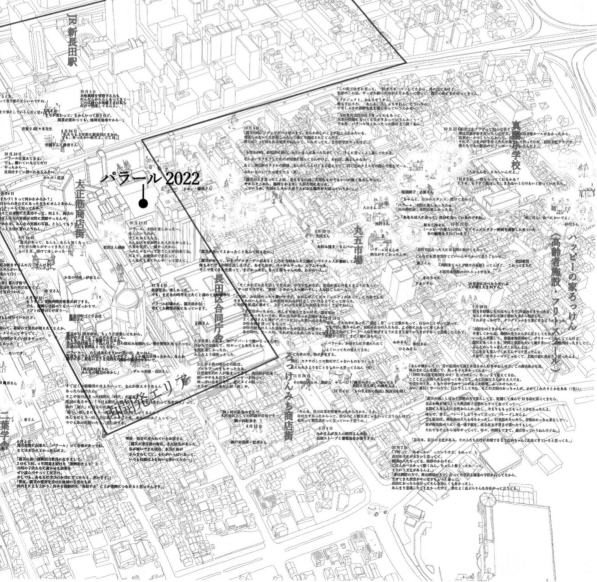

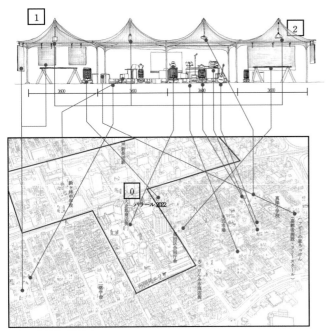

パラール2022　断面図

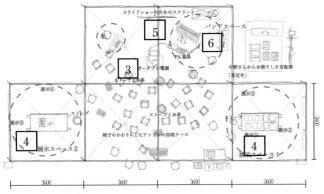

パラール2022　平面図

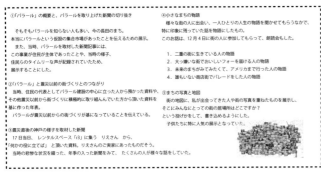

①「パラール」の概要と、パラールを取り上げた新聞の切り抜き

そもそもパラールを知らない人も多い、今の長田のまち。
本当にパラールという仮説の集合市場があったことを伝えるための展示。
また、当時、パラールを取材した新聞記事には、
この事業が住民が主体であったことや、当時の様子、
住民らのタイムリーな声が記録されていたため、資料を
展示することにした。

②「パラール」と震災以前の街づくりとのつながり

当時、住民の代表としてパラール建設の中心に立った人から預かった資料や、
その他震災以前から街づくりに積極的に取り組んでいた方からいただいた資料を
基に作った年表。
パラールが震災以前からの街づくりが基になっていることを伝えている。

③震災直後の神戸の様子を取材した新聞

17日当日、レンタルスペース「rå」に通う　りえさん　から、
「何かの役に立てば」と頂いた資料。りえさんのご実家にあったものだそう。
当時の悲惨な状況を綴った、年季の入った新聞をみて、たくさんの人が様々な話をしていた。

④小さなまちの物語

様々な街の人に出会い、一人ひとりの人生の物語を聞かせてもらうなかで、
特に印象に残っていた物語を物語にしたもの。
このお話は、12月4日に街の人に参加してもらって、朗読会もした。

1. 二重の街に生きている人の物語
2. 大っ嫌いな街でおいしいフォーを届ける人の物語
3. 未来のまちがみてみたくて、アメリカまで行った人の物語
4. 誰もいない商店街でパレードをした人の物語

⑤まちの写真と地図

街の地図に、私が出会ってきた人や街の写真を重ねたものを展示し、
そこにみんなにとっての街の居場所はどこですか？
という投げかけをして、書き込めるようにした。
子供たちに特に人気の展示となっていた。

展示説明

6　うた

震災時にこのまちで生まれた曲「満月の夕」を歌った

0　場所

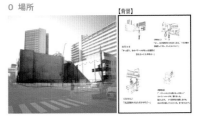

1　青と白のサーカステント

このまちで偶然出会った、パラールにそっくりなテント

2　あかり

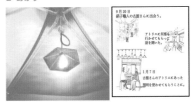

3　ストーブとやかんとアップルのケース

4　展示パネルと新聞

5　パラールをつくった人たちの物語

27年前、パラールをつくるために奔走した人たちの物語
を私が代弁した

7　久しぶりの再会とはじめまして

まちの人からたくさんのものを借りてできた空間では、普
段顔を合わせることのない人たちが話をしていた

Day1: 1位 ／ Day2: 五十嵐賞

ID010
パラール2022

柴垣 志保

大阪大学 工学部 地球総合工学科 木多研究室

27年前に震災によって目に見えるカタチを失い、大規模な再開発事業を経験したまち、長田。今の街に対する違和感や喪失感を訴える人々の中で今でも強く記憶されている復興市場「パラール」があることを知った。住民の協働によって作られ、この街で人が生きていくことを守ったパラール。この話から、本当の「生きた空間」とはカタチだけでは作られないということを学び、復興事業完了目前の今、パラールのことを伝えたいと思った。

7月 長田の復興事業を卒論のテーマにすることにした。長田で生まれ育ち、暮らしていた長屋の跡地に建った再開発ビルの1室に暮らす女性に出会った。「帰るべき新長田の街がまだどこかにある気がする」という彼女の言葉が頭から離れなかった。

10月 長田へ通い街の思い出を聞いて回る中、震災以前から暮らす人の多くが「パラール」を口にした。中旬、パラール建設に奔走した方に出会い、オーラルヒストリーを語ってもらった。淡々と事実を語る中で、街に対する熱い気持ちが垣間見えた。頂いたたくさんの資料を何度も読み返した。

12月 どうしてもパラールをやらなければならないという使命感のような気持ちが日に日に強くなった。街の人に想いを伝え、協力してくれる人を募った。敷地を借りること、備品の手配、運搬、設営等、本当にたくさんの人の協力によってクリスマスのころ、何とかカタチにできそうになった。

1月 1月14日、予行日。極寒の中、テントにつるしたランプがともったとき、暖かな光に心から感動した。1月17日、当日。朝からたくさんの人に協力をしてもらい会場を設営。無事パラール2022を迎えることができた。

ID118

なびくみち あままで届き うづもれぬ
─保久良山道 保全計画─

鎌田 彩那 ／Ayana Kamada　　武庫川女子大学 生活環境学部 建築学科 鳥巣・田中研究室

設計期間▷ 5カ月　　製作中の苦労や思い出▷ 山でプチ遭難
お気に入りの本▷ 桃山刀剣界の雄 「埋忠」　　製作中に影響を受けた人物や思想▷ 刀剣

自然の美しさに当然のように介入する土木構築物。人々の感性を奪い、山の美しさを奪っていることを嘆く。土木構築物に対して人は無であり、介入することはない。建築に土木を絡ませ、人を介入させることで、美しさと強さを兼ね備え、歴史性を孕んだみちを提案する。　土砂災害警戒区域・急傾斜地に指定される地を敷地に選び、土砂災害対策、植林活動を含む山の保全と共に、人々の心の奥にある感性に語りかける。感情の分析方法として和歌を用いた。敷地周辺地域が詠まれる歌を抜粋し、感情を揺さぶる自然の存在を調査した。擁壁、排水管の土木機能を通して山を守りつつ植林活動を行うことで、土砂災害に強い自然を最終目標として掲げる。

調査 －感情－

　人は感性を持っている。しかしデジタル化、市街地化が進んだこの世の中では、自然の力によりその感性が動かされることは少なくなっているのではないだろうか。かつて人は、自然に対してあるとあらゆる感情を抱き、それを和歌や俳句に収めてきた。どのような風景から感情は沸き上がり、心が揺さぶられるのだろうか。

調査対象
勅撰和歌集二十一代集のうち16代集。
当時摂津の国に分類された場所のうち、現兵庫県に位置するもの。集約和歌数260首。

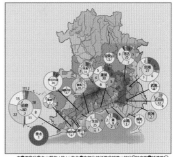

春● 夏● 秋● 冬● 羈旅（旅）● 物名● 恋部● 神祇歌● 釈歌● 雑秋○ 神楽歌● 傭酒歌○

感情を捉えるもの

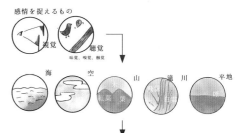

悲しい　美しい　侘しい　寂しい　不安　恐怖　といった感情が沸き上がる。

人の感情を動かすためには、視覚情報、聴覚情報をはじめとする五感が必要であり、意識させるためには変化が必要である。

調査 －地形－

六甲山系を南北方向に13、東西方向に11切断し、レイヤーダイヤグラムを作成する。この地域における自然の在り方や人の生活が山にどれだけ入り込んでいるのかを調査する。

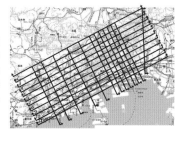

東西断面図

兵庫県神戸市須磨区（鉢伏山）～西宮（岩倉山）
調査内容:代表的な川と谷の関係、山と尾根の関係
レイヤー4.5間↓
山系の頂上部分。主要な川は殆ど山頂から伸びている。分岐を繰り返しながら市街地まで下りてくる。

南北断面図

調査内容:山と人間の生活の関係、そして海との関係
六甲山系↓
複雑な地形。山岳部と生活範囲が 混じりあう。谷部分に生活範囲が広がる。麓から海まで2km前後。川の勢いが急。
芦屋のレイヤー↓山の中腹部に人々の生活域が広がる。市街地をつなぐ道は谷に沿って成りたっている

尾根と谷

尾根谷や周辺地域の状況を理解し、敷地状況の分析を行う。
保久良山は度重なる土砂災害により尾根谷が少なく丸い形をしている。
等高線から読み取れるように斜度約30度の急斜面である。保久良神社までの山中に1つなだらかになる場所が存在する。

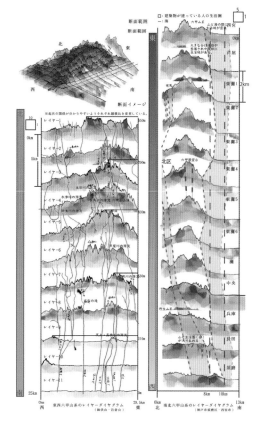

植生状況

阪神地域は昭和に起こった阪神大水害をはじめ、過去何度も土砂災害に苦しめられてきた。対象地域は神戸市の土砂災害特別警戒区域に指定されており、規制線がはられ、立ち入れない場所となっている。裏道から敷地を覗くと、下層植生がおろそかになっていることがうかがえる。保久良山は、登山客有志や地元の小学校による植林計画が積極的に行われる。

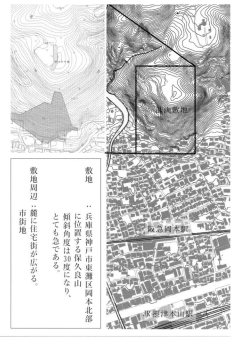

敷地…兵庫県神戸市東灘区岡本北部に位置する保久良山傾斜角度は30度になり、とても急である。

敷地周辺…麓に住宅街が広がる。市街地

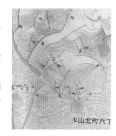

敷地内 / 敷地外

みちの構成方法

浮く
↑

視界が開ける

獣が下道を通ることができる

地上レベルを感じる

水路がみちを流れる

視線が絞られる

↓
沈む

フェンスの構成方法

視界が開ける

視界を絞る

視界の遮断

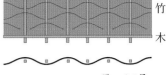

竹
木

フェンス

みちの操作に加え、みちにフェンスを0〜2つ波のように計画し、視界の操作を行う。また、視界は身長差によっても変化し、成長を重ねると見えてくる景色、見えなくなってゆく景色が生まれる。解放感、閉鎖感がみちの中で交互にやってくることにより感情が変化する。

景色の切り取り

デッキ

みち　建築×土木
土木と建築が絡み合いながらみちはなびき続いていく。デッキは海の存在を感じ、山を俯瞰して見ることが出来る。

デッキ　擁壁→塔　擁壁→屋根　フェンス　休憩所　みち　デッキ　擁壁　水路

全てが感情を誘発するトリガーとなる

くぐる

塔まで続くみち

自然と上に目線が向く

閉鎖→解放

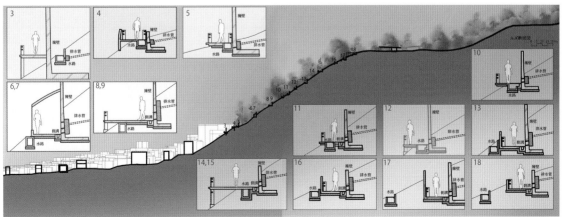

B-B´断面図

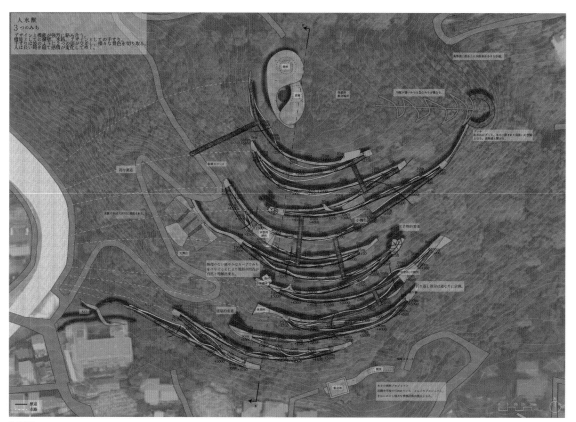

平面図

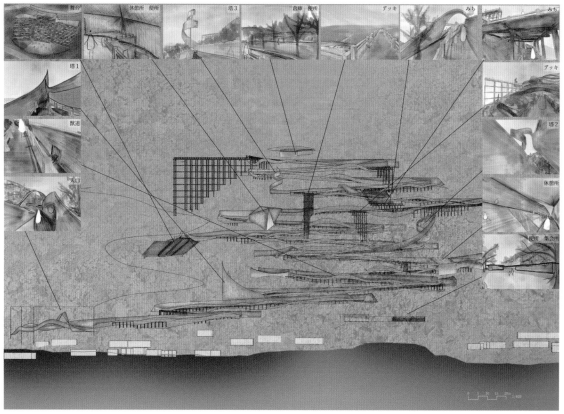

立面図

Day1：2位／Day3：ぶっ飛んでいるで賞 ファイナリスト

ID118
なびくみち あままで届き うづもれぬ

鎌田 彩那

武庫川女子大学 生活環境学部 建築学科 鳥巣・田中研究室

小学生の頃から自然災害や人の感性についてよく考えてきた。そのため卒業設計のテーマは必然的に決定。自身が喜怒哀楽の感情がはっきりしている傍ら感情を言語化することが苦手であるため、和歌を研究することで、感情と自然と建築が持つ力をこの卒業設計にまとめた。無機質な法枠工に変わって、人と自然が密に関わり、デジタル化が進む現代に美しい感性をどれだけ膨らませることが出来るのかを挑戦した。

9月
土地の調査を始める。調査にあたって資料として阪神大水害をはじめとする阪神地域と土砂災害の関係性、危険性を主に調べる。自分が長年親しんできた山の歴史に触れる。しかし山の麓に目をやるとなにやら敷地候補地である保久良山に工事が始まる兆し。

10月
敷地に法枠工の工事が始まり、木々が伐採され、自然が失われていく。非常に悲しい気持ちになる。そこで人が介入でき、自然を守ることが出来るものをつくれないかと考えた。また、自然、感情についてより深く考えるようになり、和歌の研究を通して、両者のかかわり方を理解した。

12月
計画を形にしていく作業を行った。擁壁や水路を設け、みちと土木機能の関わり合い方を検討する。また等高線を参照しつつ、道の形態を必然的に決める。道の途中にデッキや劇場を設け、初期案完成。既存の裏道を残すことに決める。

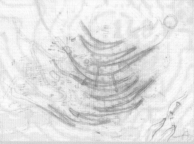

2月
内部の講評会が終わり、外部に向けて反省点をさらいつつ、案に付け加えを行った。内部をみせるパースが少なく、伝わるものも伝わらないと感じたので、パースの物量を増やし、模型も新たに2倍にサイズアップした。

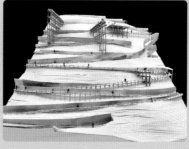
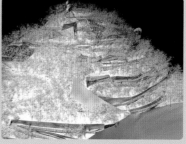

ID055

磯に生きるを灯ス

佐藤 夏綾 ／Kaya Sato　　京都大学 工学部 建築学科 神吉研究室

設計期間 ▷ 5カ月　　製作中の苦労や思い出 ▷ 友達との深夜のおしゃべり
お気に入りの本 ▷ GA各年まとめ　　製作中に影響を受けた人物や思想 ▷ 加藤幸治先生（復興キュレーション著者）

津波で流されてもなお、人々の生は海側に息づく。3.11の被災地、宮城県石巻市鮎川浜における対話を中心とした調査から、生活の核が今もなお海辺にあること、さらに生業と生活を実際に見ることの伝承力の強さを痛感した。これらより、なまものを魅せるための鮎川の「ミュージアム化」を計画する。捕鯨・漁業・復興・風景を中心とした4つのプログラムをベースとし、そこでの活動を中心にしつつ、外へと開いていく。強い構造体と仮設建築を用いて、いつかまた来る大地震と漁港の風景を考慮しつつ、人の居場所となる建築をつくった。建築の力で、新たな鮎川の未来をつくり出す。

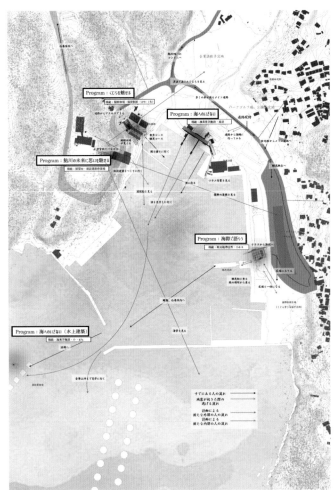

構成　Composition

設計手法

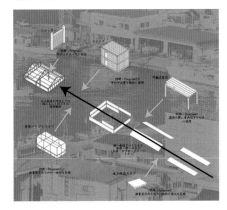

構造体が露出する

津波で流されることを想定し、躯体のみ頑丈につくる。再建しやすいよう、スケルトンインフィルを前提として設計する。昔の鮎川に見られた鯨解体場の倉庫や鉄塔を踏襲し、それらをベースにデザインした。鉄塔の力強さと背景の美しい自然が調和するよう調整し、また構造体の露出により、視線の抜けを確保した。防潮堤でまちと隔てられた浜に建築を建てるうえで、それらが壁にならず空間をつくることを目指す。

仮設的要素を付与する

時期によって建築の使い方が変わることを考慮し、仮設的要素を取り入れる。各プログラムに合わせて5種類の仮設要素を考えた。これらにより場所の付与や内部空間の挿入が可能となる。時期による作業内容や観光客の多さに応じて、仮設空間の使用可否を決める。さらに水上にも仮設建築を採用し、特別性とイベント性を付与する。

Program　海へのいざない

　津波で流され、現在は漁船がとまり作業をするスペースがあるだけの海辺に、番屋機能を中心とした建築を建てる。鉄骨にガラス張りの構成とし、防潮堤より陸側からも漁師の動きが見えるデザインとした。

見学手順

①早朝に出発し、漁船で漁場に向かう
②漁場の水上建築で飲み物を飲みながら見学する。体験も可能
③浜へ戻り、浜での作業を見学する
④一通りの作業が終わったら、朝食を食べぶらぶら過ごす

鮎川の主な漁業

①定置網漁　4〜12月
②銀鮭養殖
　10〜11月:稚魚を生簀へ
　11〜3月:早朝と夕方にエサやり
　4〜8月:水揚げ
③わかめ　2〜3月

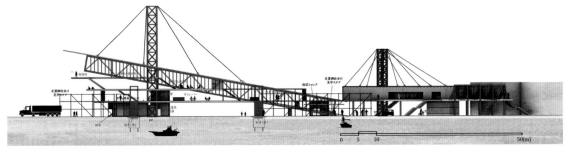

South Elevation

Program　海へのいざない（水上建築）

　見学へ行く先の漁場のそばに水上建築をつくる。海上に建築があることで、漁を見る以上の体験を生む。内部の人、漁師までもが新しい海上での過ごし方に気付く。

SITE 2

South Elevation

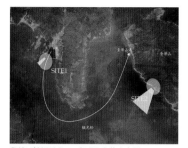

敷地は鮎川浜入り口部分と金華山南側

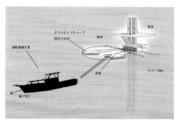

構造は常設と仮説の混合型。ワイヤーに木板とポリエチレンチューブのユニットを通ることで、自由に伸び縮みできる

Program　海際で語らう

　大階段と柱により、観光施設と観光桟橋の間に人が集まることのできる空間をつくる。可動式屋根で内部と外部を調整する。

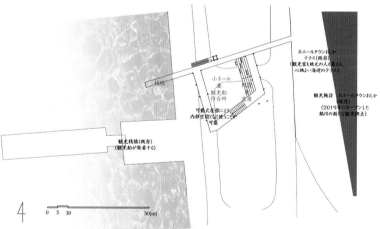

Plan

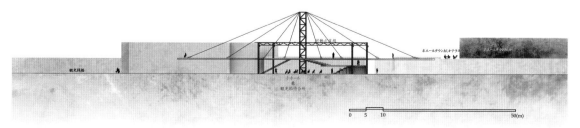

South Elevation

Program　鯨を魅せる

　現在閉じた箱である鯨解体場を、外に開いた形にデザインしなおす。実際の見学をもとに流れを設定し、それに合わせて室を配置する。

見学手順

①鯨がとれた情報を聞いて人が集まる
②鮎川内外の人がともにカフェでお茶を飲みつつ解体の時間を待つ
③物見台から捕鯨船の到着を見る
④解体を見る
⑤最後に食堂で賄いをみんなで食べる

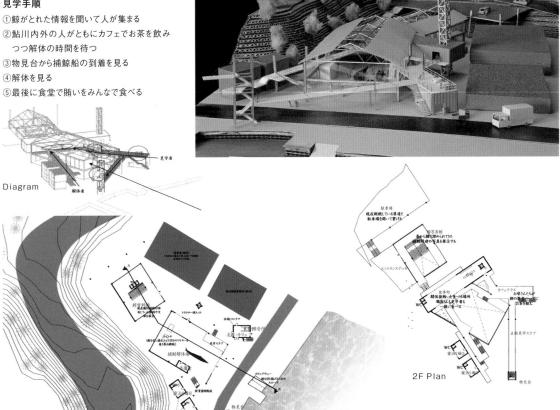

Diagram

1F Plan

2F Plan

0　5　10　　　　　　　　50(m)

Program　鮎川の未来に思いを馳せる

　鮎川を見渡すことのできる山肌に仮設作業場と展望台を設置する。仮設作業場では水上建築の組み立てのほか、漁業番屋の仮設建築のための準備も行われる。展望デッキを支える構造体の軸線はホエールタウンおしかを向いており、復興の象徴を望む。

1F Plan

2F Plan

0　5　　　　　　50(m)

A-A´ Section

Day1: 3位 ／ Day3: 美しい建築で賞 ファイナリスト

ID055
磯に生きるを灯ス

佐藤 夏綾

京都大学 工学部 建築学科 神吉研究室

リサーチに基づいた設計をしたいと思っていたため、前半は現地に行ってインタビューを繰り返した。何がしたいのか、何を作るべきなのかについてずっと迷走していて、方針と設計が決まったのが全て1月だったため、それまでは思いつくことをどうにか形にする、という作業の繰り返しだった。

10月

敷地を3.11で被災した東北の沿岸部にすることを決定。石巻市を中心に現地調査へ行った。インタビューを繰り返しながら問題点などを洗い出した。鮎川の美しさ、人の良さに魅了され、鮎川を敷地に決定。

11月

高い防潮堤に問題意識があったため、その周辺に操作することで改善できないかと考えていた。しかし中間発表を経て防潮堤の案は白紙に。鮎川を再訪問し、鯨解体の見学やヒアリングの繰り返し、捕鯨船の見学を行う。

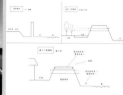

12月

湾全体のスケッチを描いて何をどういう形でつくるのかの検討を始めた。しかしこの段階では機能も明確には決まらず、モデリングしてみた形もどう改善したらいいのか分からないままだった。

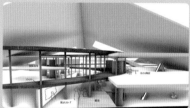

1月

迷走を極め先輩に相談し、広域で動きの流れを描いて、どこに何を作るかを考えてみたらと助言いただいた。それをもとに敷地図を描くと機能や概形をスムーズに決定できた。急ピッチで模型スタディをして形を決めた。

2月

表現方法の試行錯誤をした。同規模の建築が等価値である提案のため、同じ重要度で示すことが課題だった。pinterestを見漁り、年表風にパースを時系列で示すといいと思い実践した。伝わったようで安心した。

ID030

職藝と建築

有吉 慶太 ／Keita Ariyoshi　　立命館大学 理工学部 建築都市デザイン学科 宗本研究室

設計期間▷ 2カ月　　製作中の苦労や思い出▷ 2月まで研究室のプロジェクトと並行して卒業設計をしたこと
お気に入りの本▷ アルヴァ・アアルト作品集　　製作中に影響を受けた人物や思想▷ 両親、宗本晋作

敷地　京都府丹後地方与謝野町岩滝

　1990年代後から生糸の一元輸入措置や洋装化によって丹後ちりめん産業が衰退し、現在は最盛期の3%ほどの生産量となっている。岩滝においても、この2年で絹織物屋が19軒から4軒へと減少し、職人の後継者不足も問題視されている。また、絹織物職人以外の職人も連鎖的に減少し、地域全体のコミュニティが衰退している。さらに、丹後地方は職が減少したために、子どもにUターンを推奨しない家庭も多い。結果として、高齢者が1人で暮らす家や空き家が増加し、行政によって解体が進められている。

地域の職人を巻き込みリノベーション

　丹後ちりめんを200年以上織り続けた岩滝町の小吉織物も、5年前に廃業し、一帯が空き家となり解体を待つのみである。その解体をクリエイティブな行為として捉え直し、丹後地域の職人や地域を巻き込んでリノベーションを行うことで、丹後の歴史を知り、移住してきた人が長く滞在するきっかけとなる中和剤のような建築を提案する。

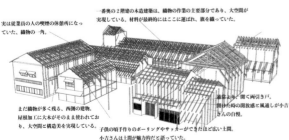

一番奥の2階建の本造建築は、織物の作業の主要部分であり、大空間が実現している。材料が最終的にはここに運ばれ、旗を織っていた。

実は従業員の人の喫煙の体憩所になっていた、織物の一角。

まだ織物が多くある、西側の建物。屋根加工に大本がそのまま使われており、大空間と構造美を実現している。

縁側より、開く両引き戸。開けた時の開放感と風通しが小吉さんの自慢。

子供の頃手作りのボーリングやサッカーができほど広い土間。小吉さんは土間が魅力的だと語っていた。

小吉さんの愛着がある部分を残し、地域の解体職人によって「モノ」スケールまで解体する

職藝の実用化

　実際に小吉織物の廃材を使い、実家の家具職人と対話しながら制作した作品。職人と対話する中で出てきた案とディティールなどの部分は職人主体で行い、できてくる全体像に対して私が調整役となる「かすがい」のような立場となる。これに可能性を感じ、異種多様な職人たちも建築に介在する余白があるのではと考えた。

私の家業は家具屋であり、幼少より職人という職能に魅せられてきた。しかし現在の建設業界においては、職人の意見が反映されにくい状況にある。本提案は200年以上丹後ちりめんという絹織物が織られていた小吉織物を題材に、職人と設計者の関係について再考する。そして、職人と建築家が対話し、職人が建築したものを設計者がつなぎとめ調整する『かすがい』のような関係となる『職藝』というシステムを提案する。実際にインタビューを行い対話した丹後の異種多様な職人を巻き込み、丹後ちりめんの歴史を持つ小吉織物の古材を職人の手によって蘇らせ、『職藝』のシステムを用い、リノベーションを行うことで地域おこしすることを目的とする。

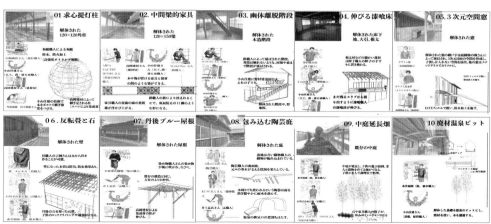

対話により、丹後の職人さんの持っている技術や、建築操作への応用可能性を見出す

建築構成ダイアグラム

解体によって発生した廃材を、対話・インタビューした現代の職人と私の手で新しい材へと生まれ変わらせる。
生き返った材を、私がかすがいとなってリノベーションしていく。

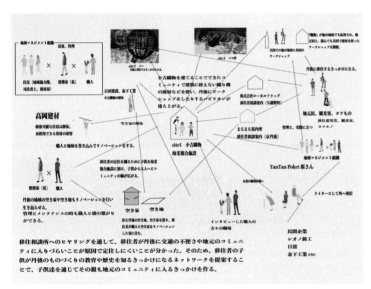

解体された部材を生まれ変わらせ、職人と私で小吉織物をリノベーションする。

既存の建物同士をちりめんが運ばれていた動線に沿って立体的に漆喰職人のスラブが伸び、家具職人の梁で支えられる。無くなった建物はフットプリントだけを残し新たな建物が浮かび上がる。

廃材の階段が、鉄職人によって延長され、屋根や庭に触れる高さに。その踊り場がまた漆喰職人によって拡張される。

天橋立の軸に沿って、温泉が立ち上がり、それを支えるための提灯職人の柱、高岡建材の集成材が並ぶ。全て生まれ変わらせた材を使うのではなく、ブリコラージュにならないよう、全体性を確保していく。

漆喰職人によって作られた、バルコニーに染め物職人と瓦職人の屋根がかかり天橋立の風景を切り取る。

陶芸職人の鹿や換気口、畳職人、石職人の壁が保育園、児童館の子供の居室に沿って建ち上がる。建築家である私は全体像を指示するのでなく、出来上がる全体像を調整する役割を担う。

建築に使えない廃材の利用

軽量鉄骨や古くなった着物織機などの廃材へ、この建築によって生まれたコミュニティの人たちの手を加え、パビリオンとして並べる。そうすることで丹後の歴史を知るきっかけとなり、観光客が訪れる機会が増えると予想される。

site2 加悦谷麦畑「幽体離脱バー」

Weld One さん（鉄職人）

小嶋商店さん（提灯職人）

ローカルフラッグ（ビール起業家）

site3 岩滝口バス停「一時的主役バス停」

ARIA FACTRY HOME さん（実家の家具職人）

ガラス工房来夢（ステンドガラス職人）

小林染め織物（染め職人）

Weld One さん（鉄職人）

提案する丹後のネットワーク

移住相談所へのヒヤリングを通して、移住者が丹後に交通の不便さや地元のコミュニティに入りづらいことが原因で定住しにくいことが分かった。そのため、移住者の子供が丹後のものづくりの教育や歴史を知るきっかけになるネットワークを提案することで、子供達を通じてその親も地元のコミュニティに入るきっかけを作る。

平面構成とプログラム

移住者の子供が丹後のものづくりの教育や歴史を知るきっかけになる教育福祉施設を提案する。
天橋立の軸に沿って幼老複合施設の真ん中に温泉が入り、丹後にまた老若男女が温泉に入り、壁を取り払う。

保育所
保育室の年齢が上がるごとに、漆喰職人達のスロープがつき、家具職人達の壁で支えられ、歴史のある屋根に触れる高さまで登ることができる。

老人福祉施設
家に一人で住んでいる高齢者が孤立するのを防ぎ、異なる世代との交流の場を生み出す。また、丹後のことを伝える場にもなる。

温泉
丹後半島は温泉の源泉が通っている。この温泉が子供、高齢者、移住者、観光客の壁を取り払い、丹後のことや本音を語り合える場の中心に位置する。

児童館

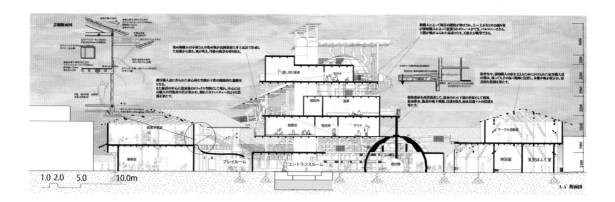

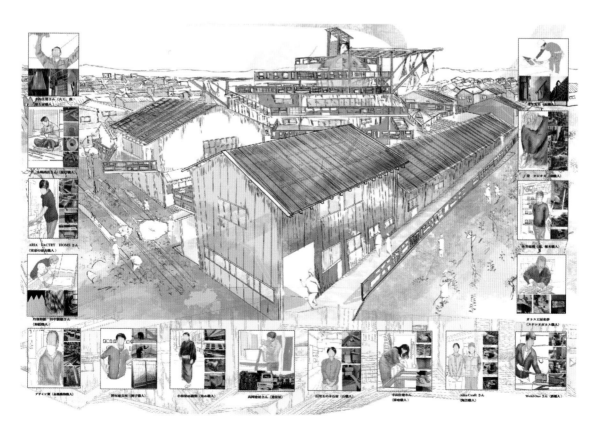

ID099

水トノ共生作法

針江集落のカバタの集積による失われた水との暮らし・生業拠点の再編

饗庭 優樹 ／Yuki Aiba　　立命館大学 理工学部 建築都市デザイン学科 建築意匠研究室

設計期間▷ 5カ月　　製作中の苦労や思い出▷ 毎晩飲酒しながら設計した。
お気に入りの本▷ GA、日経アーキテクチャ　　製作中に影響を受けた人物や思想▷ 同期の友人や研究室の先輩

敷地 滋賀県高島市針江集落

敷地は、私の地元である滋賀県北部に位置する高島市針江集落(旧饗庭村)。ここは「生水の郷」と呼ばれ、200年以上続く「カバタ」と呼ばれる水とともに生きる暮らしがある。針江ではカバタから湧き出てくる水を「生水(しょうず)」＝「生まれてくる水」と呼んでいる。

200年以上続くカバタの文化

針江集落では、地下水脈にパイプを打ち込み、大量の水が自噴している。現在、針江には107カ所のカバタがあり、1日に約400万リットルもの水が湧き出ている。

「端池」では、鯉などが水を浄化している

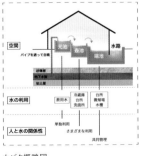

カバタ概略図

「水と暮らす豊かさ―滋賀のアイデンティティ」は失われつつある。計画敷地として選定した滋賀県高島市針江集落には、今でもカバタが残り利用されている滋賀県で最後の場所である。本提案では、針江集落内に残るカバタ・水路などから針江ボキャブラリーを採取し、失われてしまった集落の拠点を再構築する。水系を背負う建築形式は、湖畔にたつ建築都市にふさわしい佇まい・シンボル性を持つ姿として立ち上がる。

提案 消滅した
集落拠点の現代的再編

かつて内湖沿岸部は、この地域の生業のスタイル（半農半漁）から農業・漁業2つの生産の場を結ぶ拠点であった。しかし、湖岸道路の開発や内湖の埋め立てなどにより、水路・内湖の面積はかつての半分以下となり、現在ではその拠点が消滅してしまった。湖岸道路GL＋7000からGL＋1000まで地面をアンジュレーションさせるように落としていくことで、分断されていた農業と漁業の生業拠点を取り戻し、湖岸道路を通るビワイチのライダー・ツーリスト・観光客と地域住民が混ざり合う現代的集落拠点を再建する。

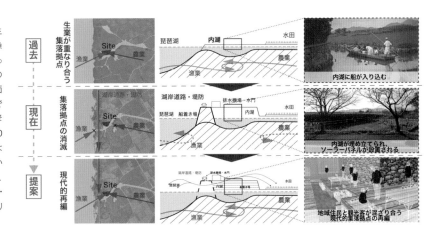

過去	生業が重なり合う集落拠点	琵琶湖　内湖　水田 漁業　農業
		内湖に船が入り込む
現在	集落拠点の消滅	湖岸道路・堤防　排水機場・水門 琵琶湖　船着き場　内湖　水田 漁業　農業
		内湖が埋め立てられ、ソーラーパネルが設置される
提案	現代的再編	現代的集落拠点の再編
		地域住民と観光客が混ざり合う現代的集落拠点の再編

プログラム
さまざまな水との生業が介在する集落拠点

針江集落にある「カバタ」を中心に、水との生業が介在するマーケットの複合化を提案する。現在の生産の場（農業・漁業エリア）の間に位置するこの場所に対して、加工場・販売所および食堂などの機能を持たせることで内湖の埋め立てによって失われた生業拠点の場を再編する。加えて、集落内の商店などを移築させ、湖岸道路から訪れるビワイチのライダーやツーリストなど外部の人々を受け止める場とすることで、地方の閉じたコミュニティの場ではなくカバタを通して水と暮らす豊かさを発信する建築となる。

周辺分析　4つの動線を引き込む全体構成

農業動線
水田や畑（GL＋1000）で刈り取った農産物が軽トラによって運び込まれる

漁業動線
琵琶湖側（GL＋0）の伝統漁業（エリ漁・ヤナ漁・オイサデ漁・沖すくい網漁）や漁業で捕れた水産物が漁船によって水門を通り運び込まれる

地域住民動線
針江集落や新興住宅エリア（GL＋3000）から、針江大川の側の歩道を通って移動する。小学生や中学生の下校ルートの一部になる

外部動線
湖岸道路（GL＋7000・0）から自転車に乗ったビワイチのライダー、琵琶湖に船を出している釣り人や自動車によって観光客やツーリストを呼び込む

針江ボキャブラリーの採取

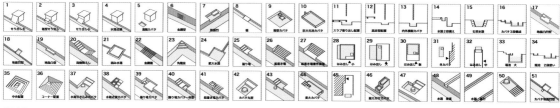

地域住民約20人に対してヒアリング調査・30カ所以上のカバタや水場の調査を行う。
カバタや水場など水に対する形態的特徴＝針江ボキャブラリーを採取し、ここでしか成立しない集落の生業拠点を生み出す。

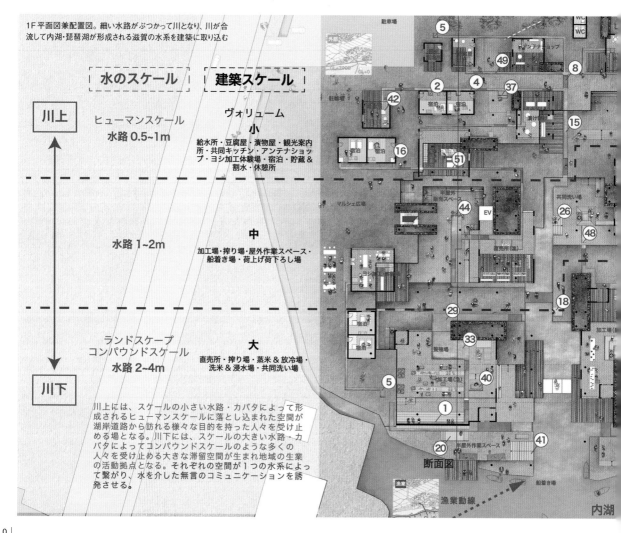

1F平面図兼配置図。細い水路がぶつかって川となり、川が合流して内湖・琵琶湖が形成される滋賀の水系を建築に取り込む

水のスケール　建築スケール

川上
↑

ヒューマンスケール
水路0.5~1m

ヴォリューム
小
給水所・豆腐屋・漬物屋・観光案内所・共同キッチン・アンテナショップ・ヨシ加工体験場・宿泊・貯蔵＆割水・休憩所

中
水路1~2m
加工場・搾り場・屋外作業スペース・船着き場・荷上げ荷下ろし場

ランドスケープ
コンパウンドスケール
水路2~4m

大
直売所・搾り場・蒸米＆放冷場・洗米＆浸水場・共同洗い場

川下
↓

川上には、スケールの小さい水路・カバタによって形成されるヒューマンスケールに落とし込まれた空間が湖岸道路から訪れる様々な目的を持った人々を受け止める場となる。川下には、スケールの大きい水路・カバタによってコンパウンドスケールのような多くの人々を受け止める大きな滞留空間が生まれ地域の生業の活動拠点となる。それぞれの空間が1つの水系によって繋がり、水を介した無言のコミュニケーションを誘発させる。

断面図

漁業動線

内湖

水系を背負う建築形式

◀大地のコア　水を吸い上げる
地下水脈までパイプを打ち、針江の豊かな伏流水を自噴によって吸い上げる。象徴化させることで、この建築の利用者に滋賀県の豊かな伏流水の存在を意識させる

大地　水をうけとめる・流す▶
埋め立てられた内湖の沿岸部を内湖のレベルまでアンジュレーションさせ、水（雨水・地下水・水道水）を内湖まで滑らかに流す大地となる

カバタ屋根　水をあつめる
雨水を道路に流すのではなく、水路やカバタの端池に水が集まるように屋根を配置する。ただ集めるだけではなく、内部空間から水路にアクセスできるような機能的な面をもつカバタ屋根も存在する

立体的につながる水系ネットワーク

さまざまな用途の諸室が1つの立体的な水路でつながる。川上・川下の関係を生み出すことで、針江にある水を介した無言のコミュニケーション＝「針江流コミュニケーション」を誘発する。

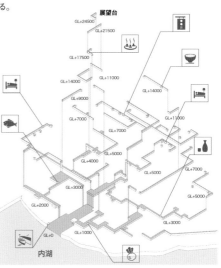

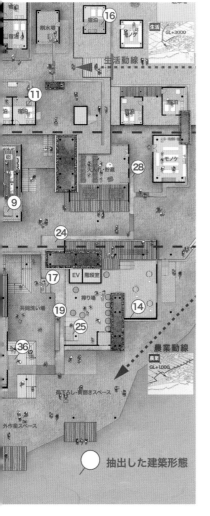

抽出した建築形態

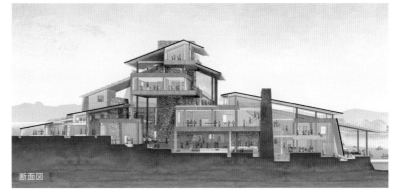

断面図

直売所（農）

川下　加工場（農）

ID033

大地の子
―今日的地形が広がる都市に築くまちと子供たちのための三つのコウテイ―

中野 雄介 ／Yusuke Nakano　　大阪大学 工学部 地球総合工学科 木多研究室

設計期間▷1カ月　　製作中の苦労や思い出▷ 弱気でばかりいたので、先輩にも後輩にも友人にも怒られ続けた。
お気に入りの本▷ クロード・パラン『斜めにのびる建築』　　製作中に影響を受けた人物や思想▷ 特になし

母校の校庭に"ハコ"ができた。古い樹木、鉄棒、裏道。記憶にあった場所は、みんな消えてしまった。都市化が進行し、高密に人が住むことは魅力的だが、何かが塗りつぶされるようにも思う。真田山のそれは、大地と、そこを駆け回る子どもたちが織りなす「大地の子」という空間だ。まちの昔と今とこれからを貫く、朧げだが力強い空間。心底その空間資本を守りたいと思った。そこで、開発から取り残された上町台地に、子どもたちの新たなアジールとなるコウテイをつくる。それは上町台地の豊かな起伏がつくり出す「高低」であり、子どもたちにとっての「校庭」であり、住民にとっての「公体」となる新しい建築概念である。まちのための空間をつくることとは、まちの空間資本に寄り添い、守ろうとすることではないだろうか。

校庭が失われた真田山小学校

　約2年前、私の母校、真田山小学校の校庭が半分消えたという情報を友人から聞き、衝撃を受けた。都心回帰による住民増加により児童数が急増し、やむをえず、校庭に新たに校舎が増築されたのである。

　学校の校庭は、何物にも侵略されない、子どもたちがいきいきと駆け回ることのできるアジールであったはずだが、都市化に伴うハコの増殖はとめどない。今真田山には、ハコに侵食される心配のない、子どもたちが都市の中でいきいきと駆け回ることのできる空間が必要である。

坂の途中に建つ真田山小学校　　校庭に校舎が増築された

真田山というまちの空間資本

　私は以前のまちについて知るために、2021年10月14日、真田山に古くからあるビリヤード店で、50年以上真田山に住む住民に子ども時代のまちでの思い出を語っていただく会、「真田山お話し会」を実施した。真田山には昔から子どもが多く、急激な開発がおこる以前のまちなかには子どもたちの居場所となる駄菓子屋やあそび場、風呂屋などがたくさんあったことがわかった。住民の方々が口々に言う「うろちょろしとったなあ」という言葉が、当時のまちがまるで休み時間の校庭のように駆け回る子どもたちの声で満たされていたことを示している。校庭のようなまちの姿そのものも、都市の急激な開発により奪われつつある。

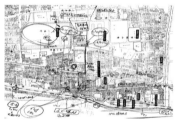

お話会で使用した地図には、子どもの頃駆け回っていた場所がカラフルに表れてきた

フィールドワークによる
大地と子どもが織りなす空間の発見

　真田山は上町台地のエッジ部分に展開されるまちで、まちの西部分には等高線でつながれたいくつもの魅力的な起伏がある。その起伏に沿って、子どもたちを中心としたいくつもの生き生きとしたアクティビティが見られた。大地の起伏は、子どもたちのアクティビティに影響を与え、大地と

子どもたちが織り成す空間は、5つに分類された構成要素からなることが分かった。

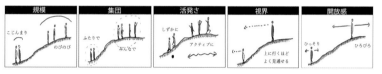

大地と子どものアクティビティを建築化する

提案する3つの建築では、大地と子どもたちのアクティビティが織りなす空間に寄り添うように造形操作を行う。

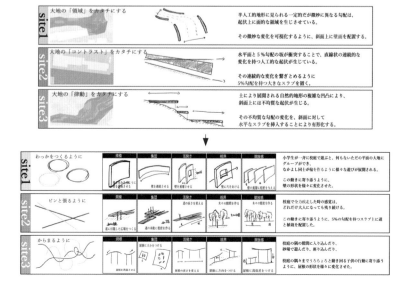

上町台地の分布と敷地配置図

site I 半人工的地形
site II 人工的地形
真田山小学校
校庭に増築された ハコ
まちに増殖する ハコ
上町台地の起伏
site III 自然的地形

寺院

真田山町
真田山公園
玉造筋
船場橋
玉造本町
旧真田山陸軍墓地
三光神社
宰相山公園

上町台地の起伏は、真田山のまちを包み込むように分布していて、まちの随所に魅力的な地形を創り出す。その場所に行くと子供たちが楽しそうに遊ぶ姿を目撃できる。上町台地の起伏は、大地の子を繋ぐネットワークのような役割をはたしている。
その中のうち、学校のチャイムとその周辺にある三つの有効活用されていない地形に、まちと子供たちのための建築、"コウテイ"をつくる。それは、上町台地の起伏（高低）、今とこれから先の子供たちがいきいきと駆け回れるグラウンド（校庭）、さらにはまちに開かれた存在としての空間（公共）となる。新しい建築概念である。
提案する三つのコウテイとその他の魅力的な起伏が、同じ等高線のネットワークでつながれることにより、地形を起点にして、これからの真田山に「大地の子」が継承されてゆく。

I 半人工的地形
子どもたちと住民の輪が重なり合う、公民館のような校庭

　上町団地の高低差にまたがる公園内にある土手のような起伏。子どもたちは上下の公園を行き来しながら遊びまわる。子どもたちが生き生きと活動できる魅力的な地形であるのに、現在は道と石垣が築かれるのみで、十分にその魅力が生かされていない。

▼ 水曜日の正午の平面図

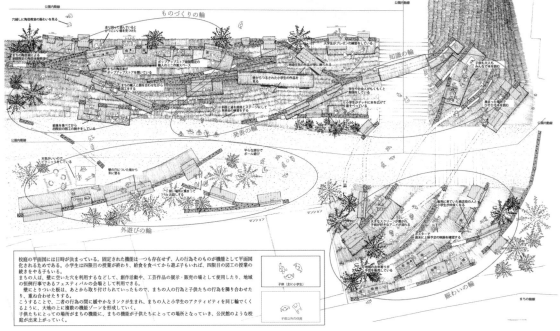

ものづくりの輪
知識の輪
発表の輪
外遊びの輪
賑わいの輪

校庭の平面図には日時が決まっている。固定された機能は一つも存在せず、人の行為そのものが機能として平面図化されるためである。小学生は四限目の授業が終わり、給食を食べてから遊ぶ子もいれば、四限目の図工の授業の続きをやる子もいる。
まちの人は、壁に空いた穴を利用するなどして、創作活動や、工芸作品の展示・販売の場として使用したり、地域の恒例行事であるフェスティバルの会場として利用できる。
　壁にとりついた板は、あとから取り付けられていったもので、まちの人の行為と子供たちの行為を関り合わせたり、重ね合わせたりする。
こうすることで、二者の行為の間に緩やかなリンクが生まれ、まちの人と小学生のアクティビティを同じ輪でくくるように、大地の上に幾重もの機能ゾーンを形成していく。
子供たちにとっての場所がまちの機能に、まちの機能が子供たちにとっての場所となっていき、公民館のような校庭が出来上がっていく。

真田山小学校
子供（主に小学生）
子供以外の住民

II 人工的地形
いつもの坂道が緑と
子どもたちの駆け回る声に満たされる、
まちのインフラのような校庭

真田山小学校の校門に直接つながった斜度約5%の坂道。この坂道のおかげで真田山の住民には「坂の上の子、下の子」という仲間意識が強く形成されている。斜度5%という値は、そこにいるだけで駆けだしたくなる勾配で、実際に子どもたちがこの坂を駆け降りる光景を頻繁に目にする。しかし、坂のほとんどが車道となっており、魅力を生かしきれていない。

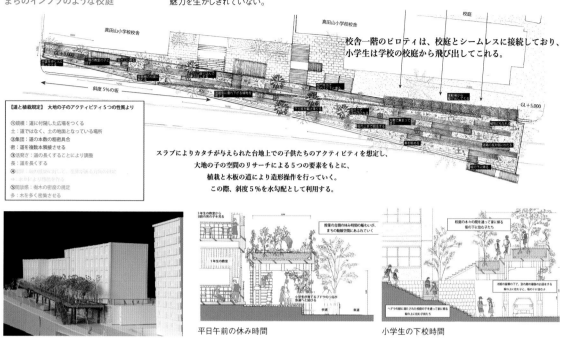

校舎一階のピロティは、校庭とシームレスに接続しており、小学生は学校の校庭から飛び出してこれる。

【道と植栽規定】大地の子のアクティビティ5つの性質より

① 縦横：道に付随した広場をつくる
　土：道ではなく、土の地面となっている場所
② 集団：道の本数の粗密具合
　密：道を複数本隣接させる
③ 活発さ：道の長くすることにより調整
　長：道を長くする
④
　⑤ 開放感：樹木の密度の規定
　多：木を多く密集させる

スラブによりカタチが与えられた台地上での子供たちのアクティビティを想定し、大地の子の空間のリサーチによる5つの要素をもとに、植栽と木板の道により造形操作を行っていく。この際、斜度5%を水勾配として利用する。

平日午前の休み時間

小学生の下校時間

III 自然的地形
住民と子どもたちの
雑多な行為が混ざり合う、
オープンスペースのような校庭

住宅が密集する中にひっそりとある山のような起伏。ときたま子どもが探検するように斜面を行き来する様子が見られる。都市の中にある自然の大地が感じられる貴重な場所であるが、柵が築かれ近づきたくなっており、そのポテンシャルを生かしきれていない。

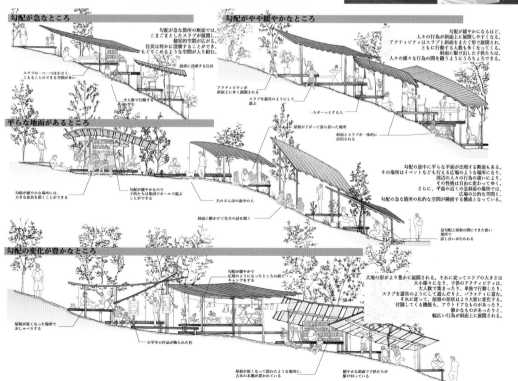

ID010　柴垣志保　大阪大学

パラール2022 ―生きる場所の意味を教えてくれた人たちへ―

内藤：あなたは阪神淡路大震災を経験した世代ではないでしょうけれど、どのような経緯で今回のテーマにたどり着いたのですか？

柴垣：私は神戸の出身で、長田というまちがひどい被害を受けたという話を父から聞いていました。私が建築という学問を選び設計課題などに取り組む中で、生きた空間というものを形だけで設計することに、常に違和感を持っていました。どうしたら本当に生きた空間をつくることができるのかと、そういった自分の建築設計に対する疑問と、震災で壊れたあとにできた長田の形をまちの人が使いこなせていないという現状を重ねていく感覚が、テーマを決める際にあったように思います。自分がまちの人たちと一緒に実空間をつくっていくことで、人が空間をつくっていくことの美しさや力強さを確かめたかったですし、その空間が生きた空間となることによって、このまちはちゃんと生きているんだと証明できると思いました。

藤本：自身の持つビジョンと実践がしっかりとリンクしていて、素晴らしいプロジェクトだと思いました。これは限定された期間の、テンポラリーなものだったのですよね？ 今回のような仮設の空間と、残り続ける空間との間に、何か可能性を感じ取っているのであれば、そのあたりのビジョンを聞かせてください。

柴垣：ビジョンというよりは、私自身が知らないまちに初めて行って、一から築きあげた関係性によってできた空間を体感したときに思ったことですが、この仮説の空間はもうありませんが、築きあげた関係性は長田にちゃんと残っている。私がパラール的な居場所だと確信できるようなところは、今の長田の日常に存在しているということです。

藤本：とすると、つくったものは仮設的だったけれど、そこで培ったものは決して仮設には収まらないものだった、ということでしょうか？

柴垣：はい。

藤原：長田には父の実家があるため、阪神淡路大震災からの復興というのは、僕にとっても大きな関心事としてあります。そういう意味でとても共感している一方、あなたがテーマにしているのは震災の後に立ち上がる災害ユートピアから発せられる特別な感情を根拠にしているのではないだろうかと思っています。だから、あなたがこの長田のまちの何に共感しているのかということは知っておきたい。長田のどのような部分に対して、他人事ではなく自分の問題だと捉えているのか教えてください。

柴垣：かつてあったパラールは、震災後たった5カ月で建ちました。私がこのテーマ設定をした当初は、災害を経て人が団結する強さによってできたのだと考えていましたが、まちのコンテクストを調べ

ていくと、震災以前から地域の人たちが構想していたまちづくりがパラールの下地となっていることが分かりました。そうした構想段階からまちのために奔走していた方へのオーラルヒストリー調査を通して、パラールがあったことは皆の記憶にあるけれど、そうしたまちづくり構想がパラール実現の本質にあるのだということは、誰かが伝えていかなくてはと思いました。

畑：だいぶ理解が進んできました。まちの人の記憶を復元するために、口述筆記的に空間をつくってみて、実現させたあとにどのような変化がありましたか？ もちろん、あなた自身の変化はあったでしょうけれど、パラールのことを記憶に留めていた方などには何か変化があったように思いましたか？

柴垣：いろいろな感想をまちの人からいただきました。長田は、震災を知らない世代と、震災当時に踏ん張って今日までてきた世代が、ちょうど交代するような時期にあり、その中で歪みも生じています。震災を知る世代は、もっと自分たちの話を聞いてほしいという思いが強くあって、私が話を聞く中でも当時のやるせない思いが消化できた、やっと復興を感じたと言ってくださる方が多くいました。今回つくったパラールの空間では、異なる世代みんなの思いがうまく調和してくれたらと思っています。

ID030　有吉慶太　立命館大学
職藝と建築

藤本：リサーチも造形も力強く、すばらしい案だと思います。この独特な造形や建物の積み上がりは、職人と対話をしつつも、建築家であるご自身が対等に介在しながらできたとのことですが、職人からのフィードバックは構成全体にどのように生きているのでしょうか？ それとも大きな構成は建築家がつくっているのでしょうか？

有吉：敷地所有者の小吉さんから「15mほど上がった位置から、実は天橋立が見えるんだよ」と聞き、それを目指してボリュームを積み上げようと考えました。職人さんの技術をどのように活用するかは、対話の中から見つけていきましたが、建築の大きな構成は僕が決めました。この卒業設計を第一歩として、構成の部分でも職人さんとの対話を取り入れたものを実現できたらいいなと思っています。

畑：この建築が建つことによって、いろいろな技術があるのだと知るきっかけにはなりますが、訪れる人はここでどのような体験や経験ができるのでしょうか？

模型を覗き込む畑友洋先生

有吉：丹後に移住した人がいても、車がないと移動しづらいこと、雪が多いことなどから、なかなか定住しないという状況が多く見られました。そこで、幼老複合施設のプログラムを提案しています。移住者の子どもを預けられる保育施設を設け、そしてその子どもたちは併設した老人福祉施設に通うお年寄りの方から丹後の物語を聞くことができます。温泉施設では、子どもとお年寄り、そして観光客も加わり、裸の付き合いができる場所となっています。

藤原：この建物はもともと工場だったのですか？

有吉：絹織物を織っていた、工場というよりは住居に近い建物です。今は南側の住居のみ使われていて、その他一帯は空き家になっています。

藤原：低層部と屋根が連続している部分は既存のもので、これが全体の約半分を占めている。回転させながら上へ積み上げているのが新たに建築する部分で、そこには解体による廃材を職人さんとご自身とで再生したものを使うという計画ですよね。ものづくりの楽しさは感じるけれども、実際はものづくりの場というよりは都市的な多機能施設になるのですね。

有吉：はい。職人さんがつくったものの可能性を感じてもらいたいという僕の思いもありますが、地域全体に貢献できる建築を目指しています。

藤原：ねじって回転していくことには、どのような合理性がありますか？

有吉：一番上では天橋立を臨みつつ、ねじる過程で山の方にも振り、いろいろな景色を眺望できるようにしています。

内藤：丸い形はどこからきたのですか？ 模型の中に唐突に置かれているように思います。

有吉：小嶋商店というところに提灯職人さんがいて、この方は3年ほど前に丹後へ移住してきました。木を使ったさまざまな提灯をつくっていて、それを建築的操作として生かし、空間化しようと対話の中

Diploma×KYOTO '22
Day 1
architectural update
Document of Critique

で考えました。

内藤：木のほかに金属を使っているようですが、この理由は何ですか?

有吉：この建築を通して、提灯職人さんと鉄職人さんの関係が生まれることをねらっています。2つの提灯を並べて、幽体離脱しているかのようなパビリオンとなっています。

藤本：職人さんが何かをつくったり、あるいは訪れた方がそれを体験できたりするような場所をあえて入れなかった理由は何ですか?

有吉：ものづくりのテーマパークのようにはしたくないと考えたからです。また、職人さんが丹波でものづくりを続けられるように、丹波全体のコミュニティ形成の中和剤としてこの建築を機能させたいということも理由にあります。

ID033　中野雄介　大阪大学

大地の子 —今日的地形が広がる都市に築くまちと子供たちのための三つのコウテイ—

藤本：敷地の位置関係について確認させてください。中野さんが通っていた真田山小学校の近くにあるのが敷地2で、今は使われていない斜面地をあえて使っているという理解でよろしいですか?

中野：使われていないというよりは、有効活用されていないと考えています。ここは、さまざまな起伏が展開されている上町台地のエッジ部分にあたりますが、子どもたちが走り回れば気持ちいいだろう坂道では車がすごい勢いで走っているような状況です。

会場に集まったオーディエンスも真剣な表情

藤本：この起伏には自然が、例えば雑木林のようなものがありますか?

中野：敷地3には木が生い茂っています。たまに子どもたちが遊び回っている光景を見ますが、柵が張り巡らされ地域に開かれた状態とは言えず、やはり有効活用されていません。

藤本：今回のような校庭のつくり方で、まちに子どもたちがさらに溢れていく仕組みはどのように考えていますか?

中野：上町台地には魅力的な場所がたくさんあり、これを起伏のネットワークと僕は呼んでいます。今回の卒業設計ではその中から3つの敷地を選んだということです。将来の都市計画として、まちを横断する特徴的な等高線に従って何かをつくっていくことは面白いだろうと思ってやっています。

藤原：つまり、上町台地を建築にしたいということですか?

中野：そうです。

藤原：ではなぜ今回はその3つが対象なのでしょうか?　上町台地の起伏に関係なくマンションが建つことへの疑問や、手を加えることでそうした状況が何か変わるかもしれないという期待には共感しています。ただ、君が設計した敷地とそれ以外の敷地のギャップが大きくなってしまうため、上町台地という建築はかえって弱くなってしまうのではないでしょうか?

中野：3つの敷地を選んだ理由は、学校から近いというシンプルな理由なのですが、子どもたちの校庭として機能させるためにはチャイムが聞こえる距離である必要がありました。3つの建築を置くことによって、一見この地域の起伏が隠されてしまうように感じますが、かえって魅力が湧きだしてくるのでは、とも思っています。起伏の魅力に気付くことができ、子どもたちが走り回る風景から真田山の魅力を発信していけると考えました。

畑：その3つの建築について続けて聞きたいのですが、パビリオンのようなかなり特徴のある形式とした意味は何でしょうか?　今までの話を聞いていると、3つの建築は、同じ地形の特徴を読み取っているように捉えられますが、形式は3つとも全く異なっていますよね。

中野：建築は、まず敷地があって、そこに機能を配置していくというのが基本形ですが、3つの敷地は同じ上町台地でもそれぞれ異なる起伏があると思います。3つの微妙な等高線の違いを増幅させるような、例えば人口地形であれば5%の斜度の坂道と水平ラインが生み出すコントラストを強調する造形操作として、スラブを挿入するという方法を選んでいます。地形が持つ見えない魅力を大地から引き出すために、それぞれの敷地の特徴を見極めた方法を考えました。

内藤：子どもたちは、こういった場所で遊びたいと思うかな?　原っぱにある壊れたブランコのような、完結していないものに対してアクションを起こすというのが子どもの想像力だと述べる人がいました

Diploma × KYOTO '22
Day 1
architectural update
Document of Critique

が、君がつくった世界の中で子どもたちが遊ぶ光景は、閉鎖的で、完結されすぎてはいないだろうか？

中野：閉鎖的な空間は、僕が最も避けたかったものです。子どもたちだけの閉ざされた世界のつくり方があったわけではなく、地域の他の人たちにとっても居心地のいい空間になればと思って、むしろまちに開いていくイメージを持ってつくりました。子どもたちのための場所をつくる行為は、同時にまちのための場所づくりでもあるということを伝えたいと思っていました。

ID055　佐藤夏綾　京都大学
磯に生きるを灯ス

藤本：水上建築には、陸から船で向かうのですか？

佐藤：はい。漁師さんの船に乗せてもらいます。船上で漁師さんとの会話が生まれることを目的にしています。

藤本：行き来の体験も含めてミュージアムということですね。

内藤：タワーがすべてのプロジェクトに取り入れられていて特徴的に見えますが、これほど必要なのでしょうか？　何かそこに意味を込めたのでないと、ここまで特徴的にならないと思うので、タワーの意味を説明してください。

佐藤：海辺に建築をつくるにあたり、弱いものではなく強い構造体を用いようと考えました。鮎川は東日本大震災でほとんど更地になってしまい、住民は鮎川の未来を思い描くことができない状況となっていました。ここで弱いものをつくってしまうと、いつか再び来る大震災でまた壊れてしまう。それならば、鮎川で頑張ることのできる強い構造体とすることが、建築の力を発揮することだと思いました。

内藤：また津波が来たときに、強い構造体は残るけれど、弱い構造体はダメになってしまっても仕方ないという考え方ですか？

佐藤：はい、そういう考え方です。

内藤：分かりました。

藤原：どれくらいの強度を持たせているのですか？

佐藤：震災後の風景を見ていると、今回提案した倉庫のような躯体は比較的残っていました。一番強い構造体を持つのは鉄塔ですが、それ以外も鉄骨だけは残る想定になっています。

藤原：牡鹿半島で震災を経験されたのですか？

佐藤：震災は経験しましたが、牡鹿半島に住んでいたわけではないです。

藤原：そうでしたか。鮎川については、僕もY-GSAでずっと取り組んできたので詳しいのですが、「鮎川の未来に思いを馳せる」というプログラムを視点場と言っている点が気になりました。鮎川の計画で視点場がどのような意味を持つのでしょうか？

佐藤：円形のスラブを歩いていると、被災したまちから復興の象徴としての観光施設、海へと視点が移り変わっていきます。この視点の移り変わりが、復興の過程となるようにつくりました。

畑：ご出身が宮城県ということですが、この建築を考えた動機やモチベーションを聞かせてください。

佐藤：震災当時は小学生で、被害の大きな地域へボランティアに行きたくても行けず、悔しい思いがありました。そのため、卒業設計は被災地でやってみようと漠然と考えていました。被害の大きかった地域を何カ所か訪れ、鮎川の人や場所に魅せられて、ここで何か未来を描くようなものをつくりたいと思いました。

藤本：地形が特徴的なので、こうした建築をつくるか、なるべくつくらないかという葛藤もあったのではないかと思いますが、最終的に強い構造体を選択していますよね。僕は成功しているプロジェクトという印象を受けましたが、強い構造体をあえてつくる決断をした経緯を教えていただけますか？

佐藤：最初はやはり、弱いものがいいかなと感覚的に考えていましたが、スタディをしても全然納得できませんでした。そこで、鉄塔などを組み立ててみたところ、軽量の建材が漁港の風景にとても合っていると分かりました。その後は他の敷地にも鉄塔や鉄骨の躯体を展開し、この建築が生まれました。

佐藤夏綾さん

ID063　半澤 諒　大阪工業大学
見えない空間

内藤：プレゼンシートの文字が読みにくい。年寄りにはあまり優しくないプレゼンだね（笑）。

半澤：光をテーマにしているので、シートに光を当てると読みやすくなります。光の反射を見て欲しいと考えました。

内藤：言っていることが難しくてよく分からないけれど、模型が面白いので票を入れました。要するに、光と空間の関係を題材としたのかな？

半澤：空間そのものについて考えてみたいと思いました。

内藤：空間とは何か、というのは相当難しい議論になりますね。「空間」という言葉は明治時代にできた造語。それ以前なかった。

半澤：空間は、建築を語るうえでだいたい出てくる話題ですが、僕はそもそも空間というのが何なのか分からなかったので、空間を突き詰めてみました。

内藤：49個つくってみて、その疑問は少しでも明らかになりましたか？

半澤：空間を構成するギリギリ最小限の要素は、目に直接届く光なのだろうという結果は得られました。

内藤：そうすると、「これが僕の空間です」と結んでいるけど、この49個以外にも無数にあるのですか？

半澤：建築を考えるときは、足し算によってすごい空間を構成しますが、空間の原点を考えるには引き算をしていく必要があるので、引き算をして最後に残ったのが目に直接届く光、これが僕の空間だという結論に至りました。

藤本：プレゼンにあった動画が、実は何か答えを示している、ということはありますか？

半澤：光に向かって自分が動いたという事実と、その光までの距離によって空間を感じているのではないかという仮説を示しています。

藤本：なかなかのドツボにはまっているように見受けられますが、構想と制作の期間はそれぞれどれくらいでしたか？

半澤：構想の期間が長かったですね。

藤本：それで制作の方は提出期限まで時間がなくてやばい、みたいな感じですかね（笑）。自分なりの空間を解き明かしたいという気持ちはすごくよく分かります。そこに、この先の建築や人生の指標となるものがある……かもしれない。

藤原：空間を構成する要素は目に届く光である、ということは理論としてやる前から分かるような気がします。模型を覗くと面白さはあるのですが、それを「僕の空間」と言ってしまうと、ちょっとつまらないかなあと思いますね。「これが僕の空間。あなたはどうですか？」というような投げやり感。建築に機能がない、つまり機能が表れてこなければ代わりに空間が表れてくる。その存在の面白さをどのように表現するかということが重要です。「僕の空間」と言うと自分の中に閉じてしまいます。例えば空間ミュージアムをつくるのでも良かったかもしれません。ミュージアムは、収蔵して展示あるいは研究するという役割があり、空間もまた、収蔵・展示・研究すべきもので、物理的な境界によって形を与えることができる建築学だからこそ、空間の形式化や言語化が、半澤くんの向かっていくべき本丸だったのではないだろうかと思いました。「僕の」と言ったのは、ある種の照れだろうと思いますが、せっかく面白いことをやっているので、逃げずに言い切ってほしいです。

半澤：はい、分かりました。

畑：模型にたくさん引かれた線は、それぞれ独立した思考の研究成果なのか、連鎖なのか、教えていただけますか・

半澤：49個の光りに関係性を持たせて構成したその空間……

畑：空間って言っちゃったね。

半澤：えーと…、49個の光に関係性を持たせたものです。

半澤諒さん

ID099　饗庭優樹　立命館大学
水トノ共生作法
針江集落のカバタの集積による失われた水との暮らし・生業拠点の再編

内藤：カバタを取り入れるのはなかなか面白いですし、いいアイディアだ

と思いますが、建築として見たときに、この石積みのようなものとそうでない部分が、どう関連しているのか説明していただけますか？

饗庭：石積みを「大地のコア」と呼んでいます。カバタで言う、地下に打ち込むパイプを建築化したものです。意図としては、暮らしの中で滋賀の豊かな伏流水などを意識することはあまりないと思うため、それらを知覚してもらうための存在となっています。

内藤：そうだとして、その石積みの一番高いところまで水が上がるほどの水圧はあるのでしょうか？

饗庭：滋賀県の周囲の山々と湖岸沿いの高低差で上がると考えています。実際にカバタは全部自噴で、そうしたことを踏まえてこの形になっています。

内藤：分かりました。では石積みと、そうでないものをどう切り分けたのか、もう少し詳しく聞かせてください。

饗庭：針江集落に見られる「カバタ屋根」は、樋をつけずに雨をそのまま水路に流すような形式がとられており、今回提案した建築にもその形式を踏襲しています。屋根のボリューム感は川上、川下の水のスケールに合わせていて、水のメタファーでもあります。

内藤：雨水も使うのですか？

饗庭：はい。雨水も、カバタで端池と呼ばれるところに溜まる水も、同じように使います。

畑：これはカバタを巨大なスケールで再編していると捉えましたが、立地が非常に気になっています。集落と連続してこの建築が水源として希望するのかと思ったら、琵琶湖を挟んで集落の対岸にあるんですね。とすると、この建築は単独でカバタ的な状況を生み出せるけれども、水を介して集落と関係を取り結ぶようなことはないのでしょうか？

饗庭：この集落の生業は昔から半農半漁で、琵琶湖へ船を出して漁業を行っています。昔使われていた船着き場の痕跡が今でもあちこちに見られて、そこは農業と漁業の結節点のような無言のコミュニティの場としてありました。内湖の一部が埋め立てられ、そうした場所は減ってしまったのですが、この建築によって、かつてのような集落の拠点を取り戻せるのではないかと考え、この敷地にしました。

藤原：機能としてはどういったものを提案しているのですか？

饗庭：漁業の簡易加工場など、産業拠点機能を提案しています。

藤本：模型を見ると、いろいろな幅や流れ方の水路が張り巡らされていて、とても魅力的です。こうした水と人の活動との関係は、提案をまとめる中でいくつも想定してきたかと思いますが、何か具体的なものをあげて説明していただけますか？

饗庭：例えば地域の人は、自分たちが生産した農作物を持って加工場に入り、そのまま加工作業をする。一方で川下にはビワイチ（琵琶湖一周）をするライダーが来ることを想定して、ここには給水所や宿泊施設の機能を用意しています。

藤本：とても細い水路のようなものが上の方に張り巡らされていますが、そこに流れている水と人々の関係はどのように想定していますか？

饗庭：基本的には、カバタの位置から水路が生み出されているので、細い水路に関しては川下に向かう一種の記号をイメージしてデザインしています。

藤本：水路自体は水と親しむためのものではない、と。

饗庭：水路の幅は20〜50cmを想定しつつ、川下にいくほど1mから1.5mへ広げています。そこでいろいろな機能を提案しています。

藤本：川上の水路が細い理由は何ですか？

饗庭：川下へ向かうにつれて、川上の水を受け止めて水量が大きくなるからです。

藤原：けっこう大きな規模の建築で、リサーチも丁寧にされていると思います。ただ、リサーチ対象が個人のプライベートな場や隣同士の交流の場など、みんなで少しずつつくる公共空間のような場所ですよね。このような大規模な建築に、小さな公共空間的言語を集結させる意味は何でしょうか？

饗庭：はじめは集落内に小さな公共建築を提案しようと考えていました。しかし、地域の人が利用し、湖岸道路からいろいろな人が来ることを考えると、小さな公共性を持った多様な場所が用意され、それが水系でつながっていることが大事だと考えました。大きな場所の大きな公共性が必要だと考えたわけではないです。

模型を覗き込む藤本壮介先生

ID114　清岡 鈴　京都大学
名前をなくした場所

内藤：とても不思議で面白いプロジェクトだと思いましたが、これは都市の中で価値のないものを取り上げているわけですよね？

清岡：はい、そうです。

内藤：資本主義的論理には載らないぞ、という意図があるのですね。路地の隙間につくったものが垂直方向へたち上がっていることについて、もう少し説明をいただけますか？

清岡：暗渠自体、日常から離れた気分になることのできるポテンシャルを持っていると考え、今の地面のラインを尊重し、そこからのアイレベルで線を引いてつくっていますが、ボイドをあえて通常の住宅には見られない高い位置まで伸ばすことで、不思議な感覚を強めることができるのではないかと考えました。

内藤：無意識のうちにやっているのかもしれないけれど、空虚な部分を俯瞰するような構造になっていると思います。

清岡：上にのぼるというよりは心理的に地面から浮いたような感覚を目指していたので、空虚を俯瞰することを意図したわけではありませんでした。一番に考えていたのは、地面のレベルから暗渠の方へ視線が抜けることで、何もない不在の空間性は現状よりも強まっているのではないかと思っています。

藤本：目的からこぼれ落ちてしまうものの魅力は、とても共感しています。敷地選定を見て、暗渠をそういうものだと捉えていると感じました。ではそこに、卒業設計として何かつくらなくてはいけないとなったとき、つくる・つくらないの狭間のような感覚、もしくは偶然できてしまった何か、がちょうど良かったのかもしれない。清岡さんの提案を見て、結構つくりすぎてしまったのかなという気がしました。目的がないことを目的につくった巨大構築物にも見えかねない状態ですが、ご自身の中でその点はどのように折り合いをつけていたのか教えていただけますか？

清岡：当初は、今ある場所の見方を変えるために少ない操作でおさめようとスタディをしてきたのですが、どうしても今の風景を壊してしまうような気持ちになり、あまり進まなくなってしまいました。そこから考え方を変えて、あくまでも一見すると今の風景に馴染むくらいのボリューム感で、でも不思議なプロポーションであったり、素材の秩序の崩れ方であったり、そういったものを利用して異世界に飛んでいくような形もつくることができるのではと思い、今回はこの形としました。

藤原：タイトルにある「名前をなくした場所」を異世界とするということは、新しい名前をつけることなのでしょうか？都市計画によって蓋をされ、名前というか質を失っていく場所が近代都市にはありますよね。そこへ今回のような建築が建つことで、何が回復して何が生まれているのか、その点をどのように解釈していますか？

清岡：名前と表現しているのは、簡単に言うと機能のことです。使う人を限定し、また振る舞いを決定するような場所の質ということです。ですので、ここは何も質がない場所ということではなくて、人がどう振る舞うべきかという型から外れた場所ということで、「名前をなくした場所」と呼んでいます。

畑：その存在を認識しない場所について、風景がほころんでいるという言い方がとても気になりました。先ほどから何度も聞かれていることですが、今一度聞きたくて、こうしたものをつくることによって存在を認識されるようになるのか、ならないのか、どのように思っていますか？

清岡：この場所が、人が止まることのできる場所として認識されてほしいという思いでやっています。

ID118　鎌田彩那　武庫川女子大学
なびくまち あままで届き うづもれぬ －保久良山道 保全計画－

畑：六甲山のある神戸市北側の輪郭は、人が住んでいる場所と山が断然しているというか、土木的な、かなり強い擁壁などで分断されていますよね。保久良山は今どのような状態なのでしょうか？

鎌田：去年の6月頃から法枠工による工事が始まり、自然の崩壊が始まっています。

畑：擁壁が建てられ、まちと山が強い線引きをされる、断絶されるような状況にあるのですね。そこへ、自然と人間の緊張関係がある里山的な場所をつくろうとしているわけですね。

鎌田：そうですね。六甲山には人の生活圏が入り込んでいて、昔から山と人が一緒に生活していました。それが工事によって切り離されてしまうことに違和感がありました。

藤本：いわゆる土木的な擁壁の中に、人のための空間を発見すると同時に、自然と人工物が重なり合うようにつくっている点が素晴らしいと思います。模型にあるひらひらしたものは何ですか？

鎌田：1つの道に対して2枚くらいのフェンスが波のように続いていて、これによって景色を切り取ったり、遮断したり、見え方にメリハリをつけるファサードとして計画しています。

藤本：山のファサードであると同時に、体験のシークエンスをつくっているということですね。タイトルに和歌を用いたのには、何か地域との関連があるのでしょうか？

鎌田彩那さん

鎌田：天まで届いてほしいという思いと、海人さんという呼び方から「海」が「天」の掛詞としてよく使われていたので、海をも感じて欲しいという意味を込めて「天まで届き」としました。また木々が生い茂ることで、この「みち」が埋もれていくというイメージも持っています。

内藤：土木や土質を専門とする先生などにこの提案を見てもらいましたか？

鎌田：構造の先生に土木のお話を伺いました。土質については話を聞けていません。

内藤：めちゃくちゃな土木工事が始まることに心を痛めたのだろうけど、なんだか自己矛盾を生じていると思います。例えばみちの集積は、それ自体が立派な土木構造物となりますよね。地すべりの危険性があるのなら、地表面の水だけでなく地中を流れる伏流水への対処も必要なので、鎌田さんの提案で本当にいいのだろうかと疑問もあります。せっかくこのテーマを扱ったのだから、専門の先生に聞いて、もう少し知識を蓄えた方が良いと思います。

藤原：螺旋階段やブリッジはどのようなものですか？

鎌田：これは擁壁を伸ばして、デザインとして置いています。人がのぼることは想定していません。

藤原：公園みたいになるのでしょうか？ ハイキングコースとして考えている？

鎌田：そうですね。ハイキングコースとして考えています。ブリッジは自然の形に従いつつ、大きな構造物として自然に抗う存在としても計画しています。景色が海まで見渡せる展望台になります。

内藤：実際に、杉の間伐材を使った擁壁をこの30年とずっと提唱している人がいるのですが、土木の分野ではなかなか受け入れられない。細かい木の擁壁が30年ほどで自然に還るというやり方です。そのようなビジョンが、あなたの提案にも描けていると良いですね。

鎌田：コンクリートのような残っていく素材がある一方で、木を使った部分はどんどん朽ちて、遺跡のように残るものになればと構想しています。でも、もっとストーリーを深めていきたいです。

審査・投票

藤原：柴垣さんは質疑応答で、「震災前からこのまちには住民の力があって、それが震災後のパラールとして結集してできたということが建築にとって重要な問題なのではと考えたから、これを卒業設計とした」と話していて感動しました。自分の内的なものを表現する場ではなくて、オーラルヒストリーを集めて建築にとって重要な問題を形にして、社会の中に置くという姿勢が素晴らしいですね。

司会：投票の集計が終わりました。ID010が3票、ID055が2票、ID114が1票、ID118が2票となりました。

内藤：投票結果だけを見ると、柴垣さんですね。

藤原：藤本さんが柴垣さんに投票していないのはなぜですか？

藤本：人間としても活動としても素晴らしいですし、卒業設計の可能性を切り拓いたと考えれば評価できますが、気になったのは、空き地の中央より少し前の方にぽつんと建っていることですね。この配置計画は何だろう？

柴垣：もともと別の配置で図面を描いていたのですが、予行の日に敷地に行くと、住民の方がすでに建ててくれていました。

藤本：そうだったんですね。それはすごく良いですね。現実と柴垣さんのアイデアが共創している。

畑：でも、その配置だったからこそ、投影された影からかつてのパラールを見たわけですよね。もうど

Diploma × KYOTO '22
Day 1
architectural update
Document of Critique

こにもないはずの現象が、夜の瞬間にだけ浮かび上がった。そこを空間化して、設計した対象を捉えることはできなかったのでしょうか？

柴垣：影は、すごく意味を感じた一方で、あくまで偶然できたものなので、自分が設計したものとするのは違うかなと思いました。

藤原：「パラール2023」として継続して、次は影についての考えを深めてはどうですか？

藤本：影を設計し始めると、なんだかあざとくなる気がします。先ほど言った、住民の方が勝手に建てていたという回答が僕の中でベストで、確かにそういうことって実際にありますよね。さらに、夜になったらパラールの影がたまたま現れた、そしてみんな驚いた。これも含めてすごく良いんですよ。

藤原：パラールのようなものが、建築的に大きな問題になるかもしれませんね。卒業設計では、大きなプロジェクトや大きな機能に目を向けがちです。パラールのような、つまり傘を開くように自分の店がたち上がっていったものが、もとのまちの成り立ちだったはずなのに。

内藤：みんな、そんなに褒めちゃって大丈夫かな。欠点も言っておかないと、柴垣さんはここで止まってしまいますよ。

畑：テント以外にも、いろいろ借りてきたんですよね。何を借りてどうつくったのか、もう少し具体的に聞かせてください。

柴垣：例えば照明は、テントごとにバラバラのデザインのものを飾っています。まちで出会ったガラス職人の方が照明を担当したいと言ってくださって、新しくつくるのではなく、アトリエにあるものを使った方が良い、と対話を繰り返す中で決まりました。このほか、椅子も全て借りてきたものです。

評価は割れ、僅差の採点結果となった

藤原：欠点をあげるとすると、受容力が高すぎるところですかね。震災後に頑張った人たちの想いが、パラールによって昇華されたと言っていたけど、そんなはずはないと思う。

藤本：完全に全ての想いが昇華できるかは分かりませんが、昇華できた人はいるかもしれないと、僕は思いました。

藤原：100％昇華できたと信じていると、そこで終わってしまいます。

藤本：柴垣さんはとても落ち着いた方ですが、もともとそういう性格なのですか？　それとも今回のプロセスを通して人間的に成熟したのか、今はただそう振る舞っているだけなのか、どうでしょうか？

柴垣：自己評価としては、物事を冷静に、客観的に捉えて論理的に思考できる人間というよりは、穏やかな人間だと思っています。そのため、気性の粗い人もいる下町でも溶け込みやすかったのかなと考えています。

内藤：卒業設計の新しいジャンルができたかもしれないという期待感とともに、新しいものができるときには、表現についてもそれらに見合った熱量があった方が良いと思います。今の卒業設計の多くに見られるような程度の箱物では全然足りないと思っているけれど、柴垣さんはそれにチャレンジしているわけですよね。その熱量の大きさを表すことができたら、卒業設計としてパーフェクトだと思います。そのあたり、審査員団は現状で少し甘く評価しているところがあります。

藤本：先日、京都大学の卒業設計講評会に参加したとき、学生に対して「もっとエネルギーを持って打ち出した方が良い」と話したら、若いクリティークから「藤本さん、それ古いですよ」と言われたんですよ。彼らの世代は、今の柴垣さんみたいな落ち着きを持って実直に取り組むことで、確実に伝わるという実感を持っているのかもしれない。

藤原：柴垣さん自身は、内藤さんの「表現の仕方にもっと熱量がかけられるはずだ」という指摘に対して、確かに熱量が足りないと思うのか、それは分かっているが重要ではないと思うのか、どちらでしょうか？

柴垣：自分の熱量を表現したいと思ったことは一度もなく、このまちや関わってきた人々を、どうしたら表現できるのかということに悩みました。常にいろいろなスタディをして、もどかしいと思いながらやっていました。

内藤：分かりました。今の審査委員全体の感じで言うと、1位は投票結果の通り柴垣さんが良いと思います。

藤本：賛成です。

内藤：柴垣さん、おめでとうございます。次に、2位と3位ですが、先ほどの得票数で言うと佐藤さんと

鎌田さんがそれぞれ2票入っていますね。でも、1票の清岡さんも良いと思っている人がいるんですよね。

藤原：清岡さんの提案も面白いですよね。

内藤：もう一度、挙手で投票しましょう。佐藤さん、清岡さん、鎌田さんの中から一人2回、手を挙げていいことにして、この一度の投票で2位と3位を決めたいと思います。では、佐藤さんが良いと思う人。

（藤本先生、畑先生が挙手）

内藤：次に、清岡さんが良いと思う人。

（内藤先生、藤原先生が挙手）

内藤：最後に、鎌田さんが良いと思う人。

（内藤先生、藤本先生、藤原先生、畑先生が挙手）

内藤：それでは、まず鎌田さんが2位となりました。

藤原：やっぱり佐藤さんか清岡さんか、ですね。

藤本：2人はだいぶ方向性が違いますよね。

内藤：どちらも良いですね。でも、決めなくちゃいけないですね。控室で、決められないときはじゃんけんで決めようと話していました（笑）。評価というのは、本当にそのくらいの僅差なんですよ。

（じゃんけんで藤本先生が勝利）

内藤：決定権は藤本さんに託されました。責任重大ですね。

藤本：僕は先ほど佐藤さんに挙手したので、3位は佐藤さんにします。

司会：ありがとうございました。続いて審査員賞を決めたいと思います。先生方、いかがですか？

内藤：僕は清岡さんに内藤賞を差し上げたいと思います。

司会：藤本先生はいかがでしょうか。

藤本：ちょっと待ってください。難しいですね、これ。1〜3位と被ってはダメなんですよね。

畑：僕は、ID033の中野さん。

藤原：僕はID099の饗庭さんです。

内藤：意外と藤本さんが優柔不断だということが皆さん分かりましたね（笑）。きっと普段もこうやって悩んでいるのでしょうね。

藤本：まさにそうです。……決めました、ID030の有吉さんにします。

司会：これで1日目の全ての受賞者が決まりました。先生方、ありがとうございました。受賞者の皆さん、おめでとうございます。

Day 1
architectural update

［座談会］

参加者（審査員）

内藤 廣

藤本 壮介

藤原 徹平

畑 友洋

参加者（出展者）

柴垣 志保（1位）

鎌田 彩那（2位）

佐藤 夏綾（3位）

清岡 鈴（内藤賞／ファイナリスト）

有吉 慶太（藤本賞／ファイナリスト）

饗庭 優樹（藤原賞／ファイナリスト）

中野 雄介（畑賞／ファイナリスト）

半澤 諒（ファイナリスト）

卒業設計の今

司会：はじめに今回の卒制展について、全体的な傾向や、印象に残っていることなどがあれば伺いたいです。

内藤：Diploma×KYOTOで審査員を務めたのは3、4回目だけれど、全体的に弱いというか、薄いですね。でもそれは悪いことではなくて、あなた方の世代が持つ何かがそうさせているのかもしれません。それが何かは意識した方が良いと思います。

藤本：今日のファイナリストと、その次点にあった作品がやはり印象に残っています。実は最初、柴垣さんの提案には票を入れていなかったんですよ。でもプレゼンを聞いて、深く感動しました。自分の言葉で話していて、しかもそれが自信のある言葉になっていました。そこへリサーチがしっかりと積み上がっていて、久しぶりに卒業設計の講評をしましたが、すごいと思いました。

鎌田さんの提案も、迫力ある模型を見て、巨大な模型だけど、繊細かつ身体的な要素でつくられていて、素晴らしさを実感しました。

藤原：内藤さんが言ったように、今の時代が難しいというのは数年前から感じていました。難しいというのは、かつてのよう

な卒業設計のあり方ではダメだということ。Y-GSAでは、提案の背景や動機や個人の発露をしっかり見るようにしていますが、自己表現として建築をやっている人はかなり減っていて、特に3.11以降は、そのような人ほど建築学科から遠ざかっている。自分の内面の想いをかっこよく見せようなんて思っている人はほぼゼロで、何か重要な事柄を見つけて、それをテーマに建築をつくるというのが、この時代らしさみたいです。ただ、個々の問題意識は面白くても、それが果たして、建築として形にできるのか、社会に存在できるものかどうか分からない。提案内容は面白いけど図面や模型にはできない場合、その人は何者になるのだろうかと考えます。演劇や、映画をやってみてもいいのかもしれないし、あるいは形にはしない建築家なのかもしれない。だから大学以外にも、いろいろな人の評価や想いを受け止められるこのような場があるのは素晴らしいことだと思います。実際のところ、皆さんは大学内の講評でも評価されてきたのでしょうか？ 学内では厳しい評価だったという人はいますか？

（鎌田さん挙手）

藤原：そうでしたか（笑）。

藤本：プレゼンはとてもしっかりしていましたよ。

この先出会う課題によって、建築家になる・ならないが決まるかもしれない ── 藤原

いていましたが、驚いたのは、学生の段階ですでに地域の人の顔が見えるところまで入り込んで、リサーチやワークショップを実践していたこと。しかもそういう人が多くいたことです。これがそのまま実務につながっていくのだろうと思う反面、危うさも感じています。実務での流れを、あなたたちが背負い始めていることが透けて見えた気がします。その点は自分も考えていかなくてはいけないなと思ったところです。

内藤：10年後くらいには、皆さんはポスト3.11／コロナ世代と呼ばれるのではないかと思っています。この先、コロナのことを知らない世代が出てきたときに、皆さんが今の状況から感じ取っていることを彼らに伝えなくてはならない。今体験していることをしっかりと心に留めて、次の世代に伝えていくのだということを、頭の片隅にでも置いておいてください。

コンペで描く理想

司会：最後に、出展者からあがった質問なのですが、コンペなどで勝ち取った作品について、最初に描いた理想と、現実とのギャップに困ったことはあるのか、それをどういうふうに乗り越えてこられたのか、そういったエピソードがあればお聞かせいただけますでしょうか？

畑：他の先生に比べると、ごくわずかな経験の中での話ですが……どうでしょうね、先ほど話したような顔の見える何かに向けてつくるということだけではなく、もっと広い対象に向かってものをつくることになるので、自分が当初ピントを合わせていたことから段々と変えたくなることがあります。変えたくなったことを、誰にどう説明するのかという難しさがある、と今まさに感じながらやっているところです。

藤原：プロジェクトによって全然違いますね。プロジェクトを進めていく中で育った、自分の中にある建築のイメージと、社会や地域の人が持つその場所のイメージがあります。それとは別に、その都市がどうあるべきかという観念的なことへの解答が求められる。京都市立芸術大学の移転プロジェクトでは、京都という都市に対する責任があるのだと実感しました。それはもう建ち上がりつつありますが、今でも緊張が解けません。建築家は、自分だけの問題ではないことに向き合い続けていくんだなと、最近ひしひしと感じています。

藤本：コンペで提案したものが理想形で、それが現実になるときはボロボロにされないように頑張らなくては、と思っているかもしれないけど、僕の実感はその逆です。コンペに提出した段階では、限られた情報と自分の中のちょっとしたアイディアでしかないんです。実際にプロジェクトとして進めていくと、もっといろいろなことが分かってきて、案がどんどん良くなってくる。だから、基本的にはあまり心配しなくてもいいと思いま

内藤：今日の評価はとても嬉しかったんじゃない？

鎌田：はい、そうですね。

（清岡さんも挙手、一同笑）

藤原：この2人が今日の2位と3位だったんですね。柴垣さんはどうでした？

柴垣：1位でした。

藤原：プレゼンが圧倒的でしたよね。

司会：佐藤さんも京都大学で1位でした。

藤原：それは素晴らしいですね。鮎川のプロジェクトは、僕が教えているY-GSAでプレゼンしていたら、もしかすると厳しい批判があったかもしれない。小嶋一浩先生が、鮎川に長く関わっていたこともあり、東北の防災における切実な問題意識や背景がY-GSAには蓄積されている。でもそれらは、その文脈にいつ出会うかの話であって、リサーチの仕方を少し変えれば佐藤さんもその問題意識に出会って、佐藤さんは優秀だからそれをきっと形にまとめることができるでしょう。これから先はどのような課題に出会えたかで、建築家になる・ならないが決まってくるようにも思うので、建築の学び方をもっと工夫してもらいたいです。

畑：基本的には、皆さんの問題意識に共感してプレゼンを聞

1位になれなかったときは前に進むチャンス ―― 内藤

す。むしろコンペに提出した時点の案を過信していると、現実に向き合ったときに、より良くなるためのチャンスを見逃してしまったり、不要な争いをして悪い方向へ流れてしまったりすることもあります。今日の皆さんの提案を見て、現実との相互作用で案が育っていく過程を、戸惑いながらも向き合う姿勢がすでに身体化されているように思いました。それが前提となっている皆さんは新しい世代ですね。「俺がなんとかしてやる！」のではなく、目の前の状況やプロジェクトを受け止めたうえで、そこだけに見つけられる何かを見出し受け渡していくような感覚でいると、精神的に健康的ですし、プロジェクトもより良く進むと思います。

内藤：コンペは藤本さんと競って負けることもあるし（笑）、いろいろな場合があって、いつも嫌だなと思うんですよね。なんだか、宴会に呼ばれて行ったら他の人はもうできあがっていて、その人たちに「何か歌えよ」とマイクを持たされるみたいな感覚があります（笑）。「藤本さんがこういう歌を歌ったから、自分は別の歌にしなくちゃ」とか、歌っている間は「ホントの俺はこんなんじゃないぞ」などと思っている。コンペのときは、ちょっと普通ではない状態なのかもしれません。でも、既成の自分を壊すチャンスでもあるのがコンペです。実務では、それをうまく調和させる必要があります。実現に向けて調整していくプロセスは、それほど苦ではないと思います。

私が所員に言っているのは、負けたときの方が情報量は多いということです。今日のような設計展でもそうです。1位の人は自分が勝ったと思っていて、2位以下の人は、どうして負けたのか一生懸命考える。それは自分がもう一歩前に進む手段となるのです。そういうチャンスと捉えるのがいいと思います。

次の一歩へ

司会：出展者の皆さんから、伝えておきたいことや質問はありますか？

柴垣：私は卒業設計をずっと人のためにと思って取り組んでいたのですが、大学の先生や先輩から「これは建築として評価できない」「卒業設計でそんなことをして良いのか」みたいなことを言われていました。自分は建築として通ずる話になると確信していたので、今日の審査で評価していただけたことを嬉しく思います。次の一歩につながる言葉をたくさんいただけたので、自分がやってきたことを改めて考えてみたいです。

鎌田：先ほどお話したように、学内講評で厳しいことを言われて、けっこう傷ついていました。でもここで自分がやってきたことを評価していただいて、それが間違っていなかったんだと分かりました。これからも頑張っていきたいと思います。

藤原：ボロボロに言われたとき、自分のやっていることは間違いかもしれないと思った？

鎌田：そうかもしれないと、一瞬思いました。でも、「絶対話聞いてへんやん！」とも思いました。

藤原：気持ちは分かります。あれだけしっかりと説明できていましたから。

内藤：先生に少しは反逆した方が良いですよ（笑）。先生を言いくるめるくらいがちょうど良いかもしれない。未来は君たちにかかっている！頑張ってほしいですね。

Day 2
field update

—

Diploma × KYOTO´22
The Kyoto exhibition of graduation projects
by architecture students

Day 2
field update

さまざまな分野が存在する建築の世界。

建築家をはじめ、ランドスケープデザイナー、建築史家、都市計画家を審査員として迎え、

多角的な視点から評価、議論していただくことで建築における"field"を拡張する。

審 査 方 法

① **巡回審査**

　会場に並んだ模型とプレゼンボードから、
　各審査員が予備審査で議論したい作品を
　選出する。

② **予備審査**

　ポートフォリオを用いて、
　最終講評会に進む8選を選出する。

③ **最終講評会**

　8選について、
　パワーポイントと模型を用いた
　プレゼンテーションと質疑応答を実施。
　ディスカッションを経て、
　1〜3位と審査員賞を決定する。

1位
ID094
山井 駿 Shun Yamai
（京都大学）

＜日常＞のバッソ・オスティナート

2位
ID089
山田 迪与 Michiyo Yamada
（立命館大学）

棚田の無何有郷
集落の空白を埋める"現代版おかずとり"の提案

3位／千葉学賞
ID114
清岡 鈴 Rin Kiyooka
（京都大学）

名前をなくした場所

ファイナリスト／五十嵐太郎賞
ID010
柴垣 志保 Shiho Shibagaki
（大阪大学）

パラール2022
ー生きる場所の意味を教えてくれた人たちへー

ファイナリスト／饗庭伸賞
ID030
有吉 慶太 Keita Ariyoshi
（立命館大学）

職藝と建築

石川初賞
ID037
下村 悟 Satoru Shimomura
（関西大学）

興る水都の景
寝屋川治水計画による大阪城公園創生

ファイナリスト／長坂常賞
ID085
野上 乃愛 Noe Nogami
（京都大学）

男木島、泊まれる設計事務所構想

ファイナリスト
ID079
白樫 聖 Hijiri Shirakashi
（大阪工業大学）

家朽ちて、山と帰す
都市の『山』

ファイナリスト
ID099
饗庭 優樹 Yuki Aiba
（立命館大学）

水トノ共生作法
針江集落のカバタの集積による失われた
水との暮らし・生業拠点の再編

審査員

千葉 学
Manabu Chiba

建築家
千葉学建築計画事務所
東京大学大学院教授

———

総評：建築は今、いろいろな場面で説明を求められる状況に置かれています。市民説明、ワークショップ、プロポーザルなど、確かに説明は必要なことですが、一方で説明可能なことだけで建築をつくっていくと、とてもつまらない建築になってしまいます。リサーチをして、たくさんの情報を積み上げ、だからこうなりましたという建築も今日は数多く見られましたが、こうした情報化し得ないところにこそ建築が関わる大きな意味があると思います。ですので、問題をきれいに解決するよりは、どんな問題を投げかけてくれているのか、その考えていくための種こそ設計を通じて蒔いて欲しいと思います。その最も有効な方法は、いろいろな人との出会いや、偶然見かけた模型など、他者との関わりがきっかけに生み出されるものです。この2年ほど、皆さんは製図室に集まって互いに批評し合う環境が十分ではなかったと思います。ですので今後は、そういった場自体も、皆さん自身で意識的につくっていってもらいたいと思っています。

1960年東京都生まれ、1985年東京大学工学部建築学科卒業、1987年東京大学大学院工学系研究科建築学専攻修士課程修了、1987-1993年日本設計、1993-2001年ファクター エヌ アソシエイツ共同主宰、1993-1996年東京大学工学部建築学科・キャンパス計画室助手、1998-2001年同学科安藤研究室助手、2001-2013年東京大学大学院准教授、2001年千葉学建築計画事務所設立、2009-2010年スイス連邦工科大学（ETH）客員教授、2013年東京大学大学院教授、2016-2018年東京大学副学長、2018年東京大学キャンパス計画室副室長、2022年東京大学キャンパスマネージメント研究センター所長

審査員

五十嵐 太郎
Taro Igarashi

建築史・建築批評家
東北大学大学院教授

———

総評：この卒業設計展は学生主体で開催され
ていて、出展者が運営スタッフでもあるという
ことで、コロナ禍においては多くの苦労もあっ
たかと思いますが、このように実現できたこと
は大変すばらしいと思います。建築は、さま
ざまな分野とつながりがあります。皆さんに
は、建築以外の分野にももっと目を向けても
らいたい。世の中はクオリティの高いもので
あふれています。

1967年パリ生まれ。
1992年東京大学大学
院工学系研究科建築学
専攻修士課程修了 博士
（工学）。第11回ヴェネ
ツィア・ビエンナーレ国際
建築展（2008）の日本館
展示コミッショナー、あいち
トリエンナーレ2013の芸
術監督を務める。

審査員

饗庭 伸
Shin Aiba

建築家
東京都立大学教授

———

総評：僕は普段、都市計画という立場から学生に指導していますが、建築で解けなくても都市で解けることが結構あります。今日の審査でも、「これは建築をつくらなくてもいいのでは」とか「これは空き家を使えばいい」とか思いながら見ていました。卒業設計だから、建築をつくって問題を解くのは当然ではありますが、ぜひ都市的な視点を持って、仕事や勉強に励んでもらいたいと思いました。

1971年兵庫県生まれ。1993年早稲田大学理工学部建築学科卒業、1996年早稲田大学大学院理工学研究科修士課程修了、2000年東京都立大学工学部助手、2007年首都大学東京都市環境学部准教授、2017年より現職。

審査員

石川 初
Hajime Ishikawa

ランドスケープアーキテクト
慶應義塾大学教授

——

総評：問題と戦う態度というよりは、建築を用いてすでにあるものの良さをいかに引き出すか、さらにそこから新しい風景を描こうとする態度の人が多く、印象的でした。私はランドスケープを専門としていますが、時間軸やボトムアップのものの生まれ方など、ランドスケープマインドに通ずるものを皆さんの言葉の端々から感じることができて、分野の垣根を超える希望を感じました。あっという間に皆さんも我々と同じ実務の現場に来られると思います。一緒に仕事ができるのを楽しみにしています。

1964年京都府宇治市生まれ。1987年東京農業大学農学部造園学科卒業、1987-1991年鹿島建設建築設計本部、1991-1994年米国HOK社プランニンググループ派遣研修生、1994-2000年鹿島建設設計・エンジニアリング総事業本部、2020年慶応義塾大学 博士（学術）、2000-2012ランドスケープデザイン設計部副部長、2012-2013同第2設計部プロジェクトリーダー、2013-2015年同設計部デザインリーダー、2015-2021年慶応義塾大学大学院政策・メディア研究科教授、2021年慶応義塾大学環境情報学部教授

審査員

長坂 常
Jo Nagasaka

建築家
スキーマ建築計画

——

総評：皆さんには、設計を続けてもらいたいと
強く思っています。今回の審査を通して感じた
ことは、CGでの表現は上手い人が多いけれ
ど、特に模型の表現が弱い人が結構いるとい
うこと。きっとまだ模型づくりに慣れていない
のだろうと思います。そうした点も意識して、
今後力をつけてもらいたいです。ぜひ頑張っ
てください。

1971年大阪府生まれ千
葉県育ち。1998年東京
藝術大学美術学部建築
学科卒業、1998年スタ
ジオスキーマ（現スキーマ
建築計画）設立

＜日常＞のバッソ・オスティナート

山井 駿　Shun Yamai　京都大学 工学部 建築学科 神吉研究室

設計期間▷5カ月　　製作中の苦労や思い出▷手描きによる右手首腱鞘炎
お気に入りの本▷蜜蜂と遠雷　　製作中に影響を受けた人物や思想▷両親、田中さんご夫婦

住まい手それぞれが各々の「くうき」を育む住宅。そのラディカルな更新は住宅街の魅力である一方、更地と新築を繰り返し、「場」の蓄積が生まれない現状には一抹の寂しさを感じる。消費と破壊の反復ではなく、立ち去る住人自らが「くうき」を価値基準に日常の痕跡をデザインし、次の住人がそれを自由に読み替える住宅更新プロセスを提案する。その連鎖の中で蓄積し変容する「場」は、やがて「執拗低音」として文化を育む。実際に、立ち去る家族と次の家族、2つの家族を施主として、度重なる対話を通して生まれ変容した僕の卒業制作のプロセスそのものを、住宅更新のパラダイムとして提案する。

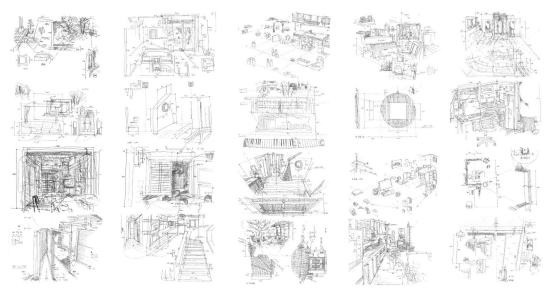

「くうきの測量帖」住人のインタビューで出てきた場所を、ひたすら実測する。だんだんと、住人それぞれが注目するモノ・コト・視点が分かってくる。それを、さらに詳細に描いていく

問題提起

一見均質でも、家ごとに個性的な日常が営まれる住宅街。新築が是とされる世界観の中で、変化しながらも少しずつ蓄積が生まれ得る更新手法を研究する。

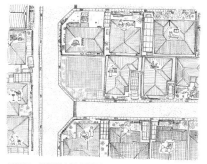

周辺図　滋賀県大津市瀬田

登場人物

立ち去る住人（山井家）、次の住人（田中家）を想定し、インタビューに協力していただいた。

ご主人
60代・大学教授。
オーディオと庭仕事が趣味。
ひとが集まるのを、やや離れて眺める
ような性格。

奥さん
60代・もとピアニスト。
家でちいさなピアノ教室を開いていたが、ことしで終わりにするそう。根っからの京都人。

息子さん
20代・大学生。
体育会卓球部で、部活にいそしむ。
趣味でピアノを弾くのも好き。
最近ランニングをさぼりがち。

山井家のみなさん

1998年、京都から滋賀県大津市瀬田に移り住む。ご主人の退職、息子さんの就職を機に、20年暮らしたこの家を離れる。

ご主人
60代・もと大学教授。
映画を撮影で聴くのが趣味。
人好きで、よく家に招待する。
寒がり。

奥さん
60代・もと小学校教諭。
最近は着付けを教えているそう。
しっかり者で、人といるのも一人でいるのも好き。

愛犬・エリー
10歳・ゴールデンレトリバー。
人なつっこい性格。
寂しがり屋なのか、ご夫婦が出かける時
もの言いたげに見つめている。

田中家のみなさん

北海道札幌市、滋賀県大津市青山を経て、ご主人の退職を機に、より駅チカな瀬田に移り住む。

Process

山井家は「くうき」を取捨選択しつつ、次に住む「誰か」のためにそれを最小化して置いていく。田中家はそれを壊さないというルールの上で、自由に「新築」し、読み替える。自分でコントロールできないものを住みこなす豊かさがあるのではないか。

山井家と田中家の直接の交流はない。しかし両者の暮らしを知るかすがいとして建築家・Yが介在することで、「くうき」の接続、両家の暗黙のコミュニケーションが生まれる。

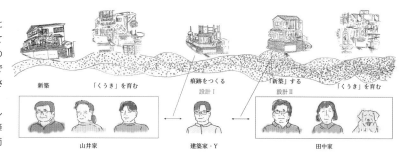

新築　　「くうき」を育む　　痕跡をつくる　　「新築」する　　「くうき」を育む
　　　　　　　　　　　　　　　設計Ⅰ　　　　設計Ⅱ

山井家　　　　　　　建築家・Y　　　　　　田中家

Episode 1　山井家の解体を設計する

山井家　2階平面図

山井家　1階平面図

Research 1　「くうき」を読み取る

　山井家3人それぞれの家の見え方、すなわち「くうき」を探る。それぞれに「イメージで家の絵を描いて」と頼んだところ、注目する場所が異なることが分かった。

ご主人の絵

奥さんの絵

Research 2　「くうき」を補填する

　特に「くうき」が人の行動や雰囲気に依存するとき、イメージの中の空間性と実空間とのギャップがあらわになる。ここでは、ご主人のピアノの部屋のイメージなどを建築言語に置き換える。つまり「補填する」ことにした。

Design1　痕跡を設計する

　Research1、2と往復しながら、山井家の解体の仕方を11の模型でスタディする。途中で一度、次の家を設計してみたところ間取りが山井家に戻ってしまったため、残すものをある程度まで最小化する必要があると判断した。「くうき」の残存と最小化、その臨界点を対話の中で探る。

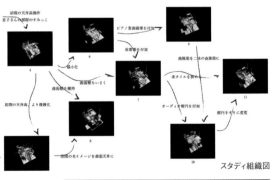

スタディ組織図

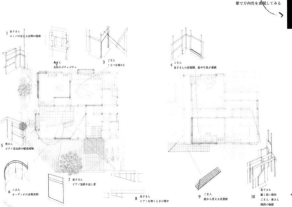

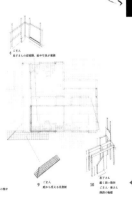

解体後山井家　1階平面図　　　　解体後山井家　2階平面図

◀　**解体後山井家**
赤が既存を取捨選択した部分、青が補填した部分。建築以前の「なにかよくわからないもの」を残して山井家は去る。

Episode2　痕跡のうえに「新築」する

Research1　くらしのクセをつかむ

山井家が立ち去り、彼らを知らない田中家のご夫婦（と
ゴールデンレトリバー）が、ここに新しく住むことになる。田
中家の「新築」のために、インタビューやスケッチを描いて
もらうなどして、住経験から田中さんの暮らしぶり、そして要
望の奥にある思い出を探っていく。

滋賀に来る前に住んでいた、札幌近郊の家。
吹き抜けから子供部屋の様子が見える

潮田に来る前に住んでいた、大津・青山の住宅街

ご主人の絵　1階のリビング、などとワイワイと集まる。

リビング・ダイニングを仕切る袖壁にアクリル板をはり、
息子さんが絵を描いたらよかっただろうな、とのこと

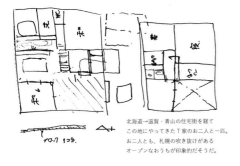

北海道→滋賀・青山の住宅街を経て
この地にやってきたT家のお二人と一匹。
お二人とも、札幌の吹き抜けがある
オープンなおうちが印象的だそうだ。

奥さんの絵

奥さんが描いてくれたのは、篠山ちかくのご実家。
おじいさんが柚木や石灯籠をすべて手作りしたそう。
それに愛着があり、家は背景にすぎないらしい。

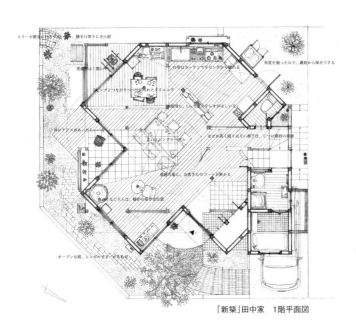

「新築」田中家　1階平面図

「新築」田中家　2階平面図

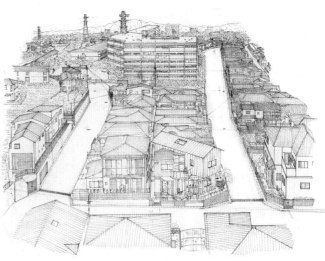

「新築」田中家　断面図

まちのなかの「ありふれたもの」たちが変容の中で蓄積す
る。そうやって「文化」は生まれるのではないだろうか　▶

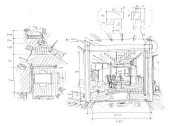

「リビング、ダイニングはつながってほしいけど、
見えたくはないんよね」

完成した設計を
田中さんに見ていただき、
くらしを想像してもらった。
そのとき、面白い、
住んでみたいとまで言ってくださった

「寒い日はエリーが可哀想だから、広い土間が
あれば入れてあげたいね」

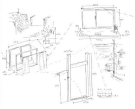

「やっぱり、リビングからテラスに
出られるのっていいよね」

「花とかを飾る隅っこがほしいんですよね」

「なんせ本が多いのでね」

「今にも息子の足音が聞こえるような気がしました」

「自分では想像できなかった形が、
　痕跡があるからこそ生まれてる。
　　そしてそれがちゃんと
　田中家のためのものになってる。」

Day2：1位

ID094
〈日常〉のバッソ・オスティナート

山井 駿
京都大学 工学部 建築学科 神吉研究室

スタディの課程そのものが本提案のメイン。測量やスケッチ、インタビューとスタディ模型を往復しつつ、対話の中で「くうきが残ること」と「残すものを最小化すること」の臨界点を探り続けた。ある最終形に向かってというよりは、残す要素を増減して山井家と話し合ったり、途中で田中家を設計してみると、残ったものが多すぎて自由度が低すぎることに気づいたり、行ったり来たりしながら実験的にスタディを重ねた。

10月
住宅街のコンテクスト、更新の新しいあり方に興味があり、実家を敷地に選ぶ。はじめは写真で「くうき」を掴もうとするも、「くうき」が何か自分でも分からない。後半、スケッチでの測量を始める。

  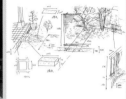

11月
測量を続けながら、山井家のこわしかたスタディを始める。具体と抽象、要素の強弱を考え、毎週最低2個、手探りで模型をつくる。対話とスケッチ、模型を往復する。この頃田中さんと出会い、インタビューを始める。

 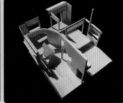 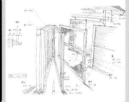

12月
「くうき」とは「住人自らの家の見え方」ではないかと考え始める。田中さんへの聞き込みも進み、山井家8個目のスタディのうえに田中家を設計してみる。しかし上手くいかず、残すものが多すぎることに気づく。

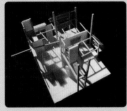  

1月
学内提出が迫り、2週目、11個目のスタディで山井家最終こわしかたが決定。爆速で田中家のスタディを始める。山井家既存グリッドのまま田中家を建てると、残したものが吸収されすぎることに気づく。

2月
田中家のスタディ三種を持って田中さんにプレゼン。最終案が気に入ってもらえた。暮らし方の予想、フィードバックをいただき、それを元に田中家スケッチ・本図面・模型を作成。

ID089

棚田の無何有郷

集落の空白を埋める"現代版おかずとり"の提案

山田 迪与　Michiyo Yamada　　立命館大学 理工学部 建築都市デザイン学科 建築意匠研究室

設計期間▷ 4カ月　　製作中の苦労や思い出▷ 棚田の等高線、コンター
お気に入りの本▷ 食と建築土木　　製作中に影響を受けた人物や思想▷ スタジオ・ムンバイ

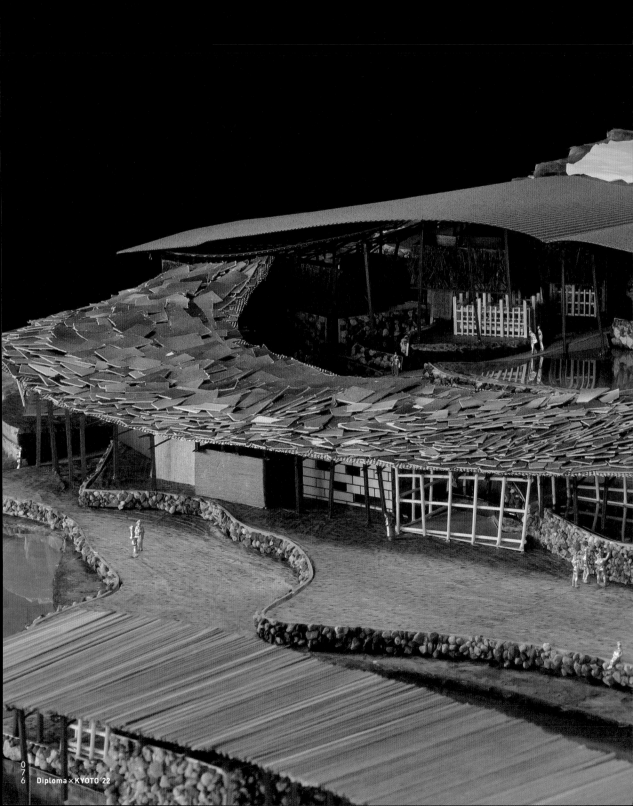

京都府丹後町の袖志は、棚田と海、集落が調和した美しい里山の景観を持つ地域であり、"おかずとり"と呼ばれる自給自足の文化が存在する。しかし、高齢化や過疎化によって集落の美しい景観は失われつつあり、"おかずとり"の文化も消滅の危機に晒されている。

これらの問題をこの集落における空白と捉え、その空白を埋めるべく"現代版おかずとり"と名付けたプログラムを展開することで、現代社会における持続可能な建築のあり方、景勝地に立つ建築のあり方について提案する。

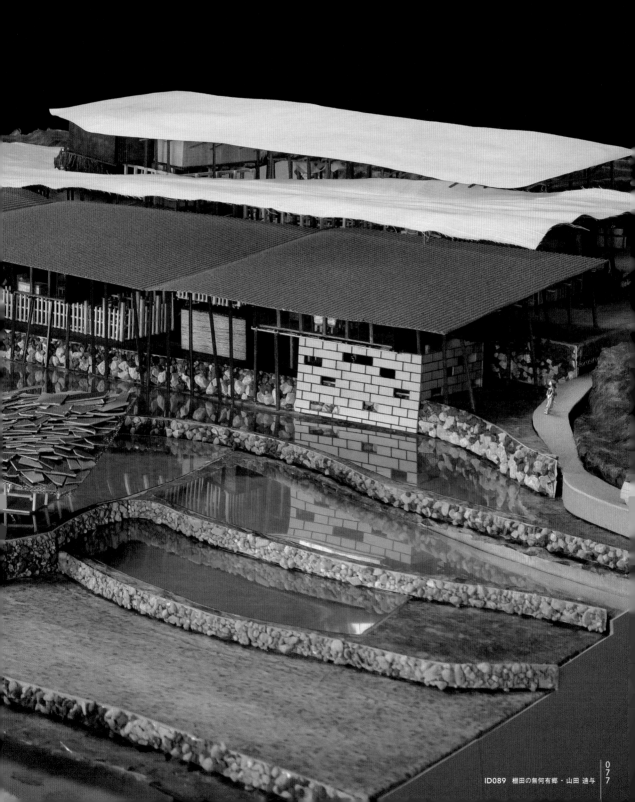

美しい原風景と自給自足の文化を持つまち　袖志

京都府丹後町の袖志には、扇状地に約400枚の棚田が日本海に向かって広がり、棚田と海、集落が調和した美しい景観を持つことから、「日本の棚田百選」および「美しい日本のむら景観百選」に選出されている。「半農半漁」を営む山と海に囲まれたこの地域は、食生活でおかずとなるものを購入ではなく採捕によって手に入れる「おかずとり」という文化が存在し、国の無形民俗文化財として登録されている。また、京丹後の地域には「丹後ちりめん」と呼ばれる300年の歴史を持つ織物産業があり、日本最大の絹織物産地であったが、高齢化と需要の低下によって現在袖志では3軒程度しか残っていないという現状にある。

集落の上に棚田が広がる。夏の海はエメラルドグリーンに輝く

袖志の問題と集落に生まれた空白

・農業、漁業の担い手不足
・地場産業の衰退
・採捕文化消滅の危機
・棚田の荒廃

集落内の空白となって現れる

袖志特有の文化である"おかずとり"を建築的に読み替え、空白を埋めるためのプログラムを提案する

現代版おかずとり

棚田の景観の美しさは連続する水盤にあるため、耕作放棄地を淡水魚の養殖地とし、養殖を中心とした自給自足のプログラムを展開する。都市に住む人々がこのプログラムを通して、徐々に集落のコミュニティの一部になることを目指す。

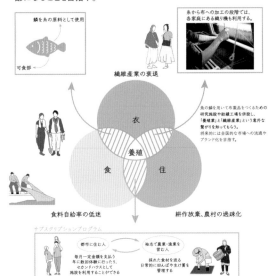

建築におけるおかずとり

この地域は岩でできた海岸だった歴史があり、海岸で採れる石を積み上げることで棚田の法面をつくっていた。その文化は今も残っており、石垣が崩れた際には海岸から採れる石をまた積み上げるという、インフラにおける「おかずとり」のようなものが存在する。これを踏まえ、この地域で採れるもののみで建築を構成する。各マテリアルから連想される敷地のコンテクストと諸室のプログラムを対応させる。その土地の材料とその土地の色でできたものは風景の一部となり、土に還る建築となる。

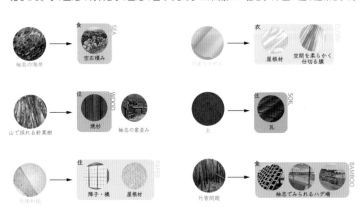

棚田のスケールを踏襲した全体構成

耕作放棄地を対象敷地とし、棚田に対してボリュームが負けるように建築を計画する。

屋根伏図兼配置図

①バイオマス発電棟平面図

魚と野菜を共に育てる技術

「アクアポニックス」と呼ばれ、魚を飼っている池の水で、野菜を水耕栽培して、その排水を水槽に戻すという循環型農法を用いる。野菜のおかげで水槽の水替えの必要がなくなる。

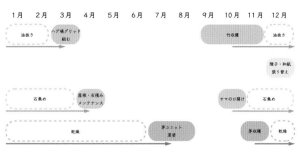

| | 1月 | 2月 | 3月 | 4月 | 5月 | 6月 | 7月 | 8月 | 9月 | 10月 | 11月 | 12月 |

1年を通して各部材のメンテナンスや葺き替え、張り替えなどを集落の人と一緒に行うことで、技術の継承と新陳代謝を行いながら、袖志の風景となる建築を目指す

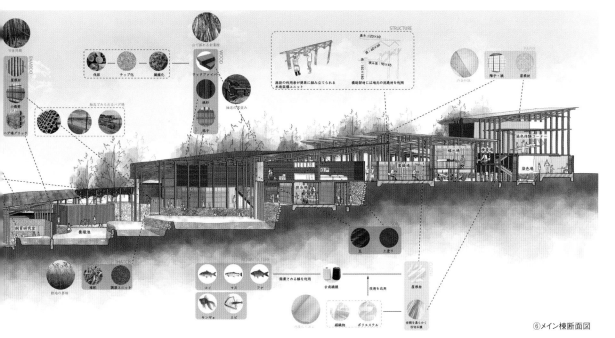

⑥メイン棟断面図

視点場としての建築

　曲線を描く屋根によって、ボリュームに角度が振られる。豊かな袖志の風景を多角的に感じることができる視点場が多数生まれる。また、ボリューム内に貫入した棚田によって、空間にレベル差が生まれ、場所に応じてさまざまな使い方ができる。

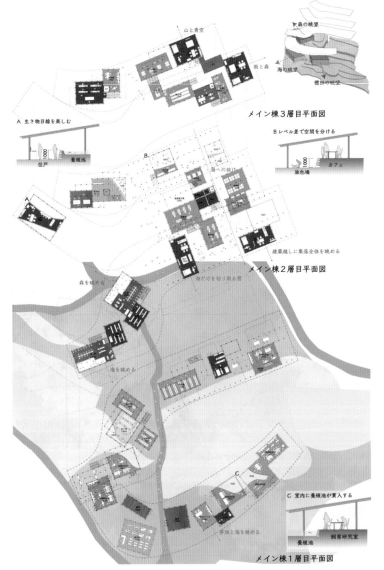

メイン棟3層目平面図

メイン棟2層目平面図

メイン棟1層目平面図

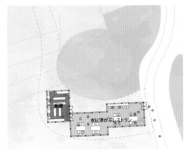

②水に浮かぶレストラン平面図

③飼育研究室棟平面図

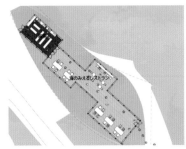

④海の見えるレストラン平面図

⑤住戸棟平面図

Day2: 2位

ID089
棚田の無何有郷

山田 迪与

立命館大学 理工学部 建築都市デザイン学科 建築意匠研究室

敷地を決めた時点で、そこに建築を建てることで、むしろ景観を壊してしまうのではないか、ここに建築は要らないんじゃないかという問いとずっと向き合ってきた。耕作放棄地を対象敷地にすると決めてからも、棚田の中のどこに建てるべきか、どんな建築が風景に馴染むのかのスタディを重ねた。

10
月

2度目の敷地調査で建築の対象敷地を決定した。60を超える視点場から写真を撮影し、対象敷地の周辺だけでなく、さまざまな場所から見た時の立ち姿についてもイメージしながら選んだ。

11
月

ひたすら案を発散し、1/500模型スタディを繰り返す中で、10案の中から結局一番はじめの案に決定した。スタディをしていく中で、研究室の同期に言われた「風景に馴染む≠隠す」という言葉が今でも印象に残っている。

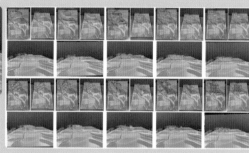

12
月

メイン棟について1/200模型や1/100断面図を描いて、解像度を上げながらスタディを進めた。この地域で採れるものだけで建築を作ることは決めていて、必然的に構造も木造になった。この時点では、全ての屋根は同じ方向、同じ傾斜、同じ材質で考えていた。

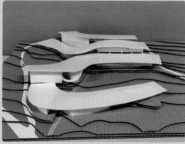

1
月

これまで、棚田を持ち上げたような形で諸室を考えていたが、このタイミングで、屋根とは分離した直方体のボリュームとすることに決定。屋根の傾斜や材質も、それぞれ意図を持たせながら別々のものにすることにした。最終案に向けてボリュームの材質、視線の抜けなども検討した。

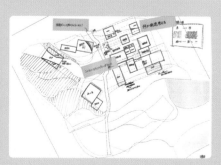

ID114

名前をなくした場所

清岡 鈴 ／Rin Kiyooka　　京都大学 工学部 建築学科 平田研究室

設計期間▷ 5カ月　　製作中の苦労や思い出▷ みんなで食べるごはん
お気に入りの本▷ 星のふる夜に　　製作中に影響を受けた人物や思想▷ 近くにいてくれた人たち

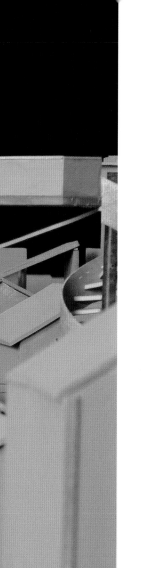

私たちは目的化されたものに囲まれて生きている。しかし合理的な風景や空間は人の心を縛っているのではないか。役立たずとされる場所に人の心を自由にする力があると信じ、人の感情的体験を目的とした場所を考える。

人工的な風景のほころび

　私たちは合理的につくられたものや空間に囲まれて生きている。しかしよく見ると、均質に見える風景の中にも人工物の目的性や規則性がほころびた場所が存在する。廃線になったまま使われていない鉄道の跡地、大きい高低差を埋めるために斜面にねじ込まれた階段、いくつもの道が重なる交差点で仕方がなくつくられた歩道橋……

　これらの風景は、合理的に、均質につくられてきた建築や土木の隅っこにできてしまったほころびであると言える。不便な場所、役立たずの場所とされ、見向きもされないままひっそりと存在している。

　ほとんどの人間はあまりに目的化された生活を送っているため、このような気が利かない場所の存在自体を意識しないだろう。しかし、このような"誰のためでもない場所"だからこそ、私たちは苦しい現実や肩書から自由になれるのではないか。憂鬱な気持ちになってしまうつらい物事から静かに離れられるのではないか。

　古代の人間が異質な地形に聖なる力を見出し、聖域をつくって心の支えにしてきたように、精神的に日常から解放されるような"別の位相"を、人工的なまちの風景の中に見出せないだろうか。

見えているのに、"知らない"風景

あなたは、これらの風景を見て何を感じますか？
何をするところでもない、誰がいるであろう場所でもない、
私がいてもいなくても変わらない。

私の場所でも、誰の場所でもない。

こんな"名前をなくした場所"の存在に気付いていますか？

敷地

　京都市南区西九条高畠町。碁盤の目状に均質な街区が並ぶ住宅街の中に、少し違和感のある1kmほどの歩行者専用道路が南北に伸びている。

　一見すると普通の道路だが、人がいない。車もいない。くねくねと蛇行している。曲がった線に沿って植え込みが続いている。建物はみんな道に対して背を向けており、どこにもつながっていない。道ととなりの街区には小さな段差がある。そして、どこまでも続いているように感じてしまうほど、道の遠くにまで視線が届く。

　ここにはかつて川が流れていたのだろう。

　この住宅街の風景のほころびの1つを敷地とする。この場所で住民たちが"現実に苦しみ憂鬱に飲み込まれてしまったときに、日常と隣り合わせに日常から心理的に距離をとる"。そんな体験をするために、正しいアプローチをする手段として建築を考える。

私がまちの中で見つけた人工物

桂　蛸田公園付近
地形をつなぐためのいびつな動線

京大桂キャンパス図書館付近
高低差を埋めるためにできた使われないスペース

吉祥院　高畑児童公園付近
3方向の交差点の中心にできた島

（左上）大通りに裂け目のような街区が現れる
（右上）大きい車は入れない
（左下）両側に建物の裏側が並ぶ
（右下）段差を隠すための植え込みが続く

配置図 ▶

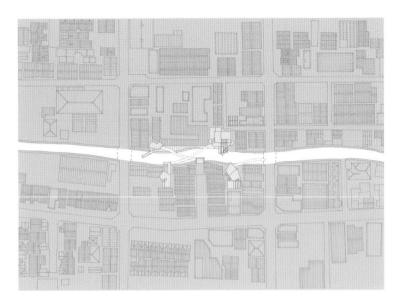

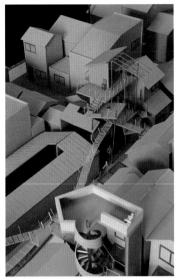

I　路地の奥の塔

敷地

高い住宅のエントランスが並ぶ路地から暗渠に
かけて。

設計手法

住宅間のブロック塀を不思議なプロポーション
で上に伸ばす。床や階段の要素はやがてブ
ロック塀から独立していく。

体験

ブロック塀に誘導されるように路地の奥をとぐろ
をまいて登ると、どこからも視線の届かない開
放的なスラブに達する。

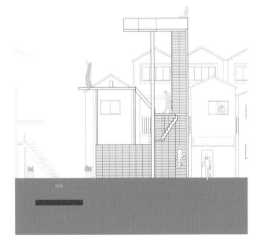

北立面図

平面図

Ⅱ　すっぽり入る秘密基地

敷地

高い建物に囲まれた、奥まった隙間の空き地。

設計手法

建物に囲まれた圧迫感のあるボイドから暗渠のボイドに
かけて、場所が崩れていくように床を挿入する。

体験

暗渠上の浮遊感のあるスロープから建物の中に入るに
つれ、部屋のように囲まれた居場所にたどり着く。

断面図

平面図

Ⅲ　小さな小さな谷

敷地

建物の壁の間から暗渠にかけて

設計手法

左右の壁の間に階段を挿入し、入り口とする。暗渠にかけ
て、屋根の形に呼応した自由度の高い平面を挿入する。

体験

見慣れた建物の隙間を登っていくと低いレベルながらも
視界が開け、暗渠上で谷を登ったような浮遊感を味わう。

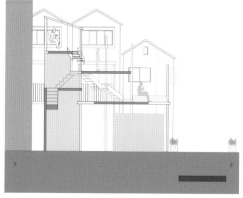

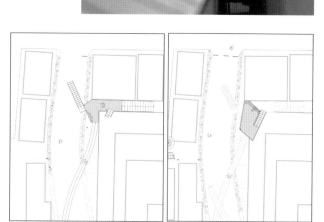

断面図

平面図

Ⅳ　空気のトンネル

敷地

直行する狭い敷地から暗渠にかけてある空き地。

設計手法

路地に並ぶ住宅のスケールを引用した入口から暗渠にかけて立体的に秩序を崩し、暗渠のボイドに独立した素材を落とす。

体験

小さな住宅のエントランスのような入口を入る。部屋のような居心地の良い場所を抜けて暗渠に向かっていくと、やがて方向性のない場所に変わり、さまざまな高さから軽やかに暗渠に降り立つ。

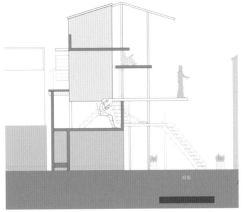

断面図

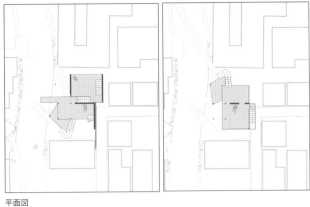

平面図

Ⅴ　すみっこのベンチ

敷地　高い住宅のエントランスが並ぶ路地から暗渠にかけて。

設計手法　住宅間のブロック塀を不思議なプロポーションで上に伸ばす。床や階段の要素はやがてブロック塀から独立していく。

体験　ブロック塀に誘導されるように路地の奥をとぐろをまいて登ると、どこからの視線も届かない開放的なスラブに達する。

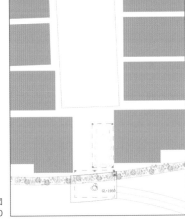

平面図
GL＋2950

Day2: 3位、千葉学賞 ／ Day1: 内藤廣賞、ファイナリスト

ID114
名前をなくした場所

清岡 鈴

京都大学 工学部 建築学科 平田研究室

日常の中で旅をするような場所をつくりたい、ということは初めから決まっていた。しかし、人間の感情的な体験を目標としたため、何をつくればいいか分からず苦しむ時間が長かった。敷地として暗渠を選び、もともと周りにある風景を崩していくことを考えていった。スタディはもっぱら模型で進めた。

11
月

何もつくれないまま1カ月が経った頃、直感でびびっとくる敷地に出会えた。でも自分がこの風景の何を見て何を感じているのか、言葉にすることができなかったため、まずは敷地模型として表現することを試みた。やっとつくる前の土台が見えてきた。

12
月

初期のスタディは敷地に対してあまりに消極的だった。今の風景を壊さず、繊細に、日常から浮いたような空間をつくろうと考えたが、つくりたいはずの空白の部分が元のままになっていた。何かが足りないのに、つくると今あるものを壊してしまうと途方に暮れている時期。

1
月

少し飛躍したスタディ。これは皮肉にも考えることを休んで一気に感覚でつくったものだった。いい模型は出来たが、心を癒す場所というよりは楽しそうな場所になってしまった。周りの建物に近い言語でつくっていたため、もっとこれを崩していくようにつくれないかと考える。

2
月

ほぼ最終系。暗渠周りの建物の言語を崩していき、暗渠上にその綻びと空白が落ちるようにつくった。暗渠上からの目線で見ると視線が遠く奥まで抜ける、ということを軸とした。まだまだ出来た気もするが、わりと上手くいった。

興る水都の景
寝屋川治水計画による大阪城公園創生

下村 悟 ／Satoru Shimomura　　関西大学 環境都市工学部 建築学科 都市設計研究室

設計期間 ▷ 4カ月　　製作中の苦労や思い出 ▷ 不潔
お気に入りの本 ▷ 天気の子美術画集　　製作中に影響を受けた人物や思想 ▷ 朝子 陸矢

大阪の地形と寝屋川流域の現状

　大阪の地形は、南北に通る上町台地が高く土地をつくり、その北側には淀川、大川、寝屋川など多くの川が通る。その周辺一帯は海抜0mも含む低地で構成されている。

寝屋川流域には約270万人が住む。東側には遊水地が見られるが、西側には見られない。また雨水の出口が京橋の1点にしかなく、寝屋川の氾濫リスクは高い。

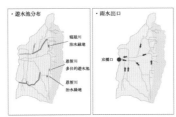

治水提案

　住宅地が詰まったこの都市の中で広大な面積を有する大阪城の堀を、新たな水路によって寝屋川につなげ、治水機能として活用できないか。

対象エリアは大阪城公園と北側を通る寝屋川流域。氾濫リスクの高い寝屋川から近く、低地である城東区や都島区は水害の被害が大きい。そこで、大阪城公園の堀を治水機能として活用することを提案する。また、都市に住む人々が日常的に水と関わりを持つ水辺のランドスケープ、水害を受け入れ、意識を持つための水のミュージアムを提案する。大阪の土地に住む人々は、非常時に川と堀をつなぐ新たな水路と大阪城の堀によって水害から守られ、日常では新たな水路により水との関わりを持ちながら、水害に対してその運命を受け止めたうえで、準備ができるように意識を持ち、恩恵にも災害にもなりうる水とのより良い付き合い方ができることを期待する。

全体平面図

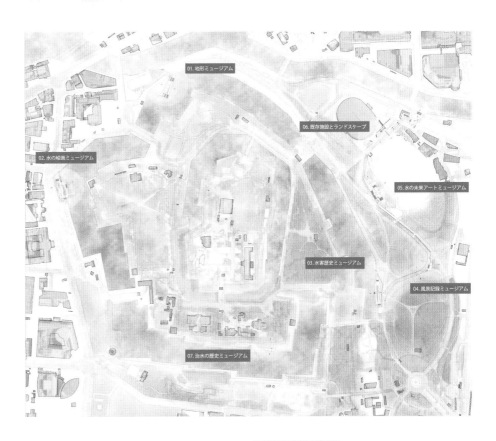

治水量計算

氾濫時流速は2～3mが多く、2(m／s)と仮定。また、入口取り込み部の深さ2.5m掘削(うち水深2m)・幅(水門有効幅)を12mと計画した場合、3日間想定での計算により氾濫量maxの水量を合計で取り込むことができる。

氾濫量

地域（浸水深m）	氾濫区域（㎡）	氾濫量Max（㎡）	氾濫量Min（㎡）
城東区 (1.0～3.0)	2,694,119	8,082,357	2,694,119
城東区 (0.5～1.0)	1,479,794	1,479,794	739,897
都島区 (1.0～3.0)	1,056,530	3,169,590	1,056,530
都島区 (0.5～1.0)	464,262	464,262	232,131
合計		13,196,003	6,835,737

大阪城濠取り込み水量

面積（㎡）	水深（m）	水面～石垣の高さ（m）	取り込み容積 Min（㎡）
39,580	6	1	39,580
33,995	6	2	67,990
65,568	6	10	655,680
46,916	6	8	375,328
37,152	6	2	74,304
16,975	6	10	169,750
		合計	1,382,632

水路取り込み水量

氾濫時流速(m/s)	水路深さ(m)	入口取り込み幅(m)	1時間取り込み合計流量（㎡/h）
2	2	12.5	180,000

72 時間取り込み合計流量

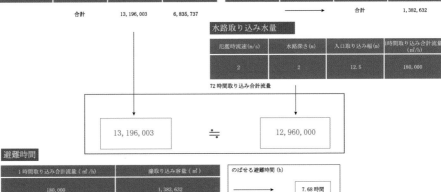

| 13,196,003 | ≒ | 12,960,000 |

避難時間

1時間取り込み合計流量（㎡/h）	濠取り込み容量（㎡）	のばせる避難時間（h）	
180,000	1,382,632	→	7.68 時間

提案1 地形ミュージアム

大阪の地はかつて海で合った。のちに湖となり陸地が生まれた。この土地の昔の姿を表す、地形ジオラマを展示するミュージアム。人々は自分が生活している土地が水辺であったことを知る。歩行者は上から俯瞰する形で、船はGLレベルから、それぞれ違った鑑賞を楽しみ、かつての地形の歴史を知る。

A-A´ 断面図

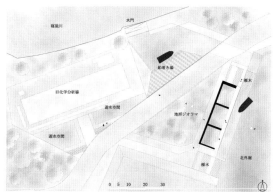

周辺平面図

提案2 水の絵画ミュージアム

浪速百景や摂津名所図会など、昔の水との付き合い方が表れた風景画や川ざらえといった治水行事の様子を再現する浚渫船の模型、当時の衣装を展示するミュージアム。訪れた人は、過去の人々の密接な水の付き合いを知る。

水が引いているときは、ミュージアムの陸部分が見えてきて、大きく姿を現す

水が満ちているときは、ミュージアムの陸部分が隠され、水の存在が大きくなる。満ちた部分を船で通ることができ、水の不安定さが可視化される

平面図

水害歴史ミュージアム

近年起こった淀川洪水や室戸台風、南海トラフなどの災害に関する資料や、当時を再現するデジタル展示を行うミュージアム。訪れた人々は水の美しさと対に恐ろしさを知る。

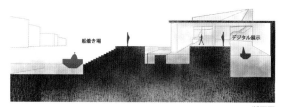

断面図

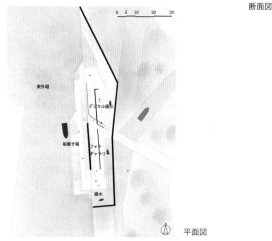

平面図

風景記録ミュージアム

数少ない都市の中の自然を有する大阪城公園の風景、また新たにできる治水のための水路の風景、これらの自然景観を年代ごとに展示するミュージアム。訪れた人々はこの大阪城公園自体の自然のときの変化を知り、長年をかけてできたこの自然風景をより重要なものと認識する。

新たな水辺が生まれ、時間経過とともに自然風景が変容していく

断面図 ▶

水の未来ミュージアム

　近年注目されている未来の気候変動に対して警鐘を鳴らすアートや水上アートなどを中心に展示するミュージアム。訪れた人々は、未来で起こりうる災害について考え、未来に突然やってくる災害を受け入れ、意識を持つようになる。

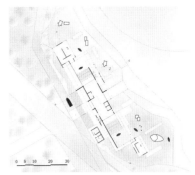
平面図

G-G´断面図

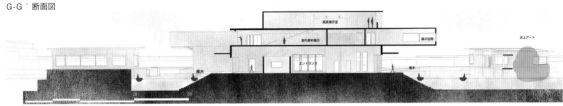
F-F´断面図

シーンパース

　大阪城に点在する6つのミュージアムは、船と歩行の2つのアプローチで巡ることができる。それぞれ異なった展示の鑑賞の仕方で、水の過去、現在、未来について考える。ミュージアムを巡るルートは、過去、現在、未来と時系列を辿って、水との付き合いを知り、考えていく。歩行者はそれぞれテーマ、展示手法の異なるミュージアムをスポット的に巡ることで、違った鑑賞を楽しむことができる。

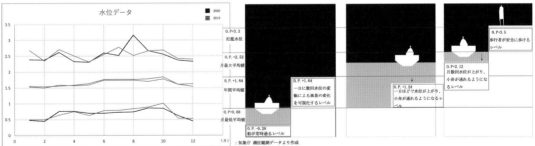

寝屋川水位変動による高さ設定

日常時は治水のための水路が船のルートとなって船が大阪城公園内を通り、人々は船や歩行で点在するミュージアムを巡る

非常時は寝屋川の氾濫を防ぐため、水を治水水路から大阪城の堀へと引き込み、時間をかけてゆっくり流す。日常で人々の憩いとなる水路は、人々の命を救う

ID085

男木島、泊まれる設計事務所構想

野上 乃愛 ／Noe Nogami　　京都大学 工学部 建築学科 吉田研究室

設計期間 ▷ 4年　　製作中の苦労や思い出 ▷ マルジェラが語る"マルタン・マルジェラ"
お気に入りの本 ▷ 夜とコンクリート　　製作中に影響を受けた人物や思想 ▷ 「過酷な卒業設計を経て、私は変態となりました。」

Q1.島の人たちに聞いた"男木島の未来"

1．人口減少に伴う空き家問題が深刻
休憩所のお父さん「あのボロ屋、毎日横通ってるけど怖いよ」

2．移住者を増やすためのさまざまな取り組み
コミュニティ会長さん「ここに骨を埋めろとは思わない。男木が好きな人たちが、それぞれのタイミングで好きなだけここで暮らせたらいいなって思う」

3．男木島の魅力にとりつかれた芸術家たちの存在
民宿のお父さん「この絵はな、画家の方がうちに1カ月泊まって描いてくれたんや」
→この島の魅力を維持するカギは「観光客」ではなく「移住者」だという考え方

Q2.男木島に移住することへの"ハードル"とは？

1．家を見つけて整えるまでの拠点が確保しづらい
現地の人と関係性を築き、自分で時間をかけて空き家を改修する必要がある。

2．島に仕事がない
農漁業かITを生業にしている人の2種類しかいない現状
→移住者が生活し、仕事をしていくためのアトリエ住居に加え、島の生活を豊かにし、次の移住者につなげるための"something new"を併せ持った建築

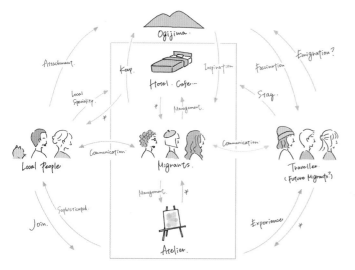

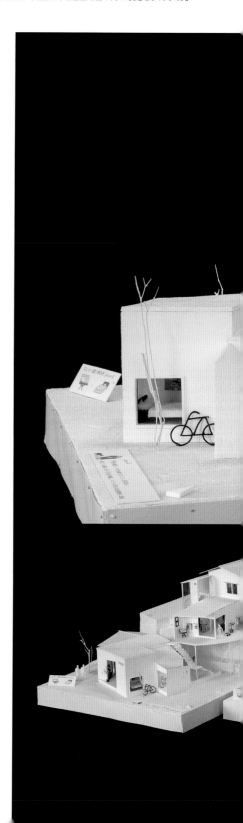

今からお見せするものは卒業設計ではありません。これは、私の、人生設計です。―瀬戸内海、男木島。故郷でも観光地でもない小さなこの島は、私が「この世で最も好きな場所」です。人口減少に空き家問題、このままではいずれ消えていってしまうこの場所に、10年後、建築家となった私が移り住んでできることは何か。芸術家たちが本当に愛する場所でものをつくり、その行為が土地をより魅力的にする術はあるだろうか。この作品を通して私は、住人ひとりレベルの取り組みと住宅1件レベルの操作によってちょっとだけ素敵になるかもしれない島の未来を、想像してみることにしました。

A1. 空き家、路地、島民、新築、空き地、移住者。
男木島を愛する人たちで今後もこの場所を
"代謝"させていくための、まち並み的アンサー。

A2. 屋根、石垣、壁、床、段差。
"今あるもの"を引用し、
少しずつ住みこなしていくための建築的アンサー。

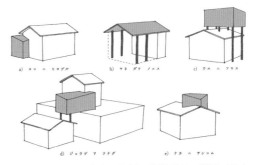

a～eの操作を、それぞれの地形や既存建物の特徴を踏まえて段階的に施した

泊まれる設計事務所

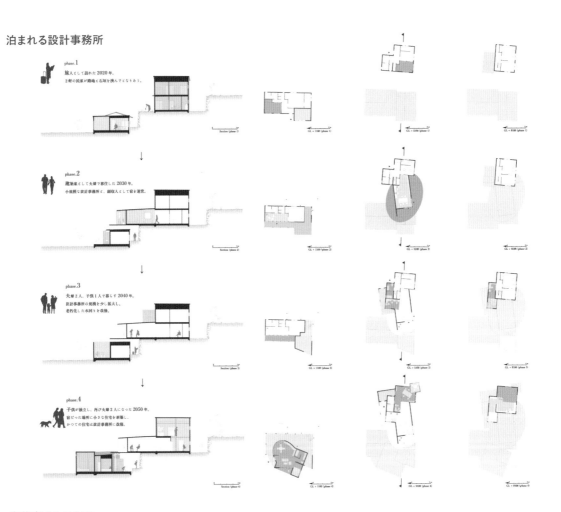

陶芸家のレストラン

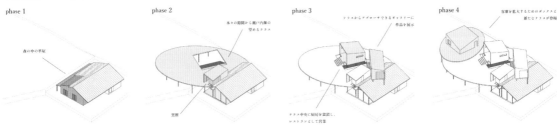

web デザイナーの本屋さん (phase.3)

泊まれる設計事務所 (phase.4)

作曲家のいるマルシェ (phase.4)

画家の絵の或る銭湯 (phase.2)

彫刻家のカフェ＆ゲストハウス (phase.3)

陶芸家のレストラン (phase.3)

ID079

家朽ちて、山と帰す
都市の『山』

白樫 聖 ／Hijiri Shirakashi　　大阪工業大学 工学部 建築学科 歴史意匠研究室

設計期間 ▷ 2カ月　　製作中の苦労や思い出 ▷ 敷地に行っていろんな人と仲良くなれた
お気に入りの本 ▷ 分解の哲学　　製作中に影響を受けた人物や思想 ▷ 制作に関わってくれた先輩、後輩、同級生

木造建築の資源性に着目することで、木造住宅密集地域(＝以下、モクミツ)は「資材」がとれる都市の『山』として捉えることができるのではないか。しかしモクミツの多くはスクラップ＆ビルドという形で整備がすすめられ「資材」は「廃材」と化している。まだ価値や可能性を残したまま取り壊され、腐敗していくのを待っていると考えられる。そこで「発酵」と「分解」をキーワードに「資材」と「廃材」の境界を問い直し、都市を資源の『山』として活用できる可能性を探りたい。モクミツを「分解」し間引いていくことで生まれる空間によって、モクミツの「発酵」を促し、これを都市更新へと読み替えていきたい。

敷地 大阪市生野区

大阪市生野区は環状線の東側に隣接し、現状、モクミツが最も多く残る地域である。重点対策地域に指定されているが狭隘な道路が多く開発が頓挫している。平日でも地域住民が散歩や買い物で訪れている。築90年を越す長屋や、狭隘な道が多く残っている。路地には植木鉢や自転車を置いたりするなど、生活空間と路地を一体化させたように使い住民たちの生活があふれ出している。

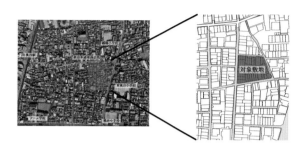

プログラム 「分解」と「発酵」による都市更新

「腐敗」と「発酵」の線引きは曖昧な部分があり、どちらも、細菌、酵母、かびなどの分解者と呼ばれる微生物による分解作用であるという点では、まったく同じである。要するに、人間に有用なものを「発酵」、有害なものを「腐敗」と呼んでいるにすぎない。「腐敗」を人為的にコントロールし、有用な菌を選択・増殖させてつくられるのが「発酵」食品である。この考え方を応用し、「腐敗」を待つモクミツに有用な分解者によって「発酵」させることで都市更新に読み替え文化や風景を再編する。

Ⅰ 建物の発酵

密集して建つ建物を徐々に解体し、生まれた空間に新たな役割を与える

Ⅱ 大地の発酵

建築物が解体されていくことで採光、通風など自然環境が入り込んでくることで緑が生い茂り、庭あるいは農地として新たな役割を得る

Ⅲ 資材の発酵

廃棄物

解体の際に出るまだ使用できる「資材」の貯め方を考えることで、再生され新たなモノへ、あるいは住宅の中の小さなストックとして「発酵」する

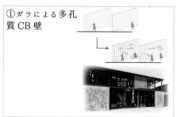

①ガラによる多孔質CB壁

②木材とブロックのユニット

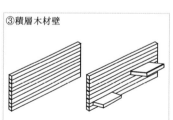

③積層木材壁

④線材による差し替え可能な間仕切り

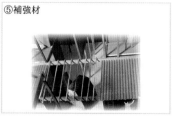

⑤補強材

⑥おおらかな耐震補強

「山」の資源の活用・ストック

機能的操作

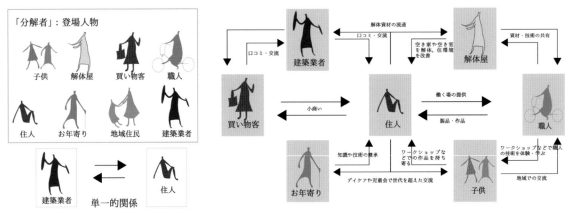

「分解者」：登場人物

子供　解体屋　買い物客　職人

住人　お年寄り　地域住民　建築業者

建築業者　⇄　住人　単一的関係

関係性の発酵：共同体の形成

『山』のサイクル

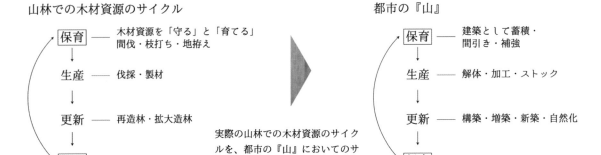

山林での木材資源のサイクル

保育 —— 木材資源を「守る」と「育てる」
　　　　　間伐・枝打ち・地拵え

生産 —— 伐採・製材

更新 —— 再造林・拡大造林

保育

実際の山林での木材資源のサイクルを、都市の『山』においてのサイクルへと読み替える。

都市の『山』

保育 —— 建築として蓄積・
　　　　　間引き・補強

生産 —— 解体・加工・ストック

更新 —— 構築・増築・新築・自然化

保育

空間的操作

空き家の分解にモクミツの解消を図る。分解で生じた路地的空間は既存道路の延長となり周囲を引き込む。さらに、そこで発生した廃材を「資材」と捉え転用し構築する。間引かれていくことで住環境と防災面の改善を図るとともに、『山』から資源を採る。

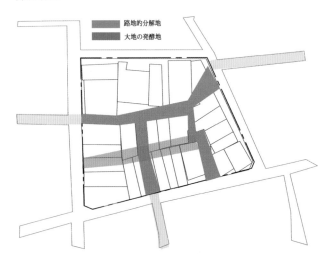

路地的分解地
大地の発酵地

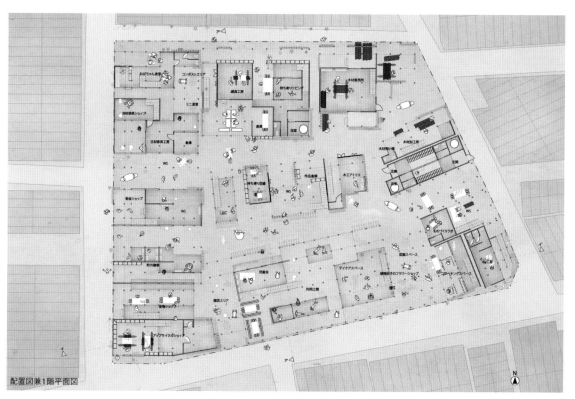

配置図兼1階平面図

ア-ア´断面図

Day 2
field update
［最終講評会］

ID010　柴垣志保　大阪大学

パラール2022 ―生きる場所の意味を教えてくれた人たちへ―

長坂：プロジェクトとして実現させたことが素晴らしいと思います。ただ、たまたまテントを借りることができたとか、あり合わせのものを使ったという話で、パラールの影ができたという点もバシッと決まった感じにではないように僕には見えました。柴垣さんがデザイン的に工夫したところを教えてください。

柴垣：見た目のデザインにこだわったということはほとんどありません。住民の方に聞いた話をもとに、パラールがどういうものだったのかを解釈してつくりました。それ以上に、まちの人と信頼を築き一緒に空間をつくっていくことを意識していました。パラールの影について、写真では伝わりにくい部分がありますが、実際はびっくりするくらいはっきりと映し出されて、その場にいた人たちが口々に「パラールだ！」と言っていました。意図してデザインしたものではありませんでしたが、過去と現在が同居した瞬間のように感じました。

饗庭：僕は復興事業を手伝っていたので、よく訪れた場所です。この提案はすごいなと思って、なんだか正しすぎて選んだという感じですが……やりすぎてしまったり、すごく怒られてしまったり、そういう正しくない部分は何かありませんでしたか？

柴垣：パラールを肯定的に捉えていいのか、震災を経験していない私がやっていいのかという葛藤はありました。また、具体的な提案をまちの人にできたのは実施の1カ月前で、誰に協力を仰ぐかなど調整も難しく、本当にいろいろな偶然が重なり、これだけの形にすることができました。これが綿密な計画によってできたものではないことに意味があるように思いますし、一方で自分が設計やデザインをしたものとして発表していいのだろうかという戸惑いもあります。

千葉：震災からずいぶん時間が経っているから、どこかノスタルジックに思うところも多分にあるのだと思います。今の時代にパラールを復活させることの意味、あるいは未来に向けて、単なるノスタルジーに陥らないために発見したことは何かありますか？ 生きたまちのために、何が一番重要なのでしょう？

柴垣：再開発によって立派な空間ができましたが、それを人々がどう使っていくかという点で長田のまちでは議論が起こっています。私は最初、そうした空間を冷たい箱のように感じました。このまちは箱が大事なのではなく、その空間でどういう現象が起きているのかの方が大事で、人が空間で何をしているのか、どういう暮らしをしているのかというところから、いろいろな生きた場面が生まれています。それが箱になり空間になっていると考えると、そうした空間のつくられ方や生きた空間のでき方は、パラールが最も象徴的です。建築的には強度があまりないかもしれませんが、27年経っても愛着を抱いている人が多くいて、かつてのパラールの中で人々は生き生きと過ごしていました。長田のまちの人の力によって、このような生きた空間ができたということを、「パラール2022」で伝えようと思い取り組ん

できました。

石川：今後も何らかの形で関わっていく予定はありますか？

柴垣：どのような形かは決まってなく、このパラール自体も仮設なのでも
う空間としては存在していませんが、これをつくるために築いた私と住
民の方との関係は残っています。私にとってのパラール的な場所は今も
長田にあり、いつまでも長田に足を運びたいと思いますし、ますます生
き生きとしたまちになるように、引き続き関わっていきたいと考えていま
す。

石川：伝えたいというのは、誰に対して想定していますか？

柴垣：当時のパラールを知っている人はもちろん、これから長田のまち
を知る人にも伝えたいと思っています。

石川：それは伝えられる、伝えられたと思いますか？

柴垣：すでに届いている声からは、伝わっていると判断できるように思います。協力してくれた人の半
数以上はパラールを知らなかった人でしたが、パラールのあった意味や、これからのまちのことを一
緒に考えてくれました。

柴垣志保さん

ID030　有吉慶太　立命館大学
職藝と建築

五十嵐：職人と協働のプロジェクトとした点に感心しました。建築家の役割は調整役だと言いつつ、
全体像もつくっているのですね。やはりシンボリックな球体が目立っているけれど、これは職人の仕事
から着想したものですか？

有吉：そうです。提灯職人さんの木加工の技術を取り入れて、僕が建築的な空間としてデザインしまし
た。

千葉：廃れてしまいそうな職を、建築を通じて未来へ繋いでいくというのは、とても大切な姿勢だと思
いますが、そういったものは仕組みづくりで足りそうだとも思います。有吉さんが提案するように、すべ
てを建築化、施設化する意味は、どういったところにあると考えますか？

有吉：このプロジェクトが単なるDIYで終わるのではダメだと思っていて、職人さんたちの技術によっ
てこんな施設ができるのだという可能性を提示するところに意味があると考えています。

石川：どのような方がこの施設を利用してくれたら、狙いが最も伝わると思いますか？

有吉：観光客はもちろん、丹後への移住者も想定しています。移住者は村のコミュニティに入りづら
かったり、車がないと生活に不便だったり、さまざまな理由から定住に結びつかないという課題があり
ます。移住者の家庭の子どもが、この幼老複合施設の温泉でお年寄りから丹後の話を聞く。そうした
コミュニティの輪が子の親である移住者にも伝わり、定住につながればいいと考えています。

石川：職人さんの技術を翻訳したあなたの建築や空間は、その方々に見せましたか？

有吉：まだお見せできていないです。

石川：そこでまたフィードバックをもらえると面白いですね。

有吉：はい、今後できたらいいなと思っています。

長坂：現在の職人の仕事が、トップダウンできた案件を指示通りにつくることになっている点を問題視
しているのですよね。

有吉：はい。僕が幼い頃は、工作するときに職人さんの力を借りたり、案を出してもらったりしていまし
た。職人さんはその経験を通して多くのアイディアを持っているのに、それが生かされていない状況に
対し疑問を抱いています。全体像は僕が考えましたが、職人さんの案をもとに僕が調整するような、建
築をつくるという行為が、もっと誰にでも参加できるようにするための1つの提案としても考えています。

長坂：僕は仕事で、そういったものづくりに携わる人と一緒に何かつくることが多いのですが、有吉さ
んの話では、建築家による職人のリサーチが足りていないために発生している課題のように聞こえまし
た。建築家がきちんと職人の話を聞いていけば解決するということなのか、それによって建築のデザイ
ンが変わっていくのか。そのあたりはどのように考えていますか？

有吉：職人さんとつくることで、建築家だけでは生み出せなかったアイディアが1つでもできればいいと
考えています。

Diploma×KYOTO'22
Day2
field update
Document of Critique

白樫 聖さん

ID079　白樫 聖　大阪工業大学
家朽ちて、山と帰す　都市の『山』

饗庭：とても面白いプロジェクトです。これは「発酵」や「腐敗」をテーマにしたいのではなく、木造密集地域を解消することが目的なのでしょうか？

白樫：テーマを考えるときに、まず「発酵」や「腐敗」という言葉が頭に浮かびました。自分が解体の仕事に少し関わっていたので、それをきっかけに木密地域の課題がどんどん見えてきて、解体の仕方を変えることで「発酵」や「腐敗」を取り入れながら「モクミツ」の解消もできるのではと考えて制作を進めていきました。

饗庭：なるほど。木に注目するのはいいと思いますが、きっと白樫さんが選んだ敷地では、いい木は採れない気がします。もっと大きな家がたくさんある地域の方が採れるのではないかな。

千葉：木造住宅を資源の山と捉えた点に深く共感しています。その資源が最終的にどのように新しい資源として流通していくのか、それによって木密の何が解決できたのか、そういった点への言及があまりなく、どちらかと言うと減築の方に重きを置いた提案になっているのは少しもったいないと思いました。

白樫：今回の敷地では、主に減築を選択して空間構成を考えましたが、将来的にこの「モクミツ」から採れた木材がどんどん流通して、それによって新しい建築にどんどんつくり替えることができるのではないかと考えています。そのため、将来的な計画の1つに流通網をつくることも入ってきます。

長坂：自分がやっていることと重なる部分が多くて、とても共感しています。まさに1戸の家の材料を使って店舗をつくろうとしているのですが、結局は古い材料なので、建築にするのが非常に難しいんですよね。インテリア的な装飾部分や家具であれば実現できるのかなと思っています。白樫さんは、この建築の将来をどのように想像していましたか？　減築していった結果、最後は更地になるのか、やはり建築になるのか。

白樫：減築が進み、徐々に建築がなくなっていくと想像していました。

長坂：材料置き場ということ？　だけどその間も機能する？　イベントスペースのようなものを想定したらいいのでしょうか。

白樫：はい。材料の置き方などによって空間をつくり、そこで人々の活動が生まれたらいいなと考えています。

長坂：だいぶ時間がかかるプロジェクトですね。

石川：模型を置いている展示台の柱はどこから来たのですか？

白樫：これは自分が関わっていた解体現場から、廃材として捨てられる予定になっていたものをもらいました。

石川：活用事例第一号というわけだね（笑）。古材ならではの利点は、どのようなものがありますか？

白樫：昔の木材の方が、1本1本こだわって選定されていたので、心材としてしっかりしています。さらに時間が経過すると、木材の味が出てくるという点もいいと思います。

ID085　野上乃愛　京都大学
男木島、泊まれる設計事務所構想

五十嵐：男木島の30年後の姿と、あなた個人との関係はどうなっているのでしょうか？

野上：現状の男木島は半分近くが空き家になっていて、子どももほとんどいない状況です。島に仕事がないので、これから男木島に移り住むのは芸術家やIT関係の人、手に職のある人ぐらいです。ですので、私を含め男木島でも仕事ができる人に先に移り住んでもらい、そのような人が増えることで島に新たな仕事ができて、いろいろな人が移り住むようになると考えています。

五十嵐：では3年後は、アーティストやIT関係の人がほとんどになる、ということ？

野上：例えば私が移り住んで10年後、20年後はそのような状態かもしれませんが、そうして人口が増えていけば、それ以外の属性の人たちも増えてくると思います。

五十嵐：設計事務所が拡張するという計画は強気ですね（笑）。

野上：売れっ子になれたら（笑）。

饗庭：面白いと思う一方で、ちょっと危ないと思ったのが家族と自分の変化だけで設計をしている点です。より長いスパンで起きる自然の変化というのもあると思います。それらがどのように設計へ読み込まれているのか気になりました。また、そうした自然の変化を考えたとき、斜面地に被せるようなもののつくり方はアウトなのではないかとも思いました。自分と、自分の仕事以外の30年間を、どのように読み取りましたか？

野上：増改築は、自分のライフステージに合わせて実施しています。男木島のまち並みの魅力として、いろいろなテクスチャが混じり合っているところや、私有地と共有地の境界がとても曖昧なところをあげる人が多いですが、このままではそうした魅力も失われてしまいます。1軒1軒が、まち並みの魅力や特徴を少しでも維持しながら改築していく、全体のことを考えつつ自分たちの事情に合わせて改築していくことを想定しています。

千葉：空間に対する信頼を持っていて、建築をつくると、そこで新しい活動が起こると考えているように見えます。でも実際はなかなか難しいですし、設計事務所がどれだけ繁盛するだろうかとか（笑）、繁盛しても島の外の仕事ばかりにならないかとか、そういうふうに考えてしまいます。この島でしかできないことは何か、具体的にイメージできていますか？

野上：この島は段々のまち並みになっていて、港から見たときに屋根が折り重なるような景色が広がっています。ここでしか生まれない景観をもっと広げていきたいと思っています。

千葉：建築や風景以外の、ここでしかできない産業は、どのようなものがあるでしょうか？

野上：漁業かITかに2分されている現状です。これから住みたい芸術家の方もけっこう多く、瀬戸内国際芸術祭の会場にもなっているので、アートと絡めた何かができるのではないかと思っています。

長坂：たぶん条件は何でもよくて、男木島の美しさの維持の仕方を提案することが第一なのだと捉えています。それで十分だと思います。

饗庭：積まれている石垣と、その上にのっている住宅が1つの景観ユニットになっていて、野上さんはそれが好きなのだと思いますが、島がつくり上げてきた大切な景観に対してやや違和感があるような提案になっているのは気になります。

野上：民家が古くなったから全て壊して新しいものをつくるとか、中だけ改築して使うとか、そういうことではなくて、グラデーショナルな操作をしたいと考えました。そのため、間（あいだ）の領域を使うことにしました。

石川：増築しなくてはいけない理由は何でしたっけ？ 石垣と民家がセットになった景観を維持する方向で考えてもいいのではないかと思いましたが、例えばアーティストの方が移り住んでアトリエがほしいと思っても、現状の民家ではスペース的に受け止めきれないから増築するということなのでしょうか？

野上：はい。空き家は密集して建っているので、そのまま使うのは難しかったです。いったん、仮設的でもいいから増やして、そちらを使っている間に他のものも直して、というサイクルを考えています。

石川：30年のスパンであれば、設計事務所の業態自体が、もとの民家を使いこなすようにシフトしても面白そうですね。

ID089　山田迪与　立命館大学

棚田の無何有郷　集落の空白を埋める"現代版おかずとり"の提案

五十嵐：屋根の曲面をどのようにして決めているのか興味があったのですが、プレゼンの中で少し触れられていましたね。この点をもう少し詳しく聞かせてください。

山田：まずボリュームより先に屋根の形状から決めました。屋根の形状は、棚田の有機曲線に沿うようにかけるというルールはありましたが、単になぞっているわけではなくて、曲線に馴染むように自分で考えて引いた曲線で決まっています。ボリュームについては、屋根の接線方向と垂直方向に配置するというルールを設けました。それに応じて角度がふられる設計になっています。

千葉：耕作放棄地という、ある種の土木インフラを現代的な視点でもう一度使うという提案は、とても良いなと思いました。2つ質問です。1つ目は屋根の素材の決め方、2つ目は棚田の中であの敷地を

山田迪与さん

選んだ理由について、聞かせていただけますか?

山田:屋根の素材については、諸室のプログラムによって変えています。例えばスレートでできた屋根の下には、棚田に関係するような飼育や紡績の研究室が配置されているので、素材として石を選択しました。他に、住戸や大浴場が入る建物の屋根には、それを連想させる瓦屋根を、紡績工場には布の膜屋根を採用しています。

　2つ目の質問については、袖志にある山、海、森、棚田の美しい景色を楽しむためには、棚田がよく見える集落の、扇状地の一番上に建てるのがふさわしいと考えたので、メインの建物群はそこに設計しました。分棟は、寄り道できるように、農道として使われている道から枝分かれさせた位置に設計しています。

石川:田んぼにはどのようにして水が供給されているのですか?

山田:農業用水路が上の山から流れているのと、川も近くにあるので、それらから水が供給されています。

石川:水は豊かに流れているのですね。

山田:でも耕作放棄地は、水の便が悪いことも放棄の原因となっていると現地で聞いたので、対象とした敷地については水の便が悪い、農道が狭くてトラクターが入りづらいという条件が加わっています。

石川:なるほど。そこを狙って建物を建てているのですね。用水池の水はどこから来るのでしょうか?

山田:田んぼと同じように、用水路から引いてこようと考えています。

石川:建物の屋根からも集水できるので、それを含めて考えてみても面白そうですね。石積みは空石積みですか?

山田:そうです。

石川:建物を建ててしまうと、空石積みのやり直しがしにくそうですね。石積みはある程度年月が経つと積み直しが必要ですから、建物自体の新陳代謝があってもいいと思います。

山田:建物内にも空石積みの壁を計画していて、そこと一緒にメンテナンスをすることを想定しています。また、集落の年間スケジュールをつくっていて、竹の伐採に合わせて建物の新陳代謝を行うようなイメージもあります。

ID094　山井 駿　京都大学
<日常>のバッソ・オスティナート

長坂:山井家と田中家はどういう関係ですか?

山井:山井家は僕の実家で、田中家は父の友人です。本当は全く知らない方が移り住む状況でプロジェクトを実施したかったのですが難しく、父の友人と言ってもそれほど親しい間柄ではなかった田中家にお願いしました。今回の対話を通して田中家とは以前よりも近い関係になりました。

長坂:何度かインタビューをさせてもらったのですね。

山井:はい。山井家は10月くらいから何十回とやって、田中家には11月から8〜9回ほどお会いしました。

饗庭:「くうき」という言葉は、田中さんに伝わったのでしょうか?「くうき」という言葉が、だんだんと別の言葉に置き換わった時期があるのではと思ったのですが、「くうき」という言葉はどれくらい有効だったのか、最後の方は田中さんとどのような言葉を介してコミュニケーションしていたのか教えてください。

山井:「くうき」という言葉は、ぼんやりしていて良くないと自分でも最初は思っていました。でも進めていくうちに、住人それぞれで家の見え方が異なっていて、その見え方が「くうき」なのではないかと思えてきました。それを田中さんにも伝えていて、ある程度理解してもらえたのかなと感じています。

饗庭:では「くうき」って言葉は途中で使わなくなるのですか?

山井:そうですね。できるだけ使わないようにしました。

千葉:とても面白い取り組みだと思います。多木浩二さんの『生きられた家』を思い浮かべながらやっていたのですか?

山井：はい。10月から設計を始めて、12月頃にその本に出会いました。自分がやりたいのはこれかもしれないと思いました。

千葉：最終的に設計したものには、家具や座布団などいろいろなものが含まれていますね。途中のプロセスでは、あえてそれを全て表現していないのはなぜですか？

山井：家具などはとてもパーソナルなものなので、それが残っていると、以前の住人の生活が強く残りすぎてしまいます。それでは次の家にも影響してしまうのではないかと思い、できるだけ大きい部材などに要素を限定しました。

石川：最後に残ったのは、山井家の生活の痕跡を取り去った状態？

山井：いえ、取り去ったのは話に出てこなかった部分です。

石川：大事だと思ったところを残して、あの形になったということですか？

山井：そうです。

石川：例えば柱が残っているのは、どのようなインタビューに基づいてのことですか？

山井：残そうと思った柱だけではなく、残ってしまった柱もあります。階段を上った先に父の書斎の光が見えて、それがとても印象的で壁を残したいと思ったため、通し柱を残しました。

石川：残さなきゃいけないものは印象に基づいていることもあり、それを支える構造体も残ってしまったというわけですね。

山井：他にも、今の家の雰囲気をとどめておきたくて残した柱もあり、残ったものにはいろいろな理由があります。

石川：山井家は、このエッセンシャルな様子を見たのですか？

山井：はい。「これ残ってるやん」と言われたものもあれば「これほんまにそうか？」と言われたものもあります。

石川：面白いですね。

長坂：残されたものからつくったものに対してスタディはしているのでしょうか？ 模型は全て設計が終わったタイミングで改めてつくったのか、つくった過程ででてきたものなのかも教えてください。

山井：模型自体は新しくつくったものです。途中で一度、田中さんの家をつくってみたのですが、山井家に戻ってしまい、うまくできませんでした。最終的にできあがったこの模型は、山井家の残し方が決まってからつくりました。

山井 駿さん

ID099　饗庭優樹　立命館大学
水トノ共生作法　針江集落のカバタの集積による失われた水との暮らし・生業拠点の再編

五十嵐：シンボリックな屋根の形は何が由来になっているのですか？

饗庭（優）：水路と平行に屋根をかけ、樋をつけずに水路へそのまま流していく一種の形式が針江集落内に見られたので、それを参考にしています。屋根は内湖に向かうにつれて大きくなっているのですが、水のメタファーとしての屋根も考えに入れていて、水量の小さい上流にはヒューマンスケールに落とし込まれた屋根。下流には、水量の大きいカバタや建築ボリュームを配置しているので、それを空間として支えるような大きな屋根がかかっています。建築、屋根が水のスケールを暗示するような存在になればと考えました。

饗庭（伸）：フィールドサーベイからボキャブラリーをつくったというのは、古典的だけど丁寧にできていて感心しました。その中でも選りすぐりの一軍ボキャブラリーを使ったような印象ですが、伝統と新しさが混ざった中途半端なボキャブラリーもたくさん出てきたと思います。どうやって扱うか、悩んだものはありましたか？

饗庭（優）：確かに、50個ほど並べたボキャブラリーは一軍で、実際にはその2〜3倍ありますが、あえて見せず、建築にも取り入れていません。というのも針江集落内には現在、年間1万人ほどが訪れていて、車の通り道を確保するために水路やカバタがつぶされています。今回提案した建築は、ここで人の流れを一旦受け止める役割も想定していますので、用いるボキャブラリーは僕が恣意的に選んだ50個で、その他はこの先の集落内を観光する中で見てもらおうと考えました。

千葉：事業主は誰を想定していますか？

饗庭（優）：近年急激に観光客が増えたことで自治体が結成されました。事業主はその方々を想定し

饗庭優樹さん

ています。

千葉：集落を相手にしながら、提案した建築が1つだけという点が疑問です。さらに、水をインフラとして位置付けようとするなら、地域にネットワークとして張り巡らされたものでないと、建築がなくなった瞬間にインフラ自体もなくなってしまう。施設化することの射程の短さを感じてしまいます。

饗庭（優）：針江集落内にも、住宅のボリュームくらいのスケールで公共空間をつくろうかと考えましたが、カバタや水との暮らしを発信するにあたり、一定のボリューム感と存在感、建築の強さが必要だという結論に至りました。

石川：リサーチもプランもとても良いと思いました。中高生がたむろするのにイチ押しのスポットはどこですか？ 水に足をつけながらおしゃべりするような。

饗庭（優）：休憩所ですね。全体を一望することができて、水路ともつながっています。気持ちの良い場所だと思います。

饗庭（伸）：水路は、昔は上水と下水を兼ねていたのでしょうか？

饗庭（優）：はい、兼ねていました。今は下水としての機能はありませんが、上水と中水程度は流しています。

ID114　清岡 鈴　京都大学
名前をなくした場所

五十嵐：暗渠がある場所ということで、人工的な風景のバグを肥大化させているのだと読み取りましたが、最終的には癒しより、そこに隠れた川を感じることがやはり重要なわけですよね。暗渠以外でも成立しそうな計画ですが、プレゼンでは暗渠を強調しているようにも感じたので、あらためて目的を説明していただけますか？

清岡：この敷地は、風景がずれている場所の1つとして選んだだけであって、かつて川が流れていたことを人に連想させることが目的ではありません。日々の生活から解放されるような感情的な体験を、日常と隣り合わせでしてもらいたいというのが一番の目的です。今回の敷地では、建物が並んでいるところから一気にその風景がなくなる瞬間、そのヴォイドの部分、空白を人が体験できるように、つなぎ目をデザインしていく形をとっています。

石川：何かすごく意味のある、社会に役立ちそうな物言いで、無駄なことを言っているギャップがとても楽しいです。都市が何かしらの意味に満たされてしまっているので、それがない隙間を大切に、顕在化していくという話だと思いますが、例えば「路地の奥の塔」は、知らずに見れば意味のある施設のように思えるでしょう。そういった、物体化したときに意図せず獲得してしまう意味を乗り越えて発揮される無意味性は、どこに宿ると思いますか？ 意味があるように見えないための工夫は何かしましたか？

清岡：確かにここは、とことん無意味な場所になるように意図して設計しました。具体的な工夫としては、ぱっと見では周囲の風景になじむような造形にしつつ、そこでの体験を見ると素材の秩序が崩れていたり、普段見ていない方向へ視線が向いたり、普段の生活で見えているものとは違う場所に目が向かうような体験をつくっています。

石川：一見、何かまちの役に立っているものに見えるが、体験してみると「何だったのかな？」と思うということ？

清岡：一見して意味があるような場所を意図してつくっているというより、意味をもってつくられている場所にある要素の形を少しずつ崩していくようなイメージです。新たな意味を付け加えるために大きいものをつくるという意味ではありません。

千葉：計画のほころびに着目している点は、とても共感します。しかし実際につくったものは、どちらかというと物見台のようなものが多いですよね。そのため非常にオブジェクティブに見えます。こういう場所はあちらこちらにあるでしょうから、例えば地面レベルにそういう要素があることも想定できます。その場合、どのようなアプローチが考えられますか？

清岡：地面から足が離れていく感覚をつくりたいと思った結果、上の方向に伸びたというのが正直な

ところです。でも、暗渠の地面レベルから見たときでも、新しく上の方に操作を加えることで、現状の平面的なヴォイドにも視線が向くように工夫して形をつくっています。

長坂：世の中が意味で固められていて、そこからずれた無意味な場所を探し出すところまでは、とても素敵な話だと思って聞いていました。ただ、できたものを見て、ちょっと無意味を表現するための作為が強すぎるのではないかと感じました。そこに疑いはありませんでしたか？

清岡：最初の頃は、もっと小さな形と操作で、周りの風景の見方を変えるようなデザインをしたいと考えていましたが、それでは今の風景に敬意を払いすぎてしまい、どうつくったらいいのか分からなくなってしまいました。発想を変えて、一見は風景に属しているような造形から、それが崩れていくという想定で今の形に決めました。作為が強すぎるというご指摘は、私の反省点でもあります。

長坂：難しいところですよね。とてもよく分かります。

石川：でも、その手探りの結果、もののスケールが周りの家に似てきている点が面白いです。模型写真も良いですね。

審査・投票

長坂：説明を聞くと、本当にどれも良い提案なので、審査が難しいですね。でも、なんとなくですが特に良い提案が3つ浮かんでいます。ID085の野上さん、ID089の山田さん、ID094の山井さんです。その理由をまだはっきりと言語化できていないのですが、印象に残っています。ID099の饗庭さんの提案は、リサーチがしっかりとしていますし、こんな場所があるのかという発見だけでも面白かったのですが、先ほどの3作品にどうして入らなかったのかというと、できているものがだいぶマッチョなんですよね。あの敷地を発見した目線と、できたもののスケールがちょっと違うかなと思いました。

　3作品について言うと、どれもかなりの熱量がありました。野上さんは、島全体の風景に対する想いと、それを伝える模型力を強く感じました。山田さんは、棚田で行われていた「おかずとり」を建築に置き換えて、もとの風景を壊さずに新しいあり方を提案している点が良かったです。山井さんはスケッチが圧倒的ですね。卒業設計であれだけリアリティを持って、最終的な形にまで到達できた腕力を評価しました。

饗庭：皆さんが、それぞれの学校でいろいろな経験をしてきたのだと思って興味深く見ていました。ID010の柴垣さんとID030の有吉さんは、提案を見たとき「もう建築はいらないんだろうな」と感じ、ついにそういう時代になったかと思いました。他の6作品は、わりと形にこだわっていた点で、先の2作品と対照的でした。柴垣さんと有吉さんの提案をどう評価するかについては、僕の中でまだ定まっていません。6作品については、一生をかけて解いていくだけの問題をつくることができたか、という視点で見ました。そういう意味で面白いと感じたのは、ID094の山井さんの提案です。上手いかは別にして方向は間違えていないというか、可能性を感じました。ID114の清岡さんの提案については、まだまだ議論したいような、変わったなぞなぞを出されたように感じています。

五十嵐：いろいろなタイプの作品が残っている中で最終的に良いなと思ったのは、第一に、建築論として面白くなりそうな山井さんの提案です。周辺環境のコンテクストが少なそうな住宅地で、前の住人をコンテクストとして、プライベートに介入するというテーマの枠組みを見せてもらったように思います。清岡さんも、「名前をなくした場所」という魅力的なタイトルで、人工的な風景のほころびから何ができるかという、普遍的な都市論にも発展しそうな構えがありました。最終的にできた造形については、いろいろな意見があるだろうと思いますが、問題をつくり上げたという意味で山井さんとともに関心を持っています。

　バランスが良いと思ったのはID089の山田さん。地域の産業を取り入れるというのは近年の卒業設計でよく見られる手法ですが、うまくまとめられていると思いました。同じくリサーチ型でもID099の饗庭さんとID030の有吉さんは、できあがった造形にやや引っかかるところがありました。

ID010の柴垣さんは、取り組み自体は非常に意義深いと思いますが、やはりデザインを評価しなくてはと思うので、例えばアートプロジェクトであれば影は徹底的につくり込まないといけませんし、建築であれば建築的アイディア、あるいは未来に向けての問題設定がほしいです。社会を実際に動かしたという価値は計り知れないですし、デザインへのこだわりが物足りないけど問題の枠組みを新しく提示している点は評価しています。

石川：全体的にとても楽しく話を聞きつつ、考えていたことは、何を資源と捉えるかということです。そ

Diploma × KYOTO '22

Day 2
field update
Document of Critique

質疑応答の際にはファイナリストの
模型が一同に並べられた

の場所の人々の想いをテントの形で提示することや、職人の技、既存の木造住宅、男木島のまち並み、棚田の形、水の循環……何を資源として、それを引き出していけるかということへの解答を、建築の形で見せてもらったように感じます。その中で心に残ったのは、山井さんと清岡さんの提案です。あぶない扉を開けかけているような、見たことのないものへの入り口を提示されているような印象でした。

千葉：皆さん現代的な課題にとても敏感で、コロナ禍の大変な状況の中でも力作揃いなので、とても感心しました。卒業設計は、問題をうまく解決できたという完成度よりも、これから考えていくべき問題をどのように見つけたのか、どれくらいボールを遠くに投げられたかが大切だと考えています。こんな物事の捉え方があるのかと、はっとする提案もいくつもあり、大変心動かされました。

例えばID079の白樫さんの提案にあるように、木造住宅を材料資源として捉えることは、これからの時代を考える上で興味深い視点ですし、実社会でもそうした活動は始まっています。また饗庭さんの提案は、失われた空間資源をどう再生するかという点で大変魅力的で力作です。ただ両案とも、あらゆることが全てきれいに解けているような、予定調和な印象もありました。そこが課題かと思います。

僕自身の評価は、3作品で迷っています。1つ目は山田さんです。棚田は土木インフラだと言ってもいいと思います。時間軸はとても長いけれど、何らかの形で役目を終えていくこうしたインフラが日本には数多くあり、それを今後どう社会に生かしていくかは大きな課題です。その課題に対し、現代的なプログラムと将来の地域の生業にも通じる仕組みを提示していて、大変秀逸だと感じました。2つ目は山井さん。住宅の継承を、空間の問題だけではなく、そこにどう住まうかという生きられた家としても捉えた点が見事です。しかしどこまでが設計でどこまでが住む行為なのか、設計側はその線引きを迷いながらやっているのが現状でしょう。そうした非常に大きなテーマに取り組み、しかもリアルにヒアリングを重ねて進めた点は、まだ答えが出ていないにせよ、未来に向けた価値ある提案だと思います。3つ目は清岡さんで、人工的に作られた、しかし計画という概念では括れないような場所に着目したことだけで、価値ある提案だと思います。その表現や最終的なアウトプットにはまだ改善の余地がありそうですが、強く印象に残る提案でした。

さて、時間もありませんし、審査員皆さんのご意見を伺ったので、早速投票に移った方が良いかと思います。2作品を選んで投票しましょう。

（ID094山井さん5票、ID089山田さん3票、ID030有吉さん1票、ID114清岡さん1票）

千葉：この結果を見ると、山井さんが1位、山田さんが2位というところまではよろしいかと思いますが、先生方いかがでしょうか？

石川：山井さんと山田さんに票を入れましたが、実は山田さんと清岡さんは同点くらいに考えていたんですよね。そうすると、もし俺が清岡さんに票を入れていたら、2人は同点だったわけですね。

千葉：他の先生方はいかがですか？

饗庭：山田さんに入れなかった理由は、人が今でも住んでいる集落を俯瞰的に見ていないことが気になったからです。システムとして途切れてしまうのではと思いました。地元の人にしてみれば、棚田の上の方に建てられると水のことで心配になってしまうのではないでしょうか。水の流れには上下がありますから、どこで何をされるのか、とても気になると思います。そのあたりのリアリティをどれだけ持って設計できているのか気になりました。

石川：饗庭先生の言うことはとてもよく分かります。ここに建物を建てると影もできますし、自分も最初はそう思いました。でも、よく見るとこの建築の周辺には民家がないんですよね。住んでいないということは、ここは畑のようなもので、つまり必要な畑の有様が今回の提案では建築化したと思えば納得できます。集落というよりは、棚田のあり方がデザインされているのだと読み取れます。

饗庭：そうですね。耕作放棄地を敷地に選んだということでしたので、その点は合理性があり、評価しています。

五十嵐：巡回審査で山田さんの提案を見たとき、石上純也さんのサーペンタインを思い出してしまい、あまりチェックしていなかったんですよね。しかしファイナリストとしてプレゼンを聞いて、今のトレンドを取り入れつつ、丁寧に練られたバランスのいい案だと分かりました。一方、それ以上は僕の中で議

論が起こらなかったという側面もあり、票を入れませんでした。清岡さんについては、現代の都市にある定義されていない場所について考えるきっかけを、暗渠という時間性を加えながら提示した面白い提案だと思いました。

　山田さんと清岡さんは、そもそも並べて比較できない全くタイプが異なる作品で、どちらがいいかは価値観の違いによります。単純に得票数で決めるしかないような気がします。

千葉：僕も先ほど3作品をあげて話しましたが、2つに投票するにあたり山田さんか清岡さんで迷い、ギリギリのところで山田さんにしました。長坂先生も、清岡さんではなく山田さんに票を入れていますね。

長坂：清岡さんの着眼点は大好きです。最初の説明まではいい話だなと思って聞いていましたが、最終的なできたものに対しては疑問を持ってしまいました。

千葉：ありがとうございます。2人についてはかなり意見が分かれているようなので、2位はもう一度投票して決めましょう。山田さんと清岡さんのどちらかで、2位にふさわしいと思う方に挙手してください。

（ID089山田さん…千葉先生・石川先生・長坂先生が挙手）

（ID114清岡さん…饗庭先生・五十嵐先生が挙手）

千葉：ということで、僅差ですが2位が山田さん、3位が清岡さんです。

司会：ありがとうございました。続きまして、審査員賞の発表をお願いします。

千葉：僕はID114の清岡さんにしたいと思います。先ほどお話しした通り、都市の読み解き方として新しい視点を見せてくれたという意味で、大変価値ある提案ですし、深く共感しています。

石川：ファイナリスト以外にもいいなと思っていた作品がけっこうあるので、せっかくだから番号だけ言います。33、37、47、56、57、78、90、97、104、107、113。そして石川賞はID037の関西大学・下村悟さんに差し上げたいと思います。

五十嵐：五十嵐賞はID010の柴垣さんに差し上げます。ほんわか地域アートにはならないでほしいという願いを込めて。このプロジェクトを続けるのであれば、人間関係も大切ですが、柴垣さん自身が建築のプロフェッショナルとして関わっていってほしい。そうでなければ他のアーティストやデザイナー、建築家をチームに迎え入れるという手もあります。ぜひ継続してください。

饗庭：僕の賞は、ID030の有吉さんに差し上げたいと思います。職人さんと話していると、職人側にどんどん造形が寄っていくと思うので、行き着くところは建築にはならないかもしれませんが、一生続ける仕事としてはとても価値があると思いました。

長坂：僕はID085の野上さんを選びます。いろいろなアイディアと、それを形づくる力。模型をあれだけ同じ精度でつくり続けて人に見せていく、表現力の強さがいいと思いました。

Day 2
field update
［座談会］

参加者（審査員）

千葉 学

五十嵐 太郎

饗庭 伸

石川 初

長坂 常

参加者（出展者）

山井 駿（1位）

山田 迪与（2位）

清岡 鈴（3位／千葉学賞）

柴垣 志保（五十嵐賞／ファイナリスト）

有吉 慶太（饗庭賞／ファイナリスト）

下村 悟（石川賞）

野上 乃愛（長坂賞／ファイナリスト）

白樫 聖（ファイナリスト）

饗庭 優樹（ファイナリスト）

卒業設計とその後

司会：卒業論文や卒業設計と今の仕事とのつながりということで、審査員の皆様の卒論や卒計を今の学生との違いを交えてお話いただきながら、それがご自身の仕事とどうか関わっているかをお聞かせください。千葉先生からお願いできますでしょうか。

千葉：僕の卒業設計は散々でしたよ。実は、建築をつくって生まれる建築以外の場所—外部に興味があって、いわゆるランドスケープをやりたいと思っていたんですね。でも当時はランドスケープという言葉が一般的に使われておらず、何て説明したらいいんだろうと悩みながら進めていました。選んだ敷地は、ファイナリストの提案にもあったような計画されていない場所で、なんとかそこに場としての力を持たせられないだろうかと考えていました。結果的に何の賞ももらえず辛い思いをしましたが、今でもその時のテーマは僕の中にあって、思考の切り口になっていると思います。そういう意味で、卒業設計は一生背負っていくものなんだと実感しています。

石川：俺は卒業論文でしたが、模型の中に細いレンズを入れて空間シミュレーションをするという、当時最新鋭のモデルスコープシステムを取り上げました。模型のつくり方によって見る人の印象はどれだけ変わるのか、そんな地味な研究でした。デザイン系の研究室ではなかったのに、卒業後はなぜかゼネコンの設計部に就職して、そのままデザイン系ランドスケープの道を歩んできました。

五十嵐：僕の卒業設計では、東京湾に原発をつくりました。30年ほど稼働して使えなくなったらモニュメントとして利用し、地下には高レベル放射性廃棄物貯蔵庫を設けるというものです。宗教建築のような形態にしました。バブルの頃でしたから、卒業設計は巨大プロジェクトになるのが当たり前で、今みたいに住宅を卒業設計に取り上げるようなことは考えられない時代でした。後の博士論文では宗教を取り上げましたが、現代において最も宗教的なモニュメントは、皮肉にもエネルギーの生産工場である原発がつくるという卒業設計とつながりはあったかなと思います。放射性廃棄物以外に、例えば戦争など、ネガティブなものとデザインの関係をどう読み解くかということも、継続して持っている関心と言えます。

饗庭：僕は卒論も卒計もやりましたが、全然今につながっていないですね。でも、長く働いていると、20年前に考えていたような事柄が思いがけず仕事で出現することはあると感じています。そうやって、いつか卒論や卒計の伏線が回収できるのかなと思っています。皆さんも、社会でいろいろな仕事にあたる中で、卒計の答え合わせができるときが来るかもしれません。ずっとそのテーマを背負わなくてはと思うより、そのくらいの構えでいるのも良いでしょう。

長坂：僕は千葉県流山市で育ったのち東京に移ったからか、関東の中心に向かうベクトルが自分の中に植え付けられている感覚があります。それが、駅を中心にその周囲はよく知っているけれど、駅と反対側の地域はよく知らないという感覚にも

なっていて嫌だったので、どうしたら脱却できるかを卒計で考えました。手法としては、都内を対象に駅から半径2kmの範囲を囲んで、そこからあぶれた場所を拾い出していきました。すると三鷹と調布の間に、結構大きなエリアが出てきたのです。そこに農地をつくり、真ん中に自分が滞在できる場所を設けました。この感覚からの脱却は、ずっとテーマのひとつとして持ち続けていて、中心街から離れた場所でのプロジェクトがあれば、できるだけ受けています。しかし、そもそもそういったプロジェクトに関わることができるようになるまで15年くらいかかりました。

建築と○○

司会：ありがとうございました。審査員の先生方はいろいろなフィールドで活躍されていますが、建築以外の場面で、建築を学んでいて役だったことや、逆に建築以外の場所で知ったこと、見聞きしたことが建築に役立った経験があれば伺いたいです。

千葉：これは建築でこれは建築じゃないという線引きをあまりしていないと思います。建築を仕事にすると、ほぼいつも、建築のことばかり考えている。でもそれは、建物をつくることだけを言っているのではなくて、日常生活や訪れた地域の気候風土の場合だってある。すべてが建築に通じるとも言えるし、建築は生活そのものだとも言える。「建築を学んでいて良かった」のは、建築的なものの見方が世界を豊かに映し出してくれることでしょうか。

石川：ゼネコン勤めの経験から言うと、週末に仕事とは全く関係のない時間を持ってみてもいいかなと思います。非建築的な時間の中で、面白いことに出会うかもしれない。建築分野の友人と接していて思うのは、何らかの事象を形に置き換えて考えるのを自然にやっているということです。それは皆ができていることではないと思うので、得意技として他のことに応用できそうです。

五十嵐：「建築と○○」という本をたくさん書いていますが、建築的な考え方を応用した場合と、建築の空間がどう描かれて

いるか、に分かれます。書いている中で、建築は本当にいろいろなことにつながると実感します。建築学生には、建築以外の分野にもっと目を向けて欲しいと常々思っています。世の中はクオリティの高いものであふれていて、学ぶことが多いです。

饗庭：都市計画系は、建築以外の分野の人と仕事をすることがほとんどです。それぞれの社会像みたいなものを明確に持っている人たちが集まって議論しているわけですが、僕はその場で全員が納得するような組み合わせをつくって結論を導き出すようにしています。そういうとき、設計課題などで締切りまでに必ず形にして提出した経験は大きいと感じます。とりまとめ役として重宝されますね。

長坂：僕は分野を横断しまくっている分野の人間だと思うので、そもそも境目への意識がほとんど分からないですね。神田川を散歩していたら、まちの風景が気になって、次にカヤックをつくりたくなって、Hyundaiのキャンピングカーで使った骨組みを取り入れて……みたいな思考なので、建築と日常の間にあるだろう距離を埋めて、いろいろなものを数珠つなぎにして仕事をしていますね。建築を学んだ人はいろいろなことができるので、5年くらい歯を食いしばって頑張ると、何か面白いことを身に付けられると思います。せっかくここまで建築を学んだのであれば、やはり建築を仕事にした方が面白いとも思いますけどね。

山田：今日の出展者は、大学院に進んで建築の仕事に就く人が多いかと思いますが、先生方は学生時代ずっと建築が好きでしたか？ 何か違うことをしてみたいと思ったことはありますか？

千葉：僕たちはいつ仕事がなくなるか分からないから、いつでもやめる覚悟は持っています。でも、やめたいと思ったことはないですね。実際には、「やってられるか」とテーブルをひっくり返したくなることは山ほどあるけれど、一晩寝るとだいたい、まあいいかとおさまって、また建築を考えることに向かっているんです。

石川：それが続けるための最大の秘訣なのかもしれませんね。

千葉：時にはそういうことが、違うアイデアへと展開するきっかけになることもあります。

石川：俺は、やめたいとか続けたいとか考えたことがない。ポリシーが3つしかなくて、1つは「オファーは断らない」。2つ目は「時系列が全て」で、先に頼まれたことを優先する。仕事を選んでいると思われると、仕事が生まれなくなってしまうから。3つ目は「所属組織の中での評価を狙わない」。事務所や会社の中で褒められようと思うと、し烈な競争になって疲弊してしまう。きちんと仕事をしていれば、必ず組織の外から名指しで話がくるようになるので、外で評価される方がいいと思います。将来について不安になることもあるかもしれませんが、そのくらい自分のルールをシンプルにしてもいいのでは、

というアドバイス(笑)。

変わること、変わらないこと

司会:ありがとうございました。次が最後の質問です。今日の出展作品の中にも、ドローンなど最先端の技術を用いたもの、反対に昔ながらの職人の技術を題材にしたものなどありましたが、現在の技術の進歩について考えることや、注目している事柄があれば教えてください。

千葉:僕は最近、都市を常に動いているものとして捉えることに興味を持っています。建築は静的なものですが、もう少し動的に物事を捉えていけないだろうかと考えているのです。その意味では、新たなモビリティの技術などが思考の大きな原動力になるのですが、建築をつくる技術はそもそもとてもプリミティブで、今でも最後は職人がつくっている。新しい技術で何ができるかと振り回されるのではなく、技術をどう使うかが重要になる時代だと思います。新しい技術が新しい思考を切り開くことに興味を持ちつつも、常に冷静な視点は持ち続けたいですね。

石川:技術ではないかもしれませんが、人新世的自然観という、新しい世界観が広まってきていると感じています。今までは、都市の外は自然という区切り方をしていたのが、建築をつくることも大きい意味で自然の一部をつくることだというように、自然の捉え方が今後ますます変わってくるのです。そして、この新しい捉え方を建築がどう担っていけるかを説明できるかが、建築のコンセプトにおいて大切になるでしょう。ただ、今日のプレゼンを聞いていると、皆さんの年代は気分的になんとなくその流れに乗ってきているように感じたので、希望を持っています。

五十嵐:建築はある種、とても遅れたテクノロジーの中でその大部分がつくられているので、鉄やコンクリートに代わる便利で手にいれやすい素材や、革命的なデジタルファブリケーショ

ンなどが登場するのでもなければ、そんなにすぐには変わらないと思っています。卒業設計においても、10年前、20年前の学生より今の学生が優れているかと言われるとそうでもない。コンピューターの使い方は確かに上手くなっているけれど、それは建築の歴史学と関係があって、ルネサンス建築や古代ローマ建築を、今でもなぜ重要だとしているかということにつながります。コンピューターはどんどん更新され、それに応じてどんどん古くなる。建築は違う価値観を持っているので、常に最新のものがベストだとは限りません。良いものをつくったら10年後も20年後も古くならないし、もしかしたら100年後も評価されるものをつくることができる。僕はそうした建築の変わらない価値に希望を見出していますし、面白いと感じています。

饗庭:皆さんは、僕の頃より圧倒的に情報量が多い中で卒計に取り組んでいると感じました。当時の僕はプログラムなんて全然考えていなかったのに、皆さんはこの30年ほどの社会の変化をしっかりと取り込み、ビジネスモデルまで考えている人もいて、すごいなと思います。高い検索能力と、得られた情報の組み合わせ方の上手さに感心しました。そうした時代のアップデートには期待しています。

長坂:僕の中にある建築の時間軸はおそらくとても短くて、どちらかというとアクティビティに目を向けながら、それと空間との関係をつくっているイメージです。店舗をつくることにおいても、ネットに親しみ豊富な情報を持ち、新しさへの期待も高い人をお客さんとして想定すると、できあがるスペースも自ずと変わってくるのです。そのように、僕と関わる人が変化しているので、それに応じて変化することが多いですね。今はインスタグラムなどで時間や場所を問わず情報を吸収できるので、その状況で求められるコミュニケーションは異なり、伴って建物や空間も変わってきていると感じていますので、新しいデバイスを使って何かをつくるというのは、もはやローテクかもしれません。

Day 3
next update

—

Diploma × KYOTO '22
The Kyoto exhibition of graduation projects
by architecture students

Day 3
next update

時代を更新していくような取組みをされている建築家、

または陶芸家としても活躍する奈良氏の5名を審査員に迎え、

多方面から評価・議論していただくことで、

これからの時代──"next"の建築の形をアップデートする。

審査方法（1～3位）

① **巡回審査**
会場に並んだ模型とプレゼンボードから、
各審査員が予備審査で議論したい作品を
選出する。

② **予備審査**
ポートフォリオを用いて、
最終講評会に進む5選を選出する。

③ **最終講評会**
5選について、
パワーポイントと模型を用いた
プレゼンテーションと質疑応答を実施。
ディスカッションを経て、
1～3位を決定する。

審査方法
（美しい建築で賞／ぶっ飛んでるで賞）

来場者投票・オンライン投票を行い、各賞3作
品を選出。計6作品が審査員の前でプレゼンテー
ションを行い、ディスカッションを経て各賞を決定
する。審査員だけでなく、全ての方がDiploma×
KYOTO'22に参加できる。

1位
ID059
比嘉 七海 Nanami Higa
（大阪工業大学）

不易流行JCT
高速道路と街の新しい関係を生む「高速ナカ」

2位
ID068
小瀧 玄太 Genta Kotaki
（大阪工業大学）

史を渡す

3位
ID081
岡﨑 輝一 Kiichi Okazaki
（立命館大学）

陽だまりー神だまりー人だまり
－立体参道がつなぐ商業神社－

ファイナリスト
ID079
白樫 聖 Hijiri Shirakashi
（大阪工業大学）

家朽ちて、山と帰す
都市の『山』

ファイナリスト
ID095
亀山 拓海 Takumi Kameyama
（大阪工業大学）

土を練り 火を焚く

美しい建築で賞
ID003
岩橋 美結 Miyu Iwahashi
（神戸大学）

今日はもうすぐ雨が降るらしい

美しい建築で賞ファイナリスト
ID055
佐藤 夏綾 Kaya Sato
（京都大学）

磯に生きるを灯ス

美しい建築で賞ファイナリスト
ID099
饗庭 優樹 Yuki Aiba
（立命館大学）

水トノ共生作法
針江集落のカバタの集積による
失われた水との暮らし・生業拠点の再編

ぶっ飛んでるで賞
ID063
半澤 諒 Ryo Hanzawa
（大阪工業大学）

見えない空間

ぶっ飛んでるで賞ファイナリスト
ID118
鎌田 彩那 Ayana Kamada
（武庫川女子大学）

なびくみち あままで届き うづもれぬ
－保久良山道 保全計画－

ぶっ飛んでるで賞ファイナリスト
ID120
加賀 大智 Taichi Kaga
（京都大学）

深層都市
リニアを契機とする地下開発の可能性

審査員

藤野 高志
Takashi Fujino

建築家
生物建築舎

————

総評：Diploma×KYOTOは3日間それぞれの審査がある点が面白く、出展する学生側で決めた各日のテーマによって、さまざまなフィルターを通して皆さんの作品が評価されています。今回は私たち審査員がそこへルールを追加しましたが、評価というのは、時間やそのときの状況によって刻々と変化する非常にダイナミックなものです。運が良いときもあれば、うまくいかないときもある。不条理な場合であっても、それを受け止められるような懐を持っていられたら良いと思います。

1975年群馬県生まれ。1998年東北大学工学部建築学科卒業、2000年東北大学大学院都市・建築学 博士前期課程修了、2000年清水建設設計本部、2001年はりゅうウッドスタジオ、2006年生物建築舎設立、2012-2015年東北大学非常勤講師、2012年前橋工科大学非常勤講師、2017年東洋大学非常勤講師、2017年武蔵野大学非常勤講師、2018年お茶の水女子大学非常勤講師、2020年成安造形大学客員教授、2021年大阪市立大学非常勤講師、2022年東北大学准教授

審査員

山田 紗子
Suzuko Yamada

建築家
山田紗子建築設計事務所

——

総評：今日という日は、建築設計業界、設計者の仲間入りを果たした日です。審査員として参加した私たちも同じ建築家として、自分がこれを設計する側であればどうするか、これは面白いか、間違っていないか、といった目線で見ていました。卒業設計として自分の個性をひとつの形にできた皆さんは、これから一人の建築人、つくる人として、社会へ羽ばたいてもらいたいです。

1984年東京都生まれ。2007年慶應義塾大学環境情報学部卒業、2007-2011年藤本壮介建築設計事務所。2013年東京藝術大学大学院美術研究科建築専攻修了。現在、山田紗子建築設計事務所代表。京都大学、東京理科大学、昭和女子大学で非常勤講師を務める。

審査員

榮家 志保
Shiho Eika

建築家
EIKA studio

———

総評：私も2009年のDiploma×KYOTO
に出展して、ファイナリストに選ばれましたが
受賞には至らず、悲しい思いをした記憶があ
ります。それでも今こうして、建築家としてこ
の場にいますので、今回受賞できなかった方
も、審査結果のみに囚われないでください。
この設計展で出会った友人たちとDiploma
×KYOTOをつくり上げた経験はとても素晴
らしいことです。これからも切磋琢磨できる仲
間として、関わりを続けてもらえたらと思いま
す。

1986年兵庫県生まれ。
2009年京都大学工学
部建築学科卒業、2010-
2011年Mimar Sinan
Fine Arts University
（トルコ イスタンブール）留
学、2012年東京藝術大
学大学院美術研究科建
築専攻修了、2012年大
西麻貴＋百田有希／o＋h
（現パートナー）、2018年
東京藝術大学建築科教
育研究助手、2019年
EIKA studio

審査員

神谷 勇机
Yuki Kamiya

建築家
1-1 Architects

——

総評：運営イコール出展者であると聞いて驚きました。ファイナリストに選ばれなかった人の方が多い中で、仲間のためにこれだけ頑張ることができる姿勢はすばらしく、自信を持っていただけたらと思います。ここでできた横のつながりは、とても貴重なものです。でもそれに気づくのは、10年後、20年後かもしれません。将来どのような場所にいたとしてもつながることができるよう、今この関係を切らさず、みんなで建築業界を盛り上げてほしいです。

1986年愛知県生まれ。2009年三重大学工学部建築学科卒業、2010-2013年佐々木勝敏建築設計事務所、2014年1-1 Architects(イチノイチ アーキテクツ)主宰、2014-2016年ジンバブエ ハラレ技術工科専門学校 講師（JICA JOCV）、2017年名古屋造形大学非常勤講師、2018年愛知工業大学非常勤講師、2019年名城大学非常勤講師

審査員

奈良 祐希
Yuki Nara

建築家
陶芸家

———

総評：先輩方がつくり上げてきたDiploma×
KYOTOという場を、皆さんもこうして成功さ
せ、次へ受け継いでいくことに敬意を表した
いと思います。ファイナリストに選ばれた作品
と選ばれなかった作品には大きな違いはな
く、信じる建築がそれぞれあり、僕自身とても
勉強になりました。日本の建築をもっと明る
く、楽しく、前に進めていけるように、互いに
手をとり頑張っていきましょう。

1989年石川県金沢市
生まれ。2013年東京藝
術大学美術学部建築学
科卒業、2016年多治見
市陶磁器意匠研究所首
席卒業、2017年東京藝
術大学大学院美術研究
科建築専攻首席卒業、
2021年建築デザインラ
ボ EARTHEN 設立

ID059

不易流行JCT
高速道路と街の新しい関係を生む「高速ナカ」

比嘉 七海 ／Nanami Higa　　大阪工業大学 ロボティクス&デザイン工学部 空間デザイン学科 建築デザイン研究室

設計期間▷ 6カ月　　製作中の苦労や思い出▷ 実際に環状線を何周も歩いたり、観察に出向いたこと
お気に入りの本▷ 空間に恋して　　製作中に影響を受けた人物や思想▷ 批判的地域主義

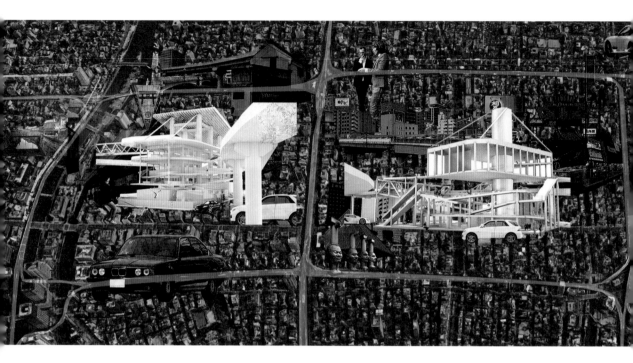

不易流行

いつまでも変わらない本質的なものを忘れない中にも、新しく変化を重ねているものをも取り入れていくこと。現在、都市は新しいモノと古いモノが混在することで発展し、歴史が形成されている。

手順

敷地選定：文化が失われた通過点の高速道路沿いを選択
敷地調査：その土地固有の文化を発見
機能選定：現在の名残を発見。適している車の動きを分析
動線計画：多様な道を交差
部分計画：高速道路の特徴を利用し敷地の特徴を設計

点在の意味：
敷地の間を動くことで都市に新しい人流ができる
・新たに高速の出入り口をつくることで渋滞を緩和する
・周辺土地への流入人口増加

個の役割：
活性化している周辺地域とつなぎ、文化が消えつつある敷地へ人を流す
・地域を活性化、土地の人々の暮らしが維持される

機能選定

部分計画

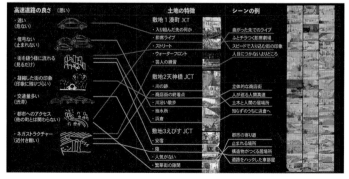

コロナ禍で人やモノの移動に関する概念が崩れつつある一方、空間として動く自動車の価値が見直された。しかし、都市における高速道路は、依然として高速移動の経路に過ぎず、都市との関わりを持てないままである。そこで、車が単なる移動手段から移動空間へと変化する今、まちと関わりを持つ高速道路の新しいかたちを提案する。阪神高速は、かつて人とモノを運んだ堀川の上に位置し、河岸のようにまちに寄り付く接点を「高速ナカ」として設える。減速車線から入場すると、まちナカのような体験を車上で受けることができる。多様な道の組み合わせと高速の良さを利用して、隣接するまちの特徴を引き込むことで、そこでしかできない体験を起こす。

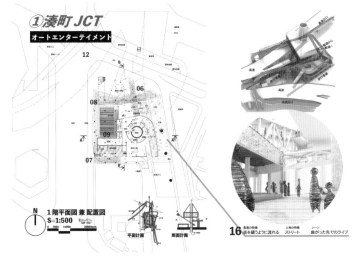

① 湊町 JCT
オートエンターテイメント

1階平面図 兼 配置図
S=1:500

16 高速の特徴：街を縫うように流れる　土地の特徴：ストリート　シーン：曲がった先でのライブ

01
高速の特徴
都市へのアクセス
土地の特徴
分岐点
シーン
進むほどに展開する景色

A-A' 断面図

17 高速の特徴：ネガストラクチャー　土地の特徴：芸人の練習　シーン：人目につかない眠り所

02
高速の特徴
都市へのアクセス
土地の特徴
即席ライブ
シーン
雑踏の中の小休憩

B-B' 断面図

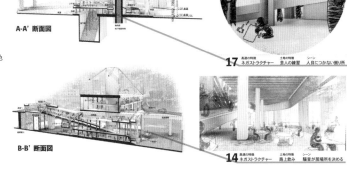

14 高速の特徴：ネガストラクチャー　土地の特徴：路上飲み　シーン：騒音が居場所を決める

03
高速の特徴
街を縫うように流れる
土地の特徴
ウォーターフロント
シーン
道頓堀に飛び込むような風景

04
高速の特徴
信号ない
土地の特徴
入り組んだ先の何か
シーン
減速カーブと既存店舗のドライブスルー

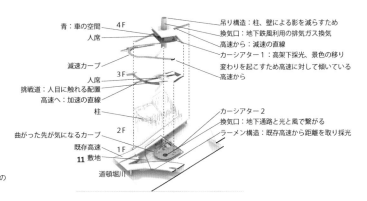

青：車の空間　4F
人席
減速カーブ
人席　3F
挑戦道：人目に触れる配置
高速へ：加速の直線
柱
曲がった先が気になるカーブ　2F
既存高速　1F
11 敷地
道頓堀川

吊り構造：柱、壁による影を減らすため
換気口：地下鉄風利用の排気ガス換気
高速から：減速の直線
カーシアター1：高架下採光、景色の移り変わりを起こすため高速に対して傾いている
高速から
カーシアター2
換気口：地下通路と光と風で繋がる
ラーメン構造：既存高速から距離を取り採光

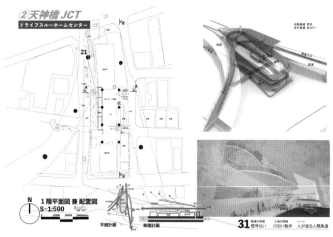

②天神橋JCT
ドライブスルーホームセンター

21

1階平面図 兼 配置図
S=1:500
N

平面計画　断面計画

31 高速の特徴 信号ない　土地の特徴 川沿い 散歩　シーン 人が巡る人間高速

自動車道：青色
歩行者道：各カラー

22
高速の特徴
信号ない

土地の特徴
分岐点

シーン
ニーズが変わる
お買い求め品

歩道：アルコール、飯
車道：カー用品、重い物

19
高速の特徴
都市へのアクセス

土地の特徴
商店街の終着点

シーン
止まるものと
通過していくもの

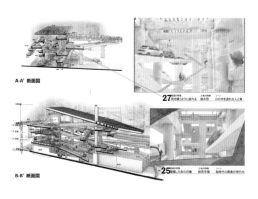

A-A' 断面図

27 再を軌にように流れる 抽水所　川の字を流れる人と車

B-B' 断面図

25 朦朧とした光の印象　卸売市場　船時代の風景が現代化

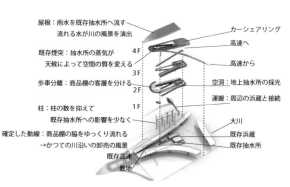

屋根：雨水を既存抽水所へ流す
　　　流れる水が川の風景を演出

既存煙突：抽水所の蒸気が
　　　天候によって空間の質を変える

歩車分離：商品棚の客層を分ける

柱：柱の数を抑えて
　　　既存抽水所への影響を少なく

確定した動線：商品棚の脇をゆっくり流れる
　　　→かつての川沿いの卸売の風景

カーシェアリング
4F　高速へ
　　　高速から
3F
空洞：地上抽水所の採光
2F
運搬：周辺の浜蔵と接続
1F
大川
既存浜蔵
既存抽水所
既存高速
敷地

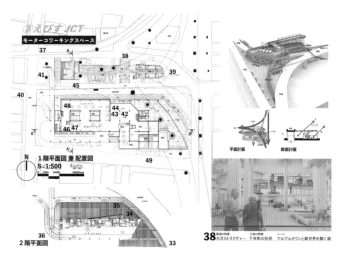

③えびすJCT
モーターコワーキングスペース

37
38
39
41
40
45
44
48　43 42
46 47
49

1階平面図 兼 配置図
S=1:500
N

35 34
36　2階平面図　33

平面計画　断面計画

38 高速の特徴 ネガストラクチャー　土地の特徴 下寺町の住民　シーン でんでんタウンと新世界を繋ぐ道

42
高速の特徴
都市へのアクセス

土地の特徴
高架下の駐車

シーン
シェアカーと
再出発の拠点

51
高速の特徴
速い

土地の特徴
繁華街の隙間

シーン
止まるものと
干渉し合わない路上

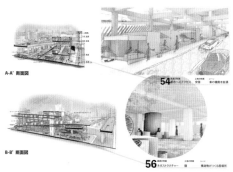

A-A' 断面図

54 都市へのアクセス　駐車　車の機能を拡張

B-B' 断面図

56 ネガストラクチャー　橋　構造物がつくる溜まり場

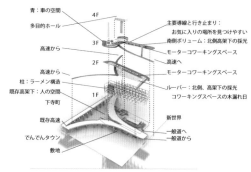

青：車の空間
多目的ホール
4F

主要導線と行き止まり：
お気に入りの場所を見つけやすい
南側ボリューム：北側高架下の採光
モーターコワーキングスペース
高速へ
モーターコワーキングスペース
ルーバー：北側、高架下の採光
コワーキングスペースの木漏れ日

高速から
3F
高速から
2F
柱：ラーメン構造
既存高架下：人の空間
下寺町
1F
既存高速
でんでんタウン
敷地

新世界
一般道へ
一般道から

Day3: 1位

ID059
不易流行JCT

比嘉 七海

大阪工業大学 ロボティクス&デザイン工学部 空間デザイン学科
建築デザイン研究室

生活スタイルの変化や自動車の概念が変化していく中で、自動車と人間はどのように関わっていくべきかをスタディで検討した。自動車と人、高速道路上と地上、高速道路と文化が失われつつあるまち、訪れる者と居る者、新しい物と古い物、それぞれの相容れないモノ同士が折り合いを付けながら関わるために、観察とスタディを重ねた。それぞれの立場からの視点、感じ方を分析した。立体的な交わりを模型で調整した。

8月
敷地をつなぐ阪神環状線の高架下を歩いて人の観察をするだけでなく、車移動、船移動、働く人、周辺施設を利用し、それぞれの特徴を分析した。

9月
全体的に地域から人が歩いてくる道、人の通り抜けの道、高速道路へ向かう道、高速道路から入る道、一般道へ抜ける道、一般道から入る道を確保するために、実際の高速道路と抽水所の図面を使用し、スタディを重ねた。

  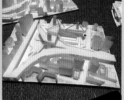

10月
高速道路と隣接土地が関わることは誰にどのような価値を与えるのかを考えた。開かれた高速が人を呼ぶことで土地に住む人々の文化の営みを維持するという考えに至った。高速の良さと文化を両立させる方法を模索した。

11月
それぞれの道の重なりの中で活動を起こすためにシーンを想定しながら模型を構成し直した。車と人の同じ時と場所を共有しながら感じ方が違う空間を試行錯誤した。

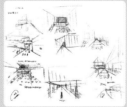  

12月
素材、細部について図面に落とし込みながら検討した。細部が与える人への影響、車を魅せるためのガラス、車からの活動を促す停車ゾーン、音の関係などを考慮しながら完成させた。

 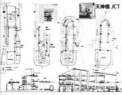 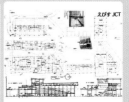

ID068

史を渡す

小瀧 玄太 ／Ganta Kotaki　大阪工業大学 ロボティクス&デザイン工学部 空間デザイン学科 居住空間デザイン研究室

設計期間 ▷ 5カ月　　製作中の苦労や思い出 ▷ 案を決めるのに苦労し、最後に詰める形になったこと
お気に入りの本 ▷ 小さな矢印の群れ　　製作中に影響を受けた人物や思想 ▷ 内藤廣、田根剛

対象敷地

現在、温泉街の面影は失われ、緑に覆われた橋の遺構が残るのみとなった。その兵庫県宝塚市湯本町から、対岸の宝塚歌劇場にかけて敷地として設定し、まちと文化を繋ぐ橋を架ける。

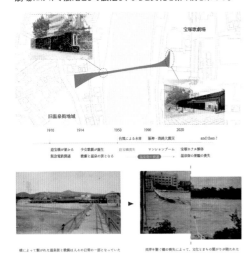

提案

まちの風景を上書き保存するような都市開発により、文化とまちが剥離してしまった宝塚市。そこで、かつてのまちの風景を再解釈し、文化と絡めて再編していくことで、現代における新たな文化施設を提案する。これによりまちは個の集合ではなくまちとして機能する。

設計手法

文化と共ににあったまちの風景を再解釈し、設計に応用することで過去と現在を繋ぐ。

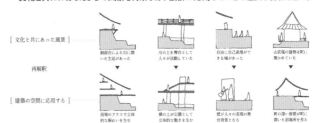

この先、このまちの文化はどのように受け継がれていくのか。

土地に根付く文化は、そのまちで暮らす人々の歴史である。

しかし、さまざまな原因で文化が廃れ、特徴のなくなったまちが増えている。宝塚歌劇団で有名な兵庫県宝塚市もまた、上書き保存するような都市開発を繰り返し、風景を短期間で一変させてきたため、文化という土地の記憶を失いつつある。そこで、今ある文化を保存、継承し、新しい文化を生む、人と文化の架け橋となる建築を考える。文化と人を繋ぐ橋は、まちを彩る舞台となる。

計画

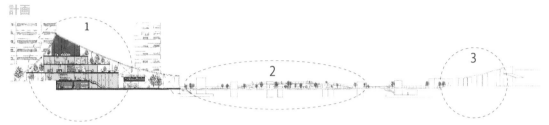

まちの文化を保存、継承するための施設として、宝塚市に今ある温泉、川に接する空間、歌劇という3つの文化を軸として計画する。

1. 土地の特色をまちに生かす

金泉と銀泉という温泉が湧く希少な土地でありながら、廃れつつある。気軽な銭湯、足湯として蘇らせる。

2. 川と共存する都市のあり方

歩行者スケールの橋を川に架けることで、日常の中にあった親水空間を取り戻すとともに、まちのパブリックスペースとなる。

3. 宝塚歌劇との関わり方

日常的に触れることは難しい歌劇を身近に感じさせる。また、歌劇の観光客にとって、宝塚市観光の入り口にもなる。

川に面した劇場空間。パフォーマンスによって日常的なにぎわいが生まれる

気軽に立ち寄れる足湯。かつての納涼床のように、まちを眺めながら物思いにふける

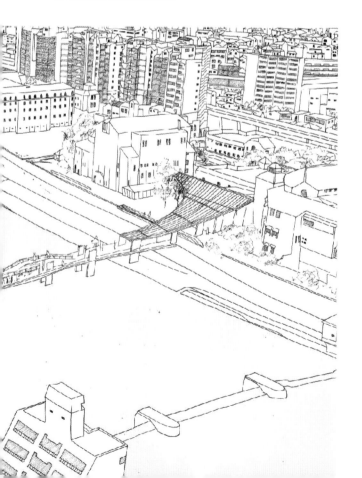

川の上で各々が居場所を見つけ、公園のようにくつろぐ。居場所と文化をつなぐことで歌劇を身近に感じる

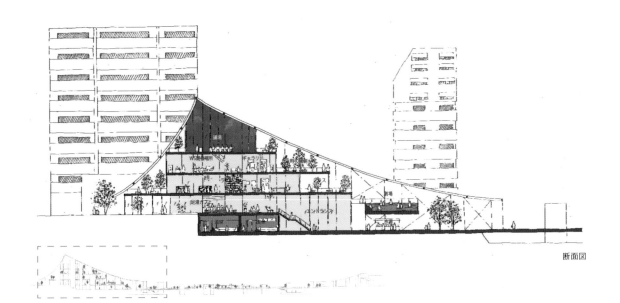

断面図

設計スキーム

文化とまちを隔てていた壁を、文化とまちを繋げる壁に変える。川に対して壁をつくるように高層マンションがたち並ぶ風景。その向きを変えることで、まちと剥離していた川と歌劇を日常に取り込む。

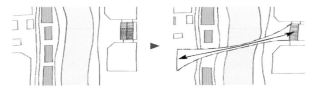

立面計画

周辺の建物と川にスケールを合わせる。建築において、日常の背景である壁を橋の上まで連続させ、橋の構造としつつ居場所をつくることで、橋が日常の舞台となる。

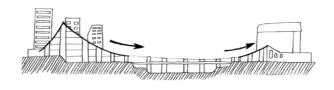

平面構成

土地に根付く文化に触れる場所／文化的資本を養う場所／まちについて考える場所。3つの機能が文化を守り、育てる。文化の見える化によって、人々に身近な存在として認識されていく。

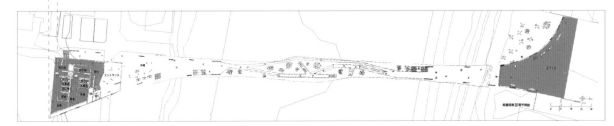

Day3: 2位

ID068
史を渡す

小瀧 玄太
大阪工業大学 ロボティクス&デザイン工学部 空間デザイン学科
居住空間デザイン研究室

敷地は地元の宝塚と決めていたので、夏ごろからリサーチを行なっていた。しかし、敷地に住む人とその歴史を大事にしすぎたため、新しい風景をつくらないといけないという気持ちと衝突し、なかなか進むことができず、とても苦しんだ。宝塚歌劇というシンボリックなものが既にある中、それを対岸の再開発によって住宅街になったまちと繋ぐには何を建てるべきか、悩んだ1年だった。

10
月

敷地が早い段階で決まっていたため、スケッチするとともに1／500の敷地模型でスタディを重ねた。平面的な橋を立体に起こし、対岸をつなぐ壁のような橋を構想していた。対岸に発散する形の橋を構想し多様な繋ぎ方を考えていた。

11
月

先月に続きどのようにして対岸を繋ぐのか悩んでいた。始まりと終わりを設計するため、橋を発散するような形にできず、スタディとやりたいことが食い違っているように感じはじめていた。

12
月

ある程度、壁の検討とそのプランを考えていたため、ここで案の大幅変更は厳しいと判断し、壁のスケールダウンと川の上の橋の検討を行う。しかし、橋の上の機能が橋の袂とつながらず、やりたいことは本当にこれなのかと焦りや不安を感じていた。

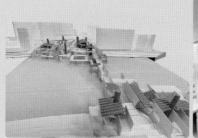

1
月

正月、学校に入れない時期に屋根の形を大幅変更。壁で繋ぐ案から、最初に出てきた案の1つである橋そのものを人の居場所にする設計を始める。学内提出間際の変更だったため、学内ではいい結果を得られなかったが、後にある卒制展のために諦めずブラッシュアップを続けた。

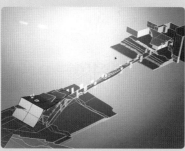

ID081

陽だまり―神だまり―人だまり
―立体参道がつなぐ商業神社―

岡﨑 輝一／Kiichi Okazaki　立命館大学 理工学部 建築都市デザイン学科 建築計画研究室

設計期間▷ 1カ月　　製作中の苦労や思い出▷ 設計よりも前の段階で、悩み続けた卒業設計でした。
お気に入りの本▷ 集落の教え100　　製作中に影響を受けた人物や思想▷ 清水寺における商業との向き合い方

経済に押し込まれた神社と現代に飲み込まれた百貨店

　本敷地は広島市の中心部に位置し、西に原爆ドーム、東に現在再開中の広島駅があり、敷地北側の市電が東西をつなぐ。敷地および敷地南側の『えびす通り』は、商業においても古くから広島のメインスリートとして栄えていた場所である。胡子神社は戦後の都市計画により本堂以外の要素が消し去られ、周りを百貨店が囲む現在の形になった。

広島と商業

　戦前の広島は、国内屈指の商工都市として栄えていた。原爆投下から76年、「物質的」豊かさの回復のために行われた都市計画・経済介入のおかげで、現在は地方中枢都市として中四国における経済ハブの役割を担うまでに回復した。しかし、「モノ消費」から「コト消費」へと移り変わる商業形態に対して、急ピッチで進められた経済復興はどこか無機質で「広島のまちらしさ」と呼べるものはなく、広島の商業は下火傾向になっていくと考える。

急ピッチで「物質的豊かさ」を取り戻す　　　　　　新たな広島像の獲得が必要になる。

神社の価値とは何か。私は俗から聖へのグラデーションを生み出している参道が、神社の価値を高めることにつながるのではないかと考える。一方で、都市部の神社は経済至上主義により奥へと押し込まれた。その前を通る人々は神社の存在に気付くもののわざわざお参りする人は少ない。原因は、俗空間と神聖な空間とのグラデーションがなく断絶されているところにあると考えたが、経済的な理由や都市計画上の理由から現代の都市において昔のような参道を平面状に再現することは困難である。よって、本提案では参道を立体化させ、百貨店のボリュームを貫くように参道が各店舗、各施設をつなぐことで、本殿へのグラデーションとさまざまなシークエンスを獲得する。

胡子神社

胡子神社は恵比寿様を祀っており、毎年11月に広島三大祭りの1つである「えべっさん」が400年以上欠かすことなく行われている。県民に愛され続けている神社だが、かたちとしては商業ビルに押し込まれている。

コンセプト　百貨店と商業神社をつなぐ参道

参道を立体化させ、百貨店のボリュームを貫くように参道が各店舗、各施設をつなぐことで、本殿へのグラデーションとさまざまなシークエンスを獲得する。

商業と神社を感じる空間体験　「行きと帰りで空間の室が変化する参道」

日本を代表する寺社仏閣である清水寺は、参道脇に数多くの商店がたち並ぶ。一見すると参拝への感情を阻害しているようにも見える商店だが、進む方向から参拝客と参拝を終えた客の判別をして、参拝の邪魔になる声掛けを行わないことで、商店と神社の共存を可能にしている。清水寺のルール・神社の参道が元来持ち合わせるルールを空間化することにより、商業と神社の共存を目指した。

空間化のルール
① 本殿がある向きにはアイストップに神社があり続ける。
② 本殿を向いているとき、側面に存在する商業は存在を隠す。
③ 本殿がない向きにはアイストップに商業があり続ける。
④ 商業は裏参道（商業のみ）でつながっている。
⑤ アイストップや階層の変化を『分節点』としてとらえる。また、スロープの傾斜や分節間の長さは、本来の神社の参道をパターン化・分類した著書「空間の文法」を参考とする。

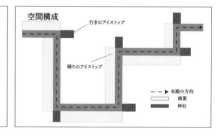

滞留と空間体験が生む「人だまり」

商業空間の床は既存のフレームに従っているが、店舗の屋根は参道と同じ勾配になるように計画する。これによって、参拝時の店舗の可視領域は小さく、帰路での可視領域は大きくなる。

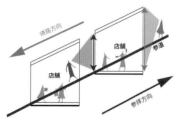

商業を鎮守する「陽だまり」

上層部は神社としての要素を全面に押し出し、鎮守の杜化する。本殿が下層部から切り離され、元来の「屋上神社」化しないよう、メインエントランスからの見え（メインパース）や、参道の構成により緩やかに下層部と上層部がつながっているように見える設計を目指した。

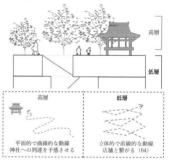

敷地と歴史を称える「神だまり」

明治神宮をはじめとした日本を代表する神社の中には、複数の参道が異なる雰囲気で存在するものも少なくない。前述した立地条件が生み出す静けさと神社が持っていた神聖さを生かし、敷地南東部に「神だまり」を設定する。「神だまり」は4つの商業との接続口をもち、商業空間におけるコアのような役割を果たす。

  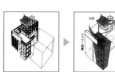

もともとの百貨店と神社 ▶ 神社が百貨店に侵食 ▶ 神社と百貨店が一体化 ▶ 商業と神だまりのつながり

上層部は都市から一線を画した神聖な「陽だまり」が広がる

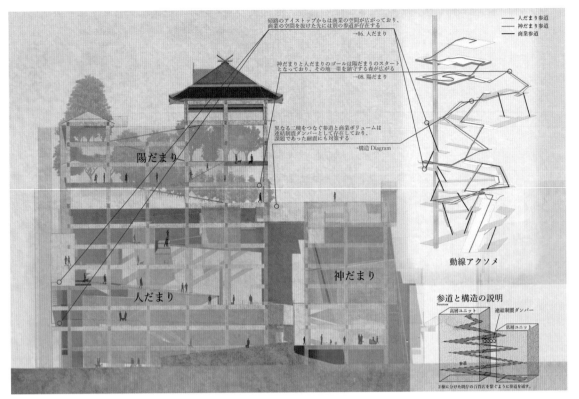

帰路のアイストップからは商業の空間が広がっており、
商業の空間を抜けた先には別の参道が存在する
→06. 人だまり

神だまりと人だまりのゴールは陽だまりのスタート
となっており、その地一帯を統守する森が広がる
→08. 陽だまり

異なる二棟をつなぐ参道と商業ボリュームは
連結制震ダンパーとして存在しており、
課題であった耐震にも対策する
→構造 Diagram

── 人だまり参道
── 神だまり参道
── 商業参道

陽だまり

神だまり

人だまり

動線アクソメ

参道と構造の説明
Structure

高層ユニット　　連結制震ダンパー

低層ユニット

参道

2棟に分けた既存の百貨店を繋ぐように参道を通す。

南北断面図

これからの時代における商業プログラム

「うらぶくろ商店街」から考える可能性と課題

　うらぶくろ商店街は中四国最大の商店街「本通」の南に並行する2本の裏通りである。組合が情報発信を兼ねた蚤の市を開催し、このマーケットにしかない価値を創出することを意識し、日常にはない特別感を出すために工夫を凝らしている。蚤の市が、商店街への新規出店につながっている。

「たまり」を生み出す場としての神社

　この建築は、商業というよりも商売を実現する建築である。商業はAmazonなどに取り替わっていく中で、店舗が持つ最大の魅力は「滞留」と「接触」である。2つの要素は神社が元来から持ち合わせる力と通ずるものがあり、屋上に目的を置くシャワー効果と組み合わせて、今までにない商業空間を実現できると考える。

広島の新たな商業像の獲得

　戦後、急速に都市復興した広島にとって物質的豊かさは長く大切にされてきたものである。その価値が揺らぎ始めている現代だからこそ、精神的豊かさが満たされる商業空間を広島に建てる。商業に押し込められた胡子神社が生まれ変わり、本当の意味での商業を祀る神社になることは、広島にとっても新たな商業像の獲得につながると考える。

往路では壁に隠れる商業空間も、帰路では前面に開かれる

「人だまり」とは別の参道とも言える商業コアは、神聖な光が降り注ぎ、本殿への機運を高める

Day3: 3位

ID081
陽だまり―神だまり―人だまり

岡﨑輝一
立命館大学 理工学部 建築都市デザイン学科 建築計画研究室

都市部の神社は経済至上主義により奥へと押し込まれた。その前を通る人々は神社の存在に気づくもののお参りをする人は少ない。原因は、俗空間と神聖な空間とのグラデーションがなく断絶されているところにあると考えたが、経済的な理由から都市に平面的な参道を再現することは困難である。
よって、本提案では参道を立体化させ、各店舗、各施設をつなぐことで、本殿へのグラデーションと様々なシークエンスを獲得する。

11
月

テーマ設定にものすごく悩んだ記憶がある。
コロナ禍による「祭り」をはじめとした伝統文化の喪失を建築で解決したいと考えており、「祭り」と組み合わせて提案になる事象を探していた。
「美術」であったり、「商業」であったり、複数の祭りの複合であったり、決定機が見つからなかった。
「祭り」と「??」が形の決め手にはならないからだと、あとから気づいた。

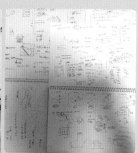

12
月

「祭り」を『神社』と読み替えた瞬間に進む兆しが見えてきた。
自分が祭りに惹かれていた理由、それは神社が本来持つ暖かみとそこで会話を楽しむ人々の姿があるからだった。
それらを現在の広島に照らし合わせたとき、変わらなければならない支店経済と『胡子神社』がキーワードとして浮かんできた。
それから、廃れゆく百貨店に立体参道を通すのに時間はかからなかった。

平面スタディ（それぞれの工程での最適空間を考える）→ユニット内の出入口（子ども）　参道の動線（大人）

一人で考える空間　学生二人で議論する空間　大人と二人で議論する空間　大人と二人で商談する空間　店舗空間

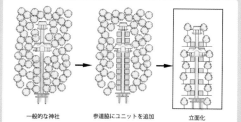

一般的な神社　　参道脇にユニットを追加　　立面化

1
月

そこからは形のスタディ。私自身考えを形にすることが苦手だったため、とても苦戦した。
ボリュームスタディで外形を決めにいったり、立体参道の周りにある場づくりをしようとした。しかし、どうしても決め方が恣意的になってしまう。
最終的にはリノベーションとして元の外形を残したが、粘ればもっと違う解法とかたちがあったのではないかと思っている。

土を練り 火を焚く

亀山 拓海 ／Takumi Kameyama　　大阪工業大学 工学部 建築学科 本田研究室

設計期間 ▷ 3カ月　　製作中の苦労や思い出 ▷ 提案がなかなか決まらないストレスで白髪がいっぱい増えました。
お気に入りの本 ▷ 大地の建築（アンサンブル・スタジオ作品集）　　製作中に影響を受けた人物や思想 ▷ 鷲田清一

敷地 歴史の堆積する地・大阪「空堀」

大阪市中央区に位置する空堀地区。周辺には昭和レトロなまち並みや空襲を逃れた古い長屋が今なお残っている。

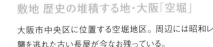

計画地付近

問題提起 プリミティブさを内包する都市更新のあり方

使われない駐車場や空き地なども増えてくる都市の「スポンジ化」が予想されるこれからの時代において、需要に対する「空き」を新たな消費で埋めていくことには限界が来ているのではないだろうか。現に空堀商店街付近では使われない駐車場や商店街の空き店舗が多く見られ、誰にも管理されない「空白」が増え始めている。地域に残るコミュニティを生かし、地域住民によって育まれていくプリミティブさを内包した暮らしの更新が、本来の都市のあり方ではないだろうか。

「掘る」　「耕す」　　「焚く」　「焼く」

「練る」「形作る」「塗り固める」　　「沸かす」「焼き固める」

土に内包されるプリミティブな行為　　火に内包されるプリミティブな行為

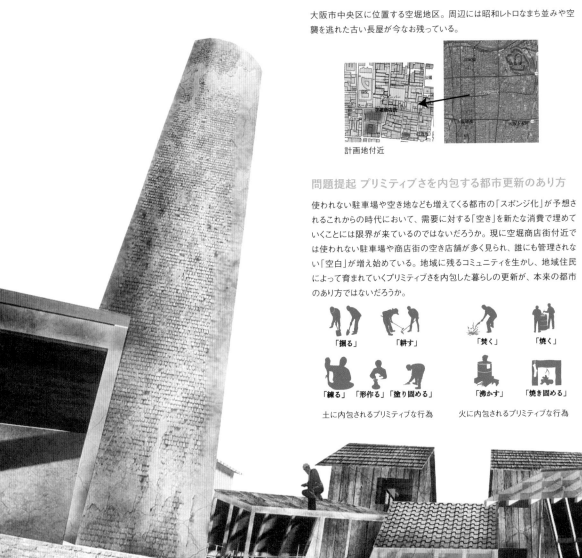

かつて「土」と「火」を使いながら暮らしやまちを育んできた大阪「空堀」。しかし、近年のマンション開発によって地域間の繋がりは分断されつつある。

本提案は、そんな空堀に今もお暮らす人々の生活に再び「土」と「火」の存在を介入させ、地域の「工房」としていくことで、建物の修繕やモノの流通などを通じて暮らしやまちを育んでいくプリミティブな都市更新である。土と火はどこにでも存在し、誰しもが触れることができるが管理を必要とする。そういった暮らしの中で、単につくって壊すだけではないまち本来のあり方を提案する。

空堀における「土」と「火」

空堀地区は起伏が激しく、まちのいたるところに坂道や段差が見られる。この地が、かつて大阪城建設のための瓦の土取場として宅地開発され、瓦の製造のために地形を掘り起こしてできたためである。あちこちに「達磨窯」がつくられ、窯の共同管理の地域コミュニティが存在した。

空堀商店街の起伏　　　　　窯の共同管理

薄れゆく共同管理コミュニティ

近年の中央区は常住人口が増え続け、マンション建設も急増している。古くから空堀に住む住民による共同管理のコミュニティはわずかに残っているものの、新規住民の参入や古くから住む住民の高齢化により、そのコミュニティは失われつつある。同時に、長屋全体の老朽化に伴う空き家や空き地などの物理的な「空白」もでき始めている。

祠の共同清掃　　　井戸端会議　　　お稲荷さんの祭り

わずかに残る地域コミュニティ

コンセプト「土」と「火」を核とした地域の「工房」

本提案は、今なお空堀に暮らす人々の生活に再び土と火を介入させながら地域の「工房」としていくことで建物の修繕やモノの流通などを通して、共同管理コミュニティを再構築し、都市の空白に対応させていくプリミティブな都市更新である。土と火はどこにでも存在し、誰しもが触れることができるものの、管理を必要とする。また、プリミティブな素材と技術による完成品はもろく、修繕を必要とする。そういった暮らしの中で、単につくって壊すだけではない、まち本来のあり方を提案する。

プログラム 段階的に育まれていく暮らし

空堀に住む人々の生活に土と火を介入させるため、日常に根付きやすい小さな火と少ない土から、瓦やレンガを生産するような大きな火と、掘り起こした土を使う生活まで、3段階に分けて空堀の日常を再構築し、プリミティブな地域の工房を拠点とした地域間のつながりとまち並みを育む。

phase1
火 × 土 × 再構築

キー・プレイヤー

商店街の人　小中学生

高齢者　子育て夫婦

空堀の日常に火と土の存在が介入しだす
料理や趣味レベルでの小さな窯の貸し借りが行われ始め、既存の共同管理コミュニティは維持されていくと同時に商店街の延長として商店沿いにポップアップなどの小さな商いが始まっていく。

→ 小さな火と少ない土
　触れ合うきっかけをつくる

phase2
火 × 土 × 生産

キー・プレイヤー

製造業者　高齢者　小中学生

Phase 1 の裏にある空き家が徐々に解体され始め本格的に土が生活に浸透していく。
大きな窯が出来上がると瓦や煉瓦などの建築材料がつくられ始め空堀工房の拠点として機能し始める

→ 大きな火と掘り起こされる土
　生産行為を通じた地域のつながりを形成

phase3
火 × 土 × 流通

キー・プレイヤー

アーティスト　観光客

子育て夫婦　高齢者　小中学生

空堀に点々と存在する「空白」が補修、活用され始め小さな工房が広がっていく。
空白をビルや駐車場といった消費で埋めるのではなく管理の必要な土や火を使う工房という形で埋めていくことで空堀の街並みは育っていく

→ 様々な土と火
　瓦・煉瓦・土などの流通を通じ街と暮らしの更新が行われる

Phase1　火×土×再構築 日常に介入し出す土と火

配置図兼平面図

空間構成ダイアグラム

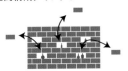

寒いときは塞ぎ暑いときは抜くレンガの壁

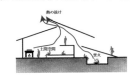

長屋特有の土間空間と竈や焚火空間から出る熱を出す段差と屋根

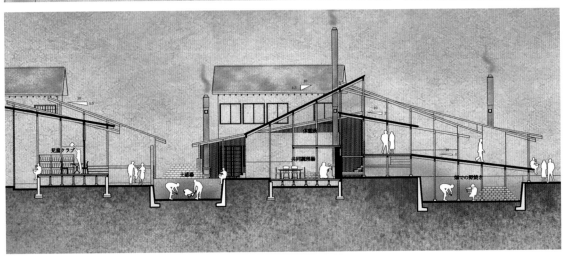

Phase2　火×土×生産　浸透し始める土と火

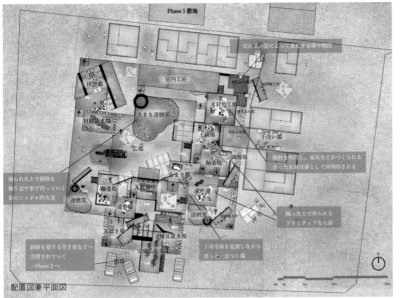

配置図兼平面図

空間構成ダイアグラム

土を掘りながら窯をつくる

さらに掘ることで段差を生かす空間ができる

空間とともに窯も育っていく

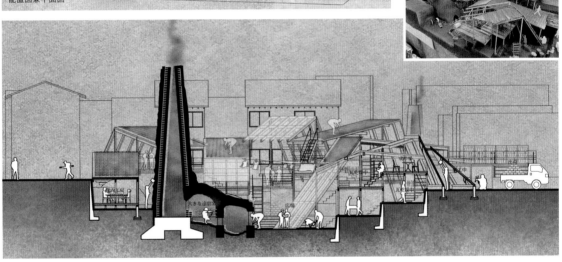

Phase3　さまざまな土×火　育まれる空堀へ

かつては「土」と「火」によって育まれた空堀。失われたプリミティブな暮らしは、長い年月をかけて再び浸透していく。再び生まれる空堀のまち並みと暮らし方が、土地の記憶となり多くの人々に受け継がれますように。

左下）窯が置かれたまちの休憩所
窯が空堀のまちにつくられることで、火を囲みながら一息つく場が生まれる

右上）小さな作業場
個人用の家具やPhase1でポップアップを開くための制作物などがつくられる

右下）土が盛られた子どもたちの公園
土の流通が始まり、空堀内に土が溜まっていくと同時に、子どもたちの小さなたまり場ができ始める

ID003

今日はもうすぐ雨が降るらしい

岩橋 美結 ／Miyuu Iwahashi　　神戸大学 工学部 建築学科 栗山研究室

設計期間▷ 5カ月　　製作中の苦労や思い出▷ おうちで寝られない
お気に入りの本▷ 三分一博志さんの本　　製作中に影響を受けた人物や思想▷ 三分一博志さん

雨の要素を分析する

雨と○○の関係性

02 雨と○○の関係性

都市と雨

現在の都市空間は雨と非親交的である。利便性の高い都市部では水の循環は失われてしまっている。

雨を受け入れられない地面

地下帝国

人間と雨

昔は雨に情緒を重ねてきたが、現代人にとって日々の生活に変化を起こす雨が疎ましい存在になっている。

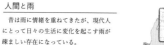

天気に関する敏感性の希薄化　　雨が嫌いな現代人

建築と雨

日本は昔から雨が多く、軒下を長く伸ばしたり、茅葺き屋根等、知恵を使って雨と共生してきた。しかし、特に都市ではその知恵の活用は見られない。

箱としての建築のあり方はとても効率的である。しかし私たちは、その内部をどう良くするかばかりを考えたせいで建築は外部とのつながりをとても小さなものにしてしまった。

雨を排除する形

現代と未来を考える

人間

さまざまな事象がデジタルで行うことができ、人間は機会がないと生きられない、人間らしさが欠如した半機械になってしまっている。また、どこでも繋がれるおかげで、どこにいても画面を見続けていて、周りの環境のことは気にしない。世界が画面の中にある。画面に吸い込まれて地面から浮いている感覚。

地球

地球全体で近年特に速いスピードで気温が上がり続けており、今後さまざまな気候や現象が増えてくることが予想される。日本も冷帯・温帯気候から熱帯・亜熱帯気候に今後変化していくと予想され、四季がなくなる、極端な豪雨が増加する、農作物が漁業が今まで通りにいかなくなる。

建築

時代を追うごとに上へ上へと高層化を続けている。地面からの距離感がどんどん広がっていく。また現代では鉄筋コンクリートのベタ基礎や布基礎といったような一旦地面に蓋をしてから上に建築をつくっていくのが主な建設方法である。

どの時代においても、雨は私たちの生活と切り離せない関係にある。私たちの生活が便利になってきた一方で、雨だけはいまだにコントロールできないものであり、現代人の生活に"変化"を与えるものである。時々刻々と社会や地球環境が変化する今、そしてこれから先、私たちはどう雨と関わっていくべきなのだろうか。雨という天気は空から水が降ってくるという私たちの1番身近な異常であると考える。建築を通して雨の存在をもっと感じて地球に耳を傾けてほしい。

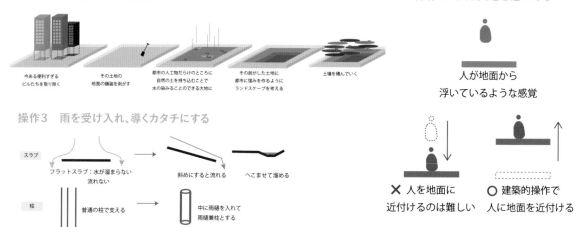

操作3　雨を受け入れ、導くカタチにする

平面図

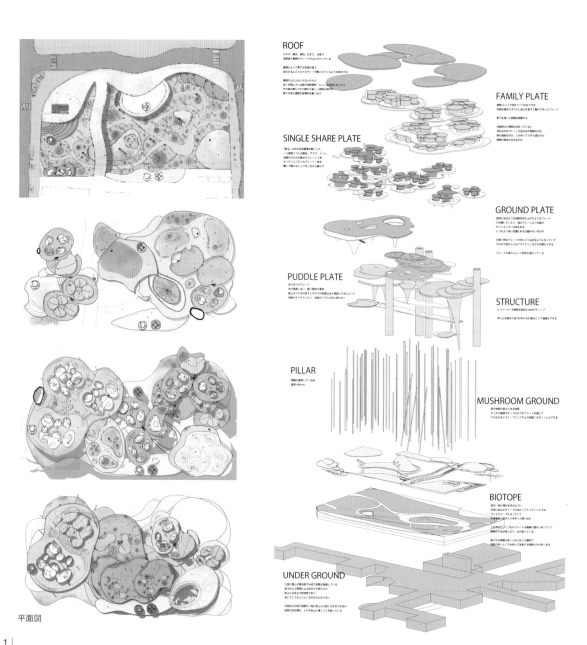

長手断面図

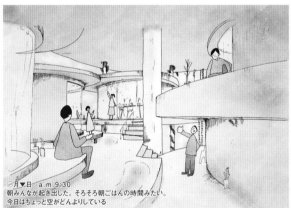

◯月▼日　a.m.9:30
朝みんなが起き出した。そろそろ朝ごはんの時間みたい。
今日はちょっと空がどんよりしている

◯月▼日　p.m.13:23
上の方に行くと、僕と同じように雨の奏でる音楽を聴きに来ている人がいた。
晴れた日もお日様がさんさんと射して気持ちがいいけれど、雨の日も特別な感じがする

◯月▼日　p.m.15:58
おやつを食べて眠たくなってきたからちょっと休憩。
最近苔を眺めるのにはまっているんだ

◯月▼日　p.m.12:00
やっぱり今日は雨の日だった。
いつもよりもじめじめしているけど、それはそれで楽しい。
見上げると空はちょっと暗い。いつまで降るのかな

◯月▼日　p.m.16:18
外に出ると気付いたら雨はやんでいた。
でも下の方のビオトープにはまだ雨が降ってくる
きっとこの先数時間はちょっとずつ降ってきそう

ID063

見えない空間

半澤 諒 ／Ryo Hanzawa　　　大阪工業大学 ロボティクス&デザイン工学部 空間デザイン学科 建築計画研究室

設計期間▷ 5カ月　　製作中の苦労や思い出▷ 空間が見えてこなかった
お気に入りの本▷ 建築の新しい大きさ　　製作中に影響を受けた人物や思想▷ 石上純也

みなさんは空間を見たことがありますか？僕はありません。

空間はあるのでしょうか？ 何を以って空間と捉えているのでしょうか？ 空間を扱うときに操作するのは、その空間を取り囲む外殻の建築である。見ているものは、扱っているものは、テクスチャや形態という物質の側面で、原理的には空間を直接扱うことができていないのではないか。空間が何から生まれるのかを知らない限り、空間を扱えないのではないか。様々なもので溢れ、混ざり合った結果できた空間、ここから様々なものを取り除いて残った結果の空間。空間を成立させているぎりぎり最小限の要素を追求した。

何を以て建築か？

敷地や機能・用途が建築を建築たらしめるのか？ 床・壁・天井で構成されると建築となるのか？ 敷地や機能がなくなった建築は、建築ではなくなるのか？ 場所に縛られることなくなんでもできる現代、有名な建築、著名な建築家の建築であっても取り換えられてしまう。そこに建つイエは、そこに建つビルは、そこに住むためだから、そこで働くためだから建築となるのか？ 敷地や機能が存在理由であるなら、それらとの関係が失われた途端に壊され、取り換えられてしまうのではないか？ だとすると、歴史的建造物や廃墟は建築ではないのか？

建築は空間をつくる？

建築が空間をつくるのか、空間が建築をつくるのか？建築によって内と外の関係が生じ、囲われたところが空間として語られる。さも空間は存在すると言うように。一方で、建築の外部にも空間はある。それは建築以前の存在なのか？それならば、空間がなければ建築はあり得ないということになる。空間とは一体何なのか？そもそも空間は「ある」のか？空間というものが何かも分からないのに、前提として良いのか？見ているものは、扱っているものは、今ここに確かに「ある」と言える建築のテクスチャや形態という物質の側面ではないのか？

空間とは何か？

建築にとって空間は欠くことことができない前提であるが、我々がその空間を認知することができるのは建築が実現した後でしかない。つまり我々の認識、特に視覚においては、空間は副次的な存在ということになる。建築をテクスチャや形態的な側面から見て物質的に捉えるならば、空間は物質がまとうものによって副次的に生み出される非物質的存在ということになる。非物質的な空間にとっては、物質的なものがノイズとなることもあるだろう。物質を排除したときに残る非物質が純粋な空間を表すのではないか？

空間とは光の形

視覚的な空間の認識を考えるとき、光はまさに空間の性質を決定づけているだろう。つまり光は実態として捉えられない。光そのものは実体のない非物質だからである。光もまた、建築における空間と同じように、形の決まりきった外殻、つまり光の粒子がぶつかる物質面がないと認識できないという矛盾が生じている。だとすると、光の粒子がぶつかる物質面を空間として捉えているのではないか。明るさと暗さの境界が、非物質的な空間の境界として認識されているのではないか？

差し込む光のパターンの検討

開口から差し込む光の軌跡を1つずつ計画する。差し込む光のパターンを49検討した。反射光が存在しない広がりの中で、人は直達光のみを頼りに、空間をイメージすることができるのだろうか？

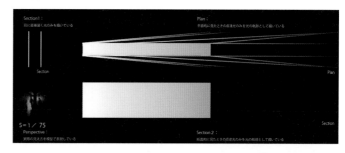

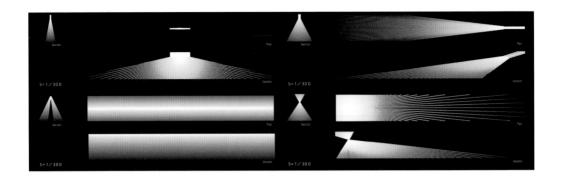

49の光の関係性

検討で示した光のパターンをそれぞれ掛け合わせる。掛け合わせた中に空間を見出せるのか?

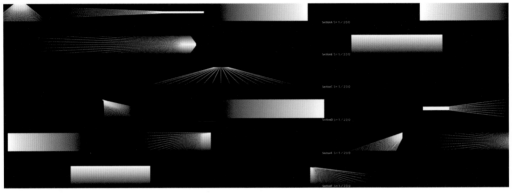

空間体験のシーン割り

掛け合わされた光による空間をシーンごとに切り取る。シーンの連続に空間を見出すことができるのだろうか?

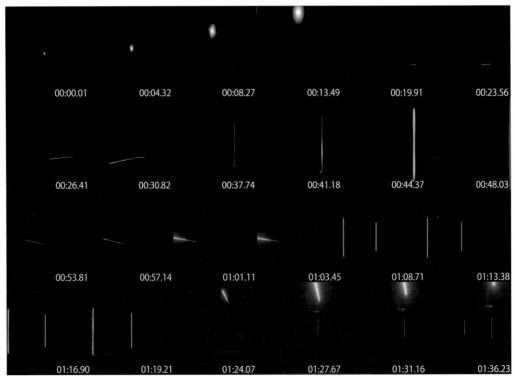

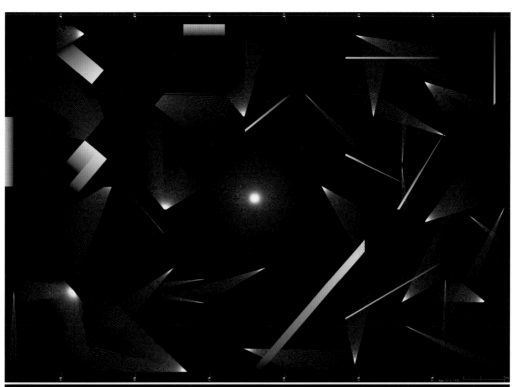

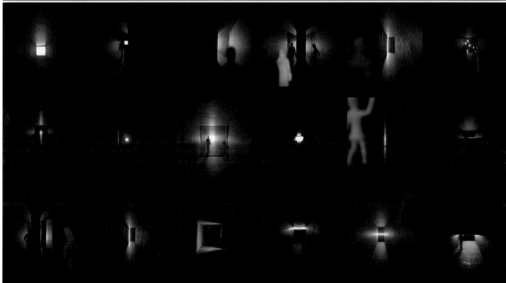

光により浮かび上がる空間をいかに純粋に表現できるか?

それが表現できた時、純空間が捉えられるのでは?
開口から差し込む光の軌跡を一つずつ計画する。
反射光が存在しない広がりの中で、人は直達光のみを頼りに、空間をイメージする。
その人が動く範囲がその人にとっての空間かつ光による純空間となる。
外殻を固定するのではなく、空間内の人が思う外殻を纏う空間、
光を制御することで、境界が変わり、空間が変化していく

コレが僕の空間です。

建築にとっての光は用途（空間）に合わせて決まるのだろうか?
反対に光によって、用途（空間）が決まる建築となれば、
その空間内にいる人が思う、空間が形作られるのでは。
光の落ち具合によって用途が変わりうる
その空間ごとの使われ方を開口一つで決定できるのではないか?

みなさんの空間はどうですか?

ID120

深層都市
リニアを契機とする地下開発の可能性

加賀 大智 ／Taichi Kaga　京都大学 工学部 建築学科 Daniell研究室

設計期間 ▷ 4カ月　　製作中の苦労や思い出 ▷ 初夢は提出期限日に寝坊して詰んだシーン
お気に入りの本 ▷ ニューフロンティア地下空間　　製作中に影響を受けた人物や思想 ▷ 平井堯

Background

2027年、中央リニア新幹線が開通し東京品川ー愛知名古屋間を約40分で結ぶ。2037年には新大阪まで延伸し、東京、名古屋、大阪を一つの大都市圏にしてしまう。この超高速列車は効率のため日本列島の山間部を貫通し、多くの経路はトンネルか地下を通る。ターミナル駅は大深度地下利用法（大深度法）を適用し既存のJR駅構造体直下にリニア専用地下駅を作る計画である。一方の中間駅4箇所はいずれも都市部を避けており、山中から駆け上がってきたリニアは山間部や郊外の広大な土地に高架を伴って現れ、また地下へと潜っていく。こうしてできる巨大な壁は周りに大きな建物がない郊外の景観を損なうだけでなく、ヒューマンスケールのコミュニティを分断し、近隣住民から身近にあった居場所を取り上げてしまう。これからの開発がこれでいいのだろうか、と違和感を覚えた。そこで、現在未公表の名古屋以西の経路における、リニア新幹線の新駅を計画しこれからの開発、都市インフラ施設の在り方について検討を与える。

Vertical Zoning

地下には地上の景観保護や恒常的な環境という利点がある一方、光の少なさや密閉感、閉塞感、高湿度など居住環境としては難点が多い。そこで地上の空気や光に常に触れられる浅部から、大都市同士を行き来する高速列車などの利用に適した深部、都市を支えるインフラ機能などについて一般的に以下のようなゾーニングが考えられる。

ゾーン1	地表付近 GL0m〜-10m程度	恒常的に人が行き来する空間。地上とほぼ変わらない
ゾーン2	浅深度地下 GL-10〜-20m程度	人々が一定時間滞在する空間や、地下道路や共同溝の配管など
ゾーン3	中深度地下 GL-20〜-40m程度	地下鉄などの公共交通機関やその周辺施設、貯蔵庫など
ゾーン4	大深度地下 GL-40m〜	都市横断鉄道やその周辺施設、焼却場、発電所など
ゾーン5	超大深度	都市を支える大規模施設や研究機関

人類の地下利用の第一歩は、自然の洞窟であった。それから人類は様々な工夫を凝らして地下を制御し、活用してきた。21世紀の今日、リニア新幹線開通に伴い、地下の探求がアツい。技術の蓄積、法の整備、社会的需要の3点が相まって、地下利用の新たなフェーズに入っている。しかし地下を利用する駅の構造はどれも一辺倒で無機質であり、さらには大深度法を利用した公共施設は未だ例が少ない。そこでこれからの社会を支える地下空間をいかに構成していくか、地下に特有の構造的解決策を示しつつ、地下こそ実現できる空間とシーンから都市インフラと地下の可能性を再考する。

Site

名古屋―新大阪間の開通は2037年と発表されているが、その計画は定まっていない。そこでリニアの駅を京都府へ引き込む設定とし、中間駅の対象地として京都市伏見区の都市公園である西浦南公園とする。
現在の公園には名神高速道路の高架がかかっており、公園の中央には高速バスの停留所がある。高速の高架が周辺市街地の見晴らしを妨害している。周辺は中低層の住宅やビルが並び、小中学校や高校、大学が集まる比較的閑静な地域である。休日になると子供から大人まで幅広い層がこの公園を利用しており、地域住民のたまり場になっているようである。

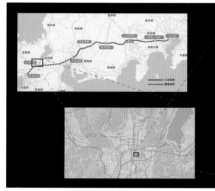

地下空間を構成する構造

地下を相手にする際、建築というより土木的なスケール・発想の構造が必要になる。そこで土木構造物の手法を効果的に引用し、建築空間を構成する言語として利用することで、地下に実現できる空間の可能性を検討する。用いた土木構造物の型は大きく分けて次の4つである。

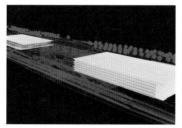

開削工法
最初に土圧を支える土留め壁を構築し、掘削部分を露出させて下方へ掘り下げる。掘削底面に基礎構造を構築し、地下に建築構造をつくる。一部を埋め戻し、埋没構造物とする例も多い

アーチ式ダム
平面は円弧を描いており、両脇には横向きの力を強固な地盤が必要になる。球体の一部を切り出した形をアーチダムの耐圧壁部分として用い、向かい合わせることで大きな空間をつくり出す

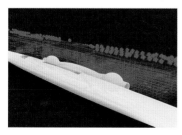

シールド
（トンネル構造）
円形断面はもっとも安定した形状である。連続的に大きさが変わる円を繋ぐと楕円球になる。これを連結し一体的な空間にし、トンネル内外を繋ぐ開口を設ける

ジオドーム
本体ドーム掘削前にスパイラルトンネルを遠隔操作で無人掘削機を用いて構築する。FRPロックボルトで地盤強化することで、泥水質や軟弱地盤も強化しドーム構造をつくれる

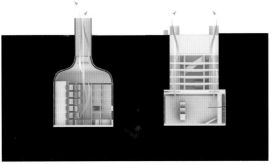
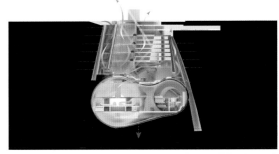

光ダクトを通過した光は地下の空間を照らし、同時に空気の循環を促す。地下の閉塞感を緩和する効果が期待できる

アーチ壁は地下水圧を支えて中央の大きな空間を形作ることを可能にすると同時に、浸透水を集めて地下構造全体で水と空気の循環を行う。ホテル前面は年中の陽光を効率よく取り入れる傾斜があり駅全体は心地良い反射光で包まれる

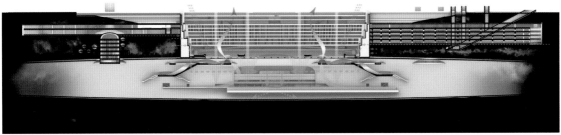

各地下構造に浸み込む水は中央の空間に集められ、人工滝として空間を演出する。水流の音は地下空間の圧迫感と密閉間をやわらげる。大きく開いた空間で自然換気が促され、地下の湿度をコントロールする

Exploded Isometric

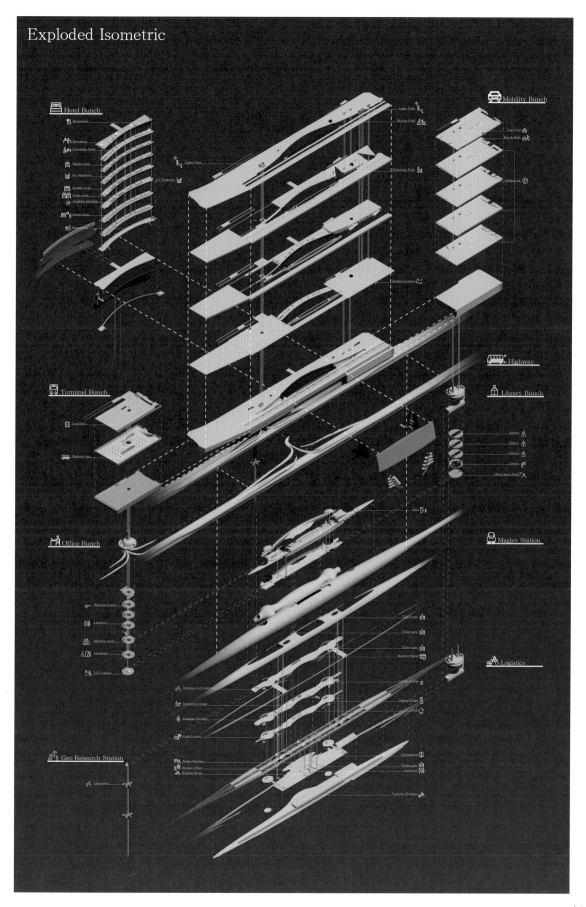

Hotel Bunch
- Restaurant
- Reception
- Concierge Desk
- Single room
- Ice Dispenser
- Double room
- Twin room
- Vending Machine
- Sauna room
- Recreation

Terminal Bunch
- Local bus
- Highway bus

Office Bunch
- Kitchen Corner
- Lavatory
- Meeting room
- Entrance
- VIP Lounge

Geo Research Station
- Laboratory

Mobility Bunch
- Taxi Pool
- Kiss & Ride
- Parking lot

Highway

Library Bunch
- Library
- Library
- Library
- Gallery
- Observation Deck

Maglev Station
- Ticket area
- Ticket area
- Ticket area
- Matches Street
- Lock & Board
- Station Police
- Cafe

Logistics
- Information
- Ticket area
- Lavatory
- Logistics Shotgun

Light Tube
Bicycle Path
Pedestrian Path
Sunken Garden
Light Tube
Ice Dispenser
Exit

Ticket Machine
Station Office
Resting Room

Entrance for Laboratory
Business Lounge
Baggage Service
Cash Corner

ID059　比嘉七海　大阪工業大学

不易流行 JCT 高速道路と街の新しい関係を生む「高速ナカ」

藤野：比嘉さんの提案は私が推しているのですが、面白いところは、接点がない世界を結んでいるところだと思っています。高速道路とその下のまちは、同じ時空間を共有しているはずなのに、全く接点がない。比嘉さんは、上と下の世界の接点をどうやってつくろうかと考えたんですね。しかも、自動車をモビリティとしてだけではなく不動産に対する可動産のようなものとして、空間も移動できる姿を見せようとしていると捉え、意義深い提案だと思いました。

　自動車の空間が人の居場所になるということでしたが、例えば駐車場に停まったときに、普通に車の中にいるのでは得られないアクティビティが生み出されるのかなと思ったのですが、具体的なイメージやストーリーはありますか？

比嘉：なんばであれば、わざと回る部分を多くして、曲がった先で芸人が練習をしているなど、走っていった先で何か起きているということが繰り返し起き、車を停めたいと思ったら、その脇で停められるように設計しています。

藤野：そのとき車は観客席として機能するということですか？

比嘉：はい。このほか、天神橋はもともと川があったので、車が船のように緩やかに流れていくような設定にしています。えびすには滞留するというコンテクストがあるため、行き止まりをあえてあちこちに設けています。

榮家：自動運転が一般的になってくると、車は危ないものではなく、人間の肌に近いような存在となれるのではないかと思えました。歩車分離の考えが前提ではなくなったときに、この提案がとても現実的に見えてくるのではないかと思います。実はそう遠くない未来を描いているのではないかと感じました。人と車のスピードについて考えていることがあれば教えてください。

比嘉：えびすでは車がだいたい時速30〜40kmで走ります。速すぎないスピードなので、ルーバーに光が当たって、車の影が木漏れ日のようになります。また、なんばの高速に入っていく直線ではスピードを加速していく必要があるので、景色は象徴的なものを圧縮させ、それらがスピードに乗って流れていく場所ができています。

奈良：車に特化した、近未来都市構想のように感じています。車と人が共存する新しい未来については国を挙げて議論されていますし、現実に進められている地域もありますよね。車と人との共存という観点は盛り込まれていますか？

比嘉：今後新しい機能を持った車が登場したら、場所としても機能が拡張することはあり得ると考えていますが、そういった未来の車が実装されるのにはまだ時間が必要なので、今回の提案では、既存

の車を用いた現状の問題解説をしています。

ID068　小瀧玄太　大阪工業大学
史を渡す

榮家：小瀧さんの提案は私が推しました。まず模型の造形がとてもきれいだというのが第一印象です。大きなスケールの場所に一手加えるだけで、過去の断絶を乗り越え未来へつなげているところも素晴らしいです。一方でプレゼンを聞くと、劇場に向かうまでのワクワクした経験が設計できていれば良かったのですが、断面に対して平面が大雑把に感じたほか、壁がどこまで空間に効いているかが疑問でした。平面計画として、ここでしか起こっていないシーンを見せて欲しいのですが、そういったシーンはありますか？

小瀧：片方の岸では、かつて温泉街が広がっていて、芸妓さんの歩く姿が見られました。しかし今、その温泉街の雰囲気はなくなってしまいました。そこで提案では演技をする場所をつくりました。2階に劇場をつくり、まちのにぎわいを表出させることで、歌劇という現代にできた演劇と過去をつなぎ合わせる、ここにしかない場所のつくり方をとっています。

藤野：右岸と左岸を結ぶコンセプトが良いと思いました。壁は分断の象徴で、橋は別々のものをつなぐ象徴的な空間装置です。橋は土木の範疇にあり、現状の提案ではやはり土木的な要素が多分に残っています。これを建築の風景として取り込めると、もっと面白くなると思うのですが、土木構造物ではないものに見せるために工夫したことがあれば教えてください。

小瀧：ここでの橋は、人の居場所、公園のような場所として提案しています。

藤野：アクティビティとして人のために使われていることは理解できました。構造も含めた要素で土木を解釈し、導ける形もあるのではないかと思ったのです。

神谷：この場所で生活を営む人もいると思いますが、今回の提案によって解体される建物はありますか？

小瀧：解体される建物は特になく、使われていない駐車場を敷地に使っています。まちを壊す印象のものはつくらないようにしました。

ID079　白樫 聖　大阪工業大学
家朽ちて、山と帰す　都市の『山』

神谷：白樫さんの提案は、聞きたいことがたくさんあって選びました。木材が形を変え、物質資源としての木の密度は変わらず、材料の組み方を変えるだけで空間も変わっていくような計画であればとても面白いと思うのですが、この木材はどのような形でこの場所で生き残っていくのでしょうか？ 他の場所に出ていってしまうと少し残念だなと思っているのですが。

白樫：例えば線材は、それを差し込む土台を設けて間仕切りとして使いながら、どんどん貯めていきます。このほか、板材は机やベンチなど新しい役割を持って変わっていくことを想定しています。

山田：リノベーションであれば、構造的には鉄骨などを増やしていく必要があると思います。追加している材料があれば教えてください。

白樫：外から新しく取り込むことは今回の計画では考えていませんでしたが、ガラを積み上げて補強材としたり、粗骨材としてコンクリートブロックを中でつくったり、ここにあるもので補強もしていく想定です。

山田：発酵という言葉は、何か違うものが入って、一気に組成が変わっていくことでもあるように思います。全てをこの場所の中でまかなうルールにしない方が、可能性が高まるのではないでしょうか。外形があまり変わらないように見えますが、時代によって求められる建築の形は変わります。白樫さん自身に、もともとのまち並みを維持したいという気持ちがあるのですか？

白樫：そうです。生野区の別の木密エリアでは、既存の木造家屋が全て潰されて、新しいコンクリート

上：審査員の質問に答える比嘉七海さん
真ん中：小瀧玄太さん
下：白樫 聖さん

Diploma × KYOTO '22
Day 3
next update
Document of Critique

上：岡崎輝一さん
下：亀山拓海さん

の建物がどんどん建っています。地元の人に話を聞くと、昔ながらの木造や路地空間にあった人々の生活環境が失われて、居場所も生まれなくなったと言います。だから、外見は大きく変えないようにしました。

奈良：分解や転用など、コラージュのような視点が見られ、今回の提案は必ずしも完成形ではないのかもしれないと思ったのですが、特に完成形はなく、成長を続ける有機的なイメージを持っているのですか？

白樫：はい。将来的に、この場所全体が自然に覆われ、自分の介入がなくても地域の人がどんどん組み替えて変化していく姿をイメージしています。

ID081　岡崎輝一　立命館大学
陽だまり―神だまり―人だまり ―立体参道がつなぐ商業神社―

山田：私が推している提案です。神社と商業ビルの組み合わせが面白いです。見向きもされないひっそりとした神社って、現実にありますよね。まちを歩いていて神社が目に入る、参道のあり方が建物のつくり方を変えていく……さまざまな可能性を感じました。神社に参拝すること、ここで商売をすること、それ以外の活動の3つの「たまり」があるように見えましたが、それらは絡み合っていて、互いのたまりを覗き、ぶつかり合うような場所もあって、建物の中では混在しているイメージでしょうか？

岡崎：「人だまり」が商業施設に向かうメインの道となっていますが、各所で「神だまり」と行き来できるように設計しています。神社を目的に来た人と商業施設を目的に来た人とが、交錯するようになっています。一方、「陽だまり」は喧騒から逃れ、どこからでも神社の本殿を臨めます。全体としては3つの「たまり」は完全に切り離されておらず、どこかでつながっているイメージです。

藤野：興味深い提案だと思いました。寺社仏閣へのお参りが持つ構造を、まちの敷地の上でテーマパークのように展開して見せていて、かつそれが本人の戦略であるという。意匠を見ると、神社はトラディショナルでアイコニックな形、下部の商業空間はコンクリートラーメン構造となっており、都市の風景として成立しています。ただ、商業施設の上に神社があっても誰も気がつかないという問題意識を、図らずも象徴していないだろうかと気になっています。神社の持つスタイルの表出をもう少し操作すれば、参道空間自体の商業化や、商業空間自体の参道化につながったと思います。表現についてはどのような考えを持っていますか？

岡崎：この建築は減築だと考えています。構造と、商業の象徴となる空間は残しつつ、商業空間は小さな参道として「神だまり」とつながります。

ID095　亀山拓海　大阪工業大学
土を練り 火を焚く

奈良：僕の生業に近い考え方をお持ちだなと思って、一押しの提案です。土と火は人間にとってプリミティブな材料です。亀山さんの提案では、製作プロセスや流通プロセスを可視化して都市に貢献し、都市を育む施設になっていて、それは都市の原型である集落ができあがるのと同じ考え方なんですね。地方の過疎化など社会問題ともリンクしていくような可能性を感じて、評価しました。ただ、敷地に選んだ場所では、実際に今でも土と火を生業にして暮らす人はあまりいないのではと思います。それならば、もっと他の場所でも良いですし、昭和レトロなまちとの調和という点もやや疑問です。場所のリサーチについてもう少し詳しく教えてください。

亀山：僕の実家が瓦葺き業を営んでいて、僕自身も瓦が好きだという出発点があるのですが、土と火があれば何でもできるので、淡路を候補地にしていたこともありました。しかし、良い土から良い瓦をつくるというよりは、どこにでもある土でつくりたいと考えました。そして、その過程でうまれるコミュニティを都市に反映できるのではと思い、今回の提案となりました。

奈良：沖縄であれば赤土でできた赤瓦というように、瓦は日本各地の風土を示すモチーフとなりますし、模型の中に実際の瓦のサンプルなどがあれば説得力が増したと思います。現状では夢物語にも

Diploma×KYOTO '22
Day 3
next update
Document of Critique

見えてしまうので、しっかりとした着地点がほしいです。

藤野：先日、山口県の萩市を訪れました。街中にある窯は稼働していなくて、それは窯から出る煙で周辺住民からクレームが入ることがあるためだそうです。土と火という原始的な素材でできた空間は魅力的ですが、一方で今の都市との間にどうしても摩擦が生じてしまいます。きちんと都市に埋め込むための戦略もあれば、迫るものがあっただろうと思いました。亀山さんの提案では、煙や土、水の処理について都市とどう接続していく戦略を持っていますか？

亀山：煙に関してはやや押し切った部分もあるのですが、ほとんどが半屋外で、窯から出てくる熱を上部へ抜けるようにしています。抜けた熱は暖房への活用なども考えて、このような形状になっています。都市との摩擦は少しでもなくすために、かまどくらいの小さな火や公園の盛り土、趣味としての陶芸など段階的に展開して、摩擦の種を薄れさせようと考えています。

藤野：わかりました。そういう原初的なものがまちにある様子には、とても共感しています。ただ、現状まちにないことには理由がありますから、その問題を建築でどう乗り越えるかという点までセットで提案してもらいたいと思いました。

審査・投票（1〜3位の決定）

藤野：審査員の中で決めたのは、1人3票で、その3票の使い方を自由にしよう、ということです。1番推している提案に3票全て投じても良いですし、1票ずつ3作品選んでも良い。私は、比嘉さんと岡﨑さん、亀山さんの3作品に票を入れました。

山田：比嘉さんの模型がとても気になっていて、2票を入れました。都市を俯瞰して見たとき、ジャンクションは車のための回遊動線であるから、非人間的な不思議で面白い形をしています。それを比嘉さんは、人間のための場所として引き戻そうとしている。ひやひやするパースもたくさんあるのですが、人間だけでなく車を取り込んだ、不思議なスピード感のあるまちに可能性を感じました。のこり1票は、岡﨑さんに入れました。神社は参道がどう設計されているかが最も重要だと考えますが、岡﨑さんの提案では最後まで設計しきれていないように思いました。ただ、かつてはそれほど距離がなかったであろう、神社という精神的な世界と消費のための世俗的な場を、もう一度出会わせた未来の都市の提案として評価しました。

投票紙を渡す藤野高志先生

榮家：私は、比嘉さんに2票、小瀧さんに1票入れました。はじめは小瀧さんの提案を推していたのですが、比嘉さんのプレゼンを聞いて印象が変わりました。高速道路やジャンクションを扱った卒業設計はこれまでも見てきましたが、比嘉さんの提案は車が動物のように見えて、鳥などが入ってきても楽しく使うだろうと想像できましたし、当事者以外に第三者のさまざまな視点が感じられ、ドラマチックで面白い提案でした。小瀧さんの提案は繊細な模型でありながら、それによって周りの土地や人の生活が一変するようなダイナミックさがあります。橋である制限を逆手にとって、今よりも強い構造を見つけられるかもしれない。そういった想像が膨らむという点を含めて票を入れました。

神谷：僕は、比嘉さん、小瀧さん、亀山さんの3作品に1票ずつ入れました。各作品にそれほど大きな差はなかったというのが印象です。質疑応答の中で、本当に真摯に自分のプロジェクトに向き合ってきたかがあぶり出されたように思います。例えば票を入れなかった白樫さんの提案は、資源を転用しようとしている中で、その過程があまりにも甘いかなと思いました。同じ木材でも、線材と面材では出来上がる空間が変わってきます。それに応じた提案があると、もっと推せたかなと思います。岡﨑さんは、サブタイトルに「商業」のキーワードを入れているのであれば、商業と神社がwin-winの関係になっているエビデンスを示してくれたら良かったです。

　また、票を入れた3作品に重みづけをしなかった理由をあげると、比嘉さんの提案については、車を持っていない人が一定数いる中で、彼らにはどんないいことがあるのかまで補足してもらいたいです。小瀧さんは、橋ならではの良さを示してほしい。亀山さんは、敷地の場所性をどれだけ意識しているのか読み取れず、他の場所でも転用が可能なように聞こえました。それならば今回はプロトタイプの案だと言い切っても良かったです。

奈良：僕は比嘉さんの提案には票を入れませんでした。日々発達する技術は、設計と直接は関係ないかもしれませんが、それを自分の管轄外だとしている印象を受け疑問に思いました。小瀧さんの提案については、もう少しヒューマンスケールに落とし込んだ設計をしてほしいという思いはあるものの、昨今の世界情勢を見ていて、境界をつなぐ架け橋のような橋というモチーフが持つ潜在的なストーリーにグッときました。亀山さんは、もともと僕が推していたので今回も2票投じたのですが、場所をもう少し慎重に考えて設定してもらいたいです。藤野さんからも指摘されていましたが、都市の中で発生する煙や産廃、エネルギー問題というのは、現代において一番に考えなくてはいけないことですから、そのあたりの解答が弱かったことが残念です。ただ、プリミティブなところから発生した計画である点はやはり良いと思っています。

司会：先生方ありがとうございます。改めて各作品の得票数を確認しますと、ID059比嘉さんが6票、ID095亀山さんが4票、ID068小瀧さんが3票となっています。1～3位は、この得票数に準じて決定してもよろしいでしょうか？

藤野：そうですね。2～3位が僅差なので、ここはあと少し議論できればと思いますが、1位はこの投票結果で決めて良いと考えています。皆さんいかがですか？ 特に奈良さんは、比嘉さんに票を入れていなかったので。

奈良：1位は比嘉さんで問題ないかと思います。

藤野：それでは異論がないようなので、1位は比嘉さんです。2位と3位について、皆さんから改めて意見を伺いたいです。

審査が終わり、ホッと一息のファイナリスト

山田：小瀧さんの提案は、まだ良さがあまり分かっていないんですよね。橋によってつながったまちの姿がプレゼンで見えません。橋や建築物とまちの関係を、もっとアピールして欲しいと思っていました。

小瀧：既存の劇場は、川に面した方に柵が設けられ植木も茂っている状態で、川とまちとのつながりがない状態です。そこで川側に設けたメインエントランスをホワイエのようにして、河原空間と対岸を意識させる流れをつくりました。これによって歌劇とまちと人の居場所をつないでいく考えです。

山田：周辺の小さな建物と断絶していないですか？

小瀧：周囲の人を引き込むようなオープンスペースを設けています。歌劇や川にどんどん目を向けてもらうための要素となるよう考えています。

藤野：亀山さんに票を入れていない榮家さんはいかがでしょうか？

榮家：やはりこの屋根のかけ方の説明がない点が気がかりです。この佇まいが、周囲に住む人や訪れた人にとって激しく、親密でないように思えて、今ひとつ推せませんでした。もし何か考えていることがあったら教えてください。

亀山：建築において屋根はプリミティブで重要なものだと考えていて、例えば竪穴住居は、屋根がそのまま壁にもなっています。今回の提案でも、屋根の勾配や長さをどんどん変えて、あのような形になっています。

山田：土がだんだん持ち上がって建築になるという話はとても面白いなと思って聞いていました。せっかくなら、屋根の建築であることをもっとアピールした方がいいのではないでしょうか？ 新しい時代で設計するあなたにしかできない造形を、たくさん取り入れると良さそうです。

藤野：岡﨑さんに対しては、先ほどの質疑応答で延べ床面積への指摘がありましたので、それについてご本人から補足してもらいましょう。その後、現状の2～4位に対して再度1人1票ずつ投票して、最終的な2位と3位を決めます。

岡﨑：ECサイトによる物流の技術革新によって、実店舗は不要になっていきます。それに対して今回の建築ではコト消費を提供し、実際に模型を見て購入、完成品は後日送るという流れをとっています。神社がもともと持っていた居心地の良さや滞留性が、これからの商業施設には求められると思いましたので、それを踏まえた床面積としています。

藤野：ありがとうございます。では、皆さん投票をお願いします。

司会：投票結果を発表します。小瀧さんが2票、岡﨑さんが2票、亀山さんが1票です。

藤野：奈良さんが、小瀧さんと岡﨑さんのどちらにも入れていないので、2択の場合はどちらに投票するかで結果が変わりますね。

奈良：僕に委ねられているわけですね。その前の投票で小瀧さんに入れたので、小瀧さんでお願いします。

司会：それでは、1位がID059比嘉さん、2位がID068小瀧さん、3位がID081岡崎さんに決定しました。おめでとうございます。

［美しい建築で賞］

神谷：評価軸としては、良い建築というよりも美しい建築を選ぶイメージですよね。

司会：はい。最初に投票を行い、それをもとにディスカッションする形式で進行したいと思います。まずは奈良先生から、投票したい作品の発表をお願いいたします。

奈良：偶然なのか必然なのか、候補となっている3作品いずれも水をテーマにしていますね。模型の熱量は、ID003の岩橋さんに惹きつけられました。ただ、土壌の話はもう少し詳細を聞きたいです。あまり見たことのない立ち上がり方をしているので気になりました。それも含めて、気になった提案として岩橋さんに票を入れます。

神谷：なぜこの形態になったのか、なぜそれを美しいと感じたのかに重きを置いて評価しようと思っています。その中で、リサーチから機能、スケールまで一貫して美しいと感じたのは、ID099の饗庭さんの提案でしたので、饗庭さんに1票入れます。

榮家：3作品ともに新しい風景を持ったストーリーを展開していて、何を美しい建築とするかすごく悩みました。私が良いなと思ったのは、饗庭さんの提案です。

山田：話を聞いて、とても良いプロジェクトだなと改めて思った3作品でした。岩橋さんと饗庭さんの提案は、建築自体が雨と一体化していることに驚きました。饗庭さんは現実の生活に対しリアリティのある美しさを感じた一方、岩橋さんは自然現象を生み出す一員として建築を提案する美しさを強く感じました。私は岩橋さんに票を入れたいと思います。

藤野：投票した皆さんが何を考えて美しい建築を選ぶのかなと思っていたら、3候補とも水に結びついた提案であったことが印象的です。私は、岩橋さんを美しい建築として推します。佐藤さんの提案は、リアリティを織りこんだプログラムのように見えますが、そもそも鮎川というまちに、資本を投じてあれだけの規模の建物をつくることにリアリティがあるのだろうかと疑問に思いました。饗庭さんは、カバタのスケールに対して、つくった建築が大げさに感じてしまいました。岩橋さんは、描くイメージがまさに美しい建築ではあるのですが、実際あの場所に雨が降ったら藻がついたり、汚れたり、においが発生するのではないかと、美しさと表裏一体の汚さも背負ってしまうように思いました。と言いつつ、汚れる前のまっさらな状態、ある意味で現実ではない風景を模型とプレゼンで見せてもらいましたので、その美しさへの共感が票につながりました。

美しさとは？　模型を前に議論する審査員

神谷：今の藤野さんの意見に対して、饗庭さんから言いたいことがあれば言った方が良いのではないでしょうか。

饗庭：僕が卒業設計のテーマとして最初にあげていたのが、「僕たちが忘れつつある水と暮らす豊かさをもう一度取り戻そう」ということです。水は地面を流れ、平面的な要素が強いですが、この建築ではそれを立体的に組み込むことで、普段は意識されない水系を立体的に組み上げようと考えました。また、湖畔に建つにあたり一定のボリューム感を出したいと思いました。精神的な支柱が目に見えて存在することは、地域の生業を継続する上で重要だと考えたからです。これらのことを踏まえ、

このような建築の高さ、規模にしています。

神谷：その高さまで水を上げるのは、とても労力がいることなのですか？

饗庭：周囲とかなり高低差があるので、その水圧差であがってくると考えています。

藤野：被圧地下水が4階くらいまで上がるのでしょうか？

饗庭：そうです。ポンプなどは使いません。この湖畔でしか成立しないような形態・形式になっていると思います。

神谷：現状、これほどの高さのある建築は存在しますか？

饗庭：現状はありませんが、地域住民には「これくらいまでは上がる」という感覚があるようで、それを信じてこのボリューム感としました。

神谷：岩橋さんに質問です。雨が降っていないときの建築の状態や美しさが気になっているのですが、それについて補足があれば聞きたいです。

岩橋：ビルの動線は、通常は建物に入りエレベーターでまっすぐに上がって、目的の場所に行くという単調なものですが、私の建築では、都市の中にある山のような形態をしています。自分の家に向かうにも、さまざまな道を通り、毎日違う発見や出会いがあります。また、プレートが積層しているので、外の天気が即自的に影響するのではなく、例えば外で雨が止んでも、建築の中ではまだ雨が降っていたり、足もとがジメジメしていたりします。

奈良：森をさまようとか山を登るとか、自発的な人の動線の説明をされていたかと思いますが、もう少し詩的に寄ってもいいような気がしています。雨の水がどのように建築へ伝って、その先どのような動きをしていくのか、何か考えはありますか？

岩橋：家族用の大きなプレートは他よりも高低差があり、雨が降ると地面を水が流れていきます。一方、一人暮らし用のプレートは家自体を浮かせながら、雨が溜まって池ができるようにしています。そのほか、柱の一部には土を詰めて、下の方へ雨水がしみ出したりする動きを想定しています。

奈良：実際に水を流して見せると面白そうですね。

榮家：3人全員への質問です。それぞれの建築内部での体験の豊かさはプレゼンで伝わりましたが、この建築に用事のない人が遠くから眺めたときなど、建築の佇まいで考えていることがあれば教えてください。

岩橋：都市ではお金を払わないと休憩する場所を得られません。私の建築は、どこからでも入ることができ、都市の中で行き場を失った人たちの宿り木になることも考えています。

佐藤：海側と、反対の防潮堤の裏側から、見え方をスタディしました。現状もここには人の居場所があるのですが、それがブラックボックス化されているので、遠くから見ても伝わるような建築にしました。いつかまた来るかもしれない津波に対する力強さや、津波が来た後も人々の拠り所として残る鉄塔が、

美しさにつながるのではないかと思っています。

饗庭：水系に従った建築形式をとり、この建築の立ち姿から、水の存在を想起させたいと考えました。この建築に用事がなくても、ここにあるカバタや水に対する一種の記憶装置として機能し、水と暮らす豊かさを将来へ引き継いでいくためのものとして、十分効力を発揮すると思います。

山田：饗庭さんはとても現実的な考えで水を生活に使おうとしているのに対し、岩橋さんは水に対してそこまでリアルな効用を求めていない。この2作品は対照的ですね。岩橋さんの提案は、求めたわけではなく入ってくる雨の捉え方がとても良いなと思いますが、ユートピア的でもあり、この建築があることによって生活がどう変わっていくのかという主張がもう少しほしいです。また、断面図を見ていて疑問に思ったのですが、雨水は最終的にどこへ行くのでしょうか？

岩橋：下のタンクに貯められた水は、柱で引き上げてトイレの水などに使おうと考えていました。

奈良：先ほど藤野さんに指摘されていたような、藻がつくなどして汚れていくことは良しとしているのか、今回はそこまで設計が及んでいないのか、どちらでしょうか？

岩橋：濡れた藻から雨のにおいがするなど、雨を感じる感覚的要素が増えるので、私は良いと考えています。

司会：ありがとうございます。投票する作品を変更したい方はいますか？

藤野：最初の投票を見ると岩橋さんが3票、饗庭さんが2票なので、ここから変わらなければ岩橋さんが美しい建築で賞となりますが、いかがでしょうか。

榮家：私は饗庭さんに票を入れたままで変えませんが、岩橋さんを受賞者とすることに異論はありません。

神谷：作品と一緒につくった人も評価したいので、建築をつくるまでにいろいろなものを美しく積み上げてきたかどうかを軸とします。そのうえで、やはり饗庭さんが良いと思っています。ただ、岩橋さんの作品の美しさも理解しているので、現状の得票数で決めて問題ありません。

司会：では改めて、美しい建築で賞はID003の岩橋さんに決まりました。おめでとうございます。

［ぶっ飛んでいるで賞］

山田：1作品だけ、もう少し話を聞いてから投票させてください。ID118の鎌田さんの提案した保久良山道の擁壁は、けっこう高くたち上がっていますが、これぐらいでないと防災面で問題があるなど、何か前提があってのことでしょうか？

鎌田：いえ、擁壁は視界を遮るものとして計画しました。また、いろいろな高さに設定することで、デザイン性も持たせたいと考えています。

奈良：僕はID063の半澤さんに伺います。他の候補者による提案は、社会的な課題解決を着地点としていますが、半澤さんは超個人的な興味である空間認知学を追究するための卒業設計なのだと捉えました。何か特定のプログラムを設定するのではなく、あくまでご自身から発せられた空間への問いかけということでしょうか？

半澤：はい。建築を語るときに取り上げられることの多い空間ですが、僕はそもそも空間というものが何か分からなかったので、空間が何か分からないままそれを語ることはできないと思い、卒業設計のテーマとしました。

奈良：つくったのは空間体験装置みたいなものですよね。

半澤：そうですね。

榮家：半澤さんは、生成したパターンをシークエンスにつなげた場所をつくっていますが、そこに時間軸は考慮されていますか？

真剣な眼差しの審査員（手前：山田
紗子先生、奥：榮家志保先生）

半澤：今回は時間軸を組み込めていません。時間軸を入れるとしたら、用いる光も自然光になるのかなと思っています。

藤野：私は半澤さんに票を入れます。何をもってぶっ飛んでいるとするかは、審査員によって異なるかと思いますが、例えば巨大な空間だとか、非常にアクロバットな構造だとか、言葉を変えれば常識では考えられないようなものを私は選ぼうと思いました。プレゼンテーションとしては、加賀さんが高い密度で提案されていて、なるほどと思える内容でした。リニア新幹線が通り地下空間の場所性がはぎ取られそうなところを、何とか地上部とつなげるために、地下に地形をつくっていくという手法に好感を持ちました。鎌田さんの提案は、一度山を崩して新しくつくるような手間のかけ方がぶっ飛んでいると思ったけれど、それによりできた風景は以外にも自然に馴染んでいました。そのうえで、なぜ半澤さんを選んだかというと、素材感や光の反射、テクスチャ、時間軸も捨てて私的な問いかけをしている点で、非常にぶっ飛んでいると思ったからです。

山田：3作品とも人を驚かせる力があると感じました。鎌田さんは、この敷地自体ぶっ飛んでいて、そうした場所に介入していく行為もチャレンジングでした。擁壁の高さによって、見せる見せないをもっとコントロールできたらよかったというのが少し心残りです。半澤さんは、さまざまな周辺要素を削って空間へ焦点を絞り、私たちが今まで考えていた空間というものを別次元にずらしていく可能性がある行為だと感じました。作者の半澤さんは、これを今後の建築へどう生かしていくつもりなのか、考えを聞いてみたいと思いました。

榮家：ぶっ飛んでいることの基準とは何かと投げかけられているのだと思いながら、誰を選ぶか考えていました。私としては、できあがっている形態や空間、ストーリーがぶっ飛んでいるというより、まずどこまでボールを遠くまで投げるかという最初の設定に注目したいと思っています。そこで、半澤さんに1票入れます。鎌田さんとすごく迷いました。鎌田さんは、感情と土木を組み合わせたのが発明的で、和歌などを取り入れながら自分一人では考え着かない形づくりへの挑戦が見られて良かったです。半澤さんの提案は、そのプレゼンボードや模型に我々が目を凝らすその瞬間からつくられたものかもしれないし、いろいろな条件を排除した結果、新しい設定が浮かび上がっているようにも思えました。最初のボールの投げ方が面白く、半澤さんを選びました。

神谷：僕は、ぶっ飛びの射程、どれくらい飛んでいるかが重要だと考えました。加えて、卒業設計を通してどれだけ飛躍の可能性を見せてくれたかというところも見ていました。その中で一番良いなと思ったのは鎌田さんで、エンジニアリング的視点でさまざまなリサーチをして成り立たせているのが素晴らしいです。それだけではなく、感情も調査に取り入れ、予想外のものができそうな謎を内包している提

案だと思い、建築的には一番好きですね。ただ、純粋にぶっ飛んでいるのは何かというと、やはり半澤さんの提案なんですよね。結局は視覚に頼るところは疑問ですが、悶々とした自分の世界と対話しながら形をつくったという意味で、最もぶっ飛んでいた、飛距離が長いと思い、票を入れました。

奈良：先ほどの巡回審査で、不思議なことにこの3作品が目に留まっていました。説明がなくても人を引き付ける何かがある点が、この3作品には共通しています。僕は「ぶっ飛んでいる」を、独自性やその人ならではの考え方でまとめていく姿勢と読み替え、評価したいと思ったので、半澤さんに投票します。他の2人はとても設計が上手で、なんとなくゴールが見えている感じがありましたが、半澤さんは、榮家さんが言っていたようにボールを遠くへ投げるような、ジャンプアップしているような感覚が見受けられたので、ぶっ飛んでいるで賞として評価しています。

司会：ありがとうございました。得票数を確認しますと、ID063の半澤さんが満票です。先生方から、ここだけは最後に聞いておきたい質問などありますか？

藤野：受賞は半澤さんでよろしいかと思いますが、この卒制を通して、それまで見えなかった空間が見えるようになったのか、何を獲得したのか聞かせてください。

半澤：この会場も、床壁天井などの建築的要素がとても強いですが、やはり空間は見えない。さまざまな要素で現実に成り立っていることは分かるし、そこにあるような気もするけれど、見えない部分はどうしてもあるのだと、この設計で分かったのかなと思っています。

山田：ずっと一本道を辿っていくような設定になっていますが、例えばこの会場くらいの大きさの空間で、真っ暗な中に光が6カ所くらいから差し込んでくるようなモデルの想定は、あまりしていなかったのでしょうか？

半澤：僕の想定としては、そちらの方が近いです。光を感じて、歩くことができたという事実で空間を認識していることになると考えています。実際に自分が歩くことができたということは、それだけ空間が広がっていて、空間と呼べるのではないかと思います。

山田：光の入り方と同時に反射も重要ですよね。プレゼンの写真を見ていると反射面がだいたい一定だから、今回は最もシンプルな提案をしているとして、おそらくこの先まだまだ展開可能性があると感じますが、半澤さん自身は発展のイメージを持っていますか？ もしくは、ちょっと飽きたかなと思っていますか？

半澤：ずっとやってきたことなので、ちょっと飽きた感じはあります。

藤野：考えてきたことやプレゼンは非常に魅力的だと思うので、あとは自分の感覚を人と共有しやすくするための知見を蓄えてもらいたいです。もし今回やってきたことに飽きたのであれば、他にもいろいろな分野と繋げていくことができると思うので、視野を広げて考えても良いと思いました。

司会：改めて、ぶっ飛んでいるで賞はID063の半澤諒さんです。おめでとうございます。

Day 3
next update
［座談会］

参加者（審査員）

藤野 高志

山田 紗子

榮家 志保

神谷 勇机

奈良 祐希

参加者（出展者）

比嘉 七海（1位）

小瀧 玄太（2位）

岡﨑 輝一（3位）

白樫 聖（ファイナリスト）

亀山 拓海（ファイナリスト）

岩橋 美結（美しい建築で賞）

半澤 諒（ぶっ飛んでいるで賞）

佐藤 夏綾（美しい建築で賞ファイナリスト）

鎌田 彩那（ぶっ飛んでいるで賞ファイナリスト）

加賀 大智（ぶっ飛んでいるで賞ファイナリスト）

建築を学んだその先

司会：1つ目の議題は、建築家の職能についてです。これからの建築、建築家の価値について、審査員の先生方の考えをお聞かせください。

藤野：すごく大きなテーマだね（笑）。建築家は今や、建物の設計をして、つくって、お施主様に喜んでもらうだけの仕事でなくなっていることは確かです。設計を軸足としつつ、どのように他の領域と掛け算していくかが一般的には求められているように感じます。一方、そうした多様化のひとつとして、建築の設計に特化していく人ももちろん出てくると思います。

榮家：就活などを経て出てきた議題かもしれませんが、好きなことをやったらいいよ、と伝えたいです。ひとつの働く場所でひとつの解答しか得られないということは一切なく、就職した会社から二度と逃げられないというわけでもないので、選択肢を狭めず、かつ、できるだけ自分にとって怖いと思うようなところに飛び込んでほしいと個人的には思います。

神谷：コロナ禍のため海外へ行く学生が減っているからか、今回は海外を敷地とした提案がひとつもなかったことが気に

なりました。僕自身がアフリカに行った際に感じたことですが、建築の教育を受けた人は自分が思っている以上に高い能力を持っていて、その力が生きる場所は世界中にたくさんあります。そのことは知っておいて欲しいと思っています。

奈良：僕は陶芸と建築を生業としていますが、大学では建築を学んでいたので、体系化して論理立てて人に説明する術を訓練してきました。実際に社会に出ると、それはとても大切で貴重な能力だと気付きました。建築を学び、建築で表現するのか、建築的な視点や考え方でデザインなどをするのか、それぞれの道があります。必ず建築家にならなくては、ということはありません。自分の好きなものを見つけていくような大学院生活、社会人生活を送ってくれたらと思います。

山田：私も、好きにやったらいいじゃないかといつも思っています。この人間社会で自分はどういう立場で振る舞う人間なのか、皆さんそろそろ分かってきたのではないでしょうか。自分が何かを生み出していく人なのか、広めていく人なのか、常に疑いにかかる人なのか、社会における振る舞いで根源的な、そうせざるを得ない役割のようなものを見つける。その結果たまたま建築業界にいたり、他の場所に身を置いたりするのだろう、という考えでいれば良いのではと思います。お金のことは自分で何とかするとして（笑）。

　何かを生み出したい人が、例えば広める役割についてしまうと、やはりストレスがかかってしまいます。自分がどういう人間なのか、これから4〜5年くらいかけて見つけて、役割に合った場所に身を置くのが理想です。

20代の今、何をする?

司会：ありがとうございました。次に、今の私たちの年代のう

ちにやっておいた方が良いことを教えてください。ご自身の経験に基づくエピソードもあれば聞いてみたいです。山田先生から、いかがでしょうか。

山田：まずは当たり前だけど、本を読む。あと悩む、悶々とする。今、戦争のニュースを目にすることが多いですね。私が学生の頃も、アメリカの同時多発テロや東日本大震災などショッキングなことがあって、いろいろなことを考えてしまって何も手につかなくなったり、悩んだりしました。しかし、そこで得られた価値観が、30代で独立するとき非常に重要になりました。建築は社会と対峙していくものなので、ショッキングなことに対して悶々として、いろいろ調べて、見直して、また考える……そうした時間を大切にしたらいいと思います。

奈良：誤解を恐れずに言えば、僕は正しく遊ぶことを大事にしています。僕が学生だった当時は、幸いにも人とリアルに会う機会に制限がなかったので、面白い人にたくさん出会う中で、自分の考えや生き方のヒントが蓄積されていきました。一人で遊ぶのは少し寂しいですし、人付き合いは、自分自身が試されている側面があります。友達を増やすとか、社交的になるということとは違うのですが、社会にあるいろいろな考えを吸収し自分をアップデートできると良いと思います。

神谷：僕も、今のお話と似ていますが、人と会うことをとても重要視していたように思います。目的を持って会う以上に、目的のない対面の時間を大事にしていました。年齢を重ねるほど、無邪気に聞けなくなってしまうので、学生や20代前半だからこそどんどんアプローチすると良いです。

榮家：私は、何かを選ばなくてはいけないときに、自分にとって難しい方を選ぶようにしています。それが些細なことでも、例えば1週間の旅行を国内と海外どちらにしようかと考えたとき、海外の方がハードルは高いから海外に行ってみようと選択するのです。留学先も、私の大学からは5年ほど行った人がいなかったトルコにしました。できるだけ自分がパイオニアの気持ちになれる方が楽しめると感じていました。

藤野：皆さんより20くらい年上の私の言うことなんて、あまり参考にならない気がしています（笑）。私はほとんど、自分で選んでいなかったんですよね。声をかけられた方へどんどん引っ張られていったら、今の場所に着きました。周りの人を信じてきた、とも言えます。学生の皆さんには、私たちを先達のように見ないで、同じくらいの立場と捉えてもらった方が、気が楽になると思います。

それから、今日の発表を聞いていて思ったのですが、皆さんお金のことをもっと考えた方が良いです。今日の提案の中でも「これは誰がお金を出すのだろう」と思うものがありました。建築学科は現実からジャンプしたものを構想する魅力もありますが、現実をしっかりと見なくてはならないときもある。二律背反の宿命にあるのです。自分がやっていることの金銭的な価値を原理的に捉える思考は、取捨選択の基準として持っていて良いと思います。私たちも、仕事をするときはお金とセットで思考回路が動いています。お金の他にも、社会のルールやさまざまな関係に敏感になっておくと良いでしょう。

司会：ありがとうございます。ファイナリストから何か聞きたいことはありますか？ では岡﨑さん。

岡﨑：はい、無邪気に聞いてみたいと思うのですが（笑）。

藤野：ちょっと怖いな（笑）。

岡﨑：プレゼンのとき、これまで考えてきたことを瞬時に出せず、終わってから「これを話せば良かった」と思うことがよくあります。去年、「Under 35 Architects exhibition（U-35）」を見に行きました。出展されている方々はプレゼンがとても上手で、質疑応答でも語る力に圧倒されました。そういった場面で、考えていることを即自的に言語化する能力を高めるためには、どうしたらいいでしょうか？ 山田先生からお答えいただきたいです。

山田：私、プレゼン力は低い方なんですよ。（一同笑）U-35は一昨年出ましたが、たくさんスクリプトを用意していたのに、いざ登壇すると関係ないことをバーッと話し始めて、鐘が鳴ったので「持ち時間が半分経過したのかな」と思ったら、終了の合図でした。

藤野：プレゼンは、終わったあとみんな後悔していると思いますよ。

司会：先生方も、プレゼン後に落ち込んだりしますか？

建築と、それをつくる人が訴えかけてこなくては ―― 奈良

山田：するする。

榮家：きっと今日も、発言を振り返って反省する（笑）。

司会：ちょっと安心しました。次に、佐藤さんどうぞ。

佐藤：私は被災地を卒業設計のテーマにしましたが、建築の力に対して悩むことがあります。先生方が考える建築の力って、何でしょうか？

山田：先ほど、建築家の役割の話でいくつかあげましたが、じわじわ影響を及ぼすような役割もあると思うんですよね。建築が持つ価値観がじわじわと人に伝わっていき、100年後、200年後の人たちの価値観をじんわりと覆すようなことがあるのではと思っています。私はそういうことに加担していきたいと考えています。

藤野：建築の力……何だろう、やはり雨風を凌げることじゃないですかね（笑）。建築ができた最初の理由は、おそらくそれだと思います。皆さんが受けている建築教育を一度疑ってみた方が、答えにつながるのではないでしょうか。建築教育を受ける前の頃と比べて、視野が狭くなっていると感じる部分に気づくこと、建築以外の分野の人たちが考える建築と自分の考える建築との乖離、そうしたことも意識した方が良いと思います。「暖かくて寒くない場所をつくる」、それは建築のひとつの真理なのです。

一人のための建築、誰かとつくる建築

司会：最後に、ファイナリストはじめ出展者に向けてメッセージをお願いします。

藤野：皆さんプレゼンが上手でしたけれど、自分が何をつくったのか、10秒くらいで言えるような濃縮した言葉を用意しておきましょう。すごく難しくて悩む作業かもしれませんが、今ものすごい量の思考が頭の上に乗っているでしょうから、一度それを言語化してみると良いと思います。

榮家：社会全般に伝わる建築が良い建築とは限りません。ただ一人に「最高」と思ってもらえる建築をつくることができたら、きっとそれは、他の誰かにも刺さる。今日のプレゼンを聞いていて、すべての問題を解決して平たく良くしていくような提案が多いことが気になりました。一人にとことん向き合った、その人にとって最高な建築も見てみたかった。そうした偏りを追求することにも挑戦して欲しいです。

神谷：ファイナリストの皆さんは、僕の卒業設計と比べて優秀で驚いているくらいなので、自信を持ってください。ただ、ファイナリストだからこそ疑うことがあっても良いかなと思っています。学内講評会や他の設計展など至るところで共感され、選ばれてきた自分の作品が、過去の誰かの焼き増しなのではないか。もしくは、無意識に自分が聞いたことのある言葉に置き換えようとしているのではないか。これからの人生において、その姿勢で良いのか。自分の信じた言葉を誰も理解してくれなかったとしても、自分が良いと思ったのであれば貫き通す強さを獲得することにも目を向けて欲しいです。

奈良：僕が大学1年生のとき、ある教授から「ぜひ変な人になってください」と訓示をいただきました。何を言っているのか当時は分かりませんでしたが、今は、単に変わった人になるということではなく、主体的に自分の個性を見つけにいくことだと理解しています。建築は人がつくるので、ものが訴えかけてこなくてはならないし、人が訴えかけてこなくてはならない。先ほどの話につながりますが、自分を高める努力をしていれば、プレゼンもとても上手くなると思うのです。建築のスキルアップと同時に、人としても変化していくような眼差しも持っていると良いと思います。

山田：神谷さんの発言にとても共感しています。卒業設計は一人でやるものですが、それぞれ得意不得意があって、講評会ではどちらかというと全体的にできる人が優秀者に選ばれていく。一方で今日は、構想や造形、模型などそれぞれ異なる良さを持つ人たちがファイナリストに選ばれていて面白かったです。実際には建築は一人でつくるものではないので、全部できなくても大丈夫です。自分の考えをぶつけて、相手側で磨かれて返ってくるような仲間を見つけて、いい建築をつくってください。

All Entries

作品紹介

—

Diploma × KYOTO '22

The Kyoto exhibition of graduation projects
by architecture students

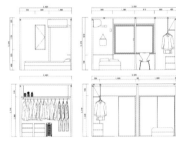

住宅カスタマイズ論
DIYにおける住宅改変の可能性

賃貸住宅では内装に傷がつけられないというデメリットがある。その中で人は工夫をこらしインテリアを考えるが、タテ空間の利用に関しては殆どを家具に依存するしかない。そして家具には1つか2つの機能しかない。ある高さの棚がほしい。ここにポスターを張りたい。何をするにしても家具を探す必要がある。その制限を取り払うために、誰もが簡単にDIYできれば、しかも自分の部屋ごと変えらるなら、さらにいつでも改変可能ならば、どれほど自由な部屋がつくれるだろうか。もう少しだけ自室に自由をもたらしたい。その実現に向けて住宅カスタマイズ論という賃貸における室内リノベーション案を提案する。

ID001

坂東 幸樹 ／Koki Bando

京都建築大学校 建築学科 杏義啓建築設計研究室

設計期間 ▷ 3カ月
製作中の苦労や思い出 ▷ ちゃぶ台、毛布、電気ストーブ
お気に入りの本 ▷ バベる!自力でビルを建てる男
製作中に影響を受けた人物や思想 ▷ 岡啓輔さん／西原将さん

ID002

Drone Nest

建築におけるドローンの活用は、空撮や点検に限らず、施工をも変化させつつある。本計画では、オフィスビルの空室増加という都市課題に対して、ドローンによる空中建築「Drone Nest」によってビル同士をつなぐことで、梅田スカイビルにおいて原広司氏が試みた「空中都市」を構想する。

DroneNestは繊維複合材でつくられ、その配置は生体模倣と構造解析によって決まる。ドローンによる建設は、この図面表記に縛られない複雑な形態を実現させる。こうしてできるDrone Nestは、ときに空中避難路や空中庭園となり、都市の安全性や利便性、公共性を向上させる。そこにある都市風景と体験は、より自然に近づくだろう。

ID002

井上 悟郎 ／Goro Inoue

立命館大学 理工学部 建築都市デザイン学科 建築計画研究室

設計期間 ▷ 1カ月
製作中の苦労や思い出 ▷ 研究室のプロジェクトと並行しての制作
お気に入りの本 ▷ 建築の新しい大きさ
製作中に影響を受けた人物や思想 ▷ デジタルネイチャー

内視動画

ハレ時々市役所、のち美術館
公共空間の使い重ねによる新たなビルディングタイプの提案

公共建築の公共性はどこにあるだろうか。建主が公的機関であること？　それは形式的なものである。誰しもがそこで目的もなく佇むことが許容され、機能を唯一に定義することのない空間という概念が人々に還元される。そんな公共空間を抱える、使い重ね・使い倒されの建築が必要だ。そこでは今まで相容れなかったもの、例えば公と私、外と内、ジェンダー、ジェネレーション…そういったものたちの異種混合が起こり得る。本卒業設計ではますます規模縮小化する市役所に美術館というカタチを与えると共に、市民の日常生活と共にある新たな公共建築のタイプとして提案する。

ID004

川﨑 蓮 ／Ren Kawasaki

京都工芸繊維大学 工芸科学部 デザイン・建築学課程 武井研究室

設計期間 ▷ 2カ月
製作中の苦労や思い出 ▷ 平面図や断面図からはつくれない模型作業
お気に入りの本 ▷ 空間＜機能から様相へ＞
製作中に影響を受けた人物や思想 ▷ レム・コールハース

ID005

センリノアルカディア

現代住宅は、利便性を追求するあまり、建物内部に生活行為は収まり、結果として、まち並みは均質化している。加えて、かつての農村型コミュニティで存在した共同的な生活基盤の管理システムは崩れており、居住者の地域との接点の希薄化が加速している。同様の背景を抱える場所として大阪府豊中市上新田を計画地とする。この土地は、ニュータウン開発から除外されたが故に独自の豊かな集落のまち並みを保持してきた。しかし、近年この地域にも乱開発の手が伸び、まちのアイデンティティは失われつつある。本設計では、現存する数少ないまち並み構造をもとに今日的な解釈を加えた発展的な集落を提案する。

ID005

三木 瀬阿 ／Sea Miki

武庫川女子大学 生活環境学部 生活環境学科 住環境デザイン研究室

設計期間 ▷ 3カ月
製作中の苦労や思い出 ▷ 特になし
お気に入りの本 ▷ 特になし
製作中に影響を受けた人物や思想 ▷ 特になし

UN-MUTE

「なんで廊下は走っちゃいけないの？」幼い頃から持ち続けてきた疑問が今も私を付き纏う。教室、そこは子ども
たちを無音にさせる場所。コロナ禍で始まった「とりあえずミュート」が無音の世界を普遍化させた。急激な宅地開
発による人口流入で住宅地としての機能を担ったまち、枚方で統廃合予定の隣接する2つの小学校を題材として、
子どもの居場所が次々と失われる今、ミュートを外すことで戦後以降定められてきた学びの空間を問い正す。

ID006

村上 恵 ／Megumi Murakami

大阪工業大学 工学部 建築学科 本田研究室

設計期間 ▷ 6カ月
製作中の苦労や思い出 ▷ 学内提出前夜、製図室での泊まり作業
お気に入りの本 ▷ 父の詫び状
製作中に影響を受けた人物や思想 ▷ 藤本壮介さん　もっと自分のアイデアに自信を持つこと。誇りを持つこと。

ID007

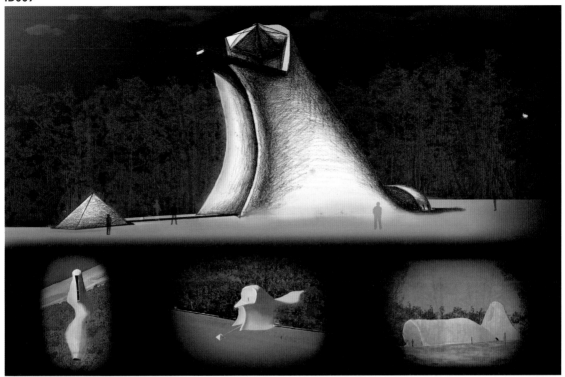

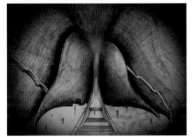 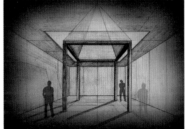 

瞑シテ、デアウ
本来の自分を見つめ、受け入れる空間

現在、無宗教徒が7割を占める日本では先進国の中で最も自殺率が高くなっていることが問題視されている。この原因の一つとして無宗教徒は宗教徒の祈りの儀式を通して本来の自分を見つめ、受け入れる行為を行わないからだ、と考え、どの宗教徒でも無宗教徒でもそのような行為が必要だと考えた。また、「病は気から」という言葉の通り、病は目に見える治療だけでなく目に見えない心の治療が必要だと考え、目に見える治療、定期健診を行う診療所と本来の自分を見つめ、受け入れる行為を促進する空間とを併設した建築の計画を関西で最も自殺率の高い和歌山県で行った。

ID007

橙 麻実／Mami Daidai

武庫川女子大学 生活環境学部 建築学科 田中・宇野・猪股研究室

設計期間▷ 5カ月
製作中の苦労や思い出▷ 毎日エコノミー症候群
お気に入りの本▷ 照明デザイン究極ガイド
製作中に影響を受けた人物や思想▷ 磯崎新

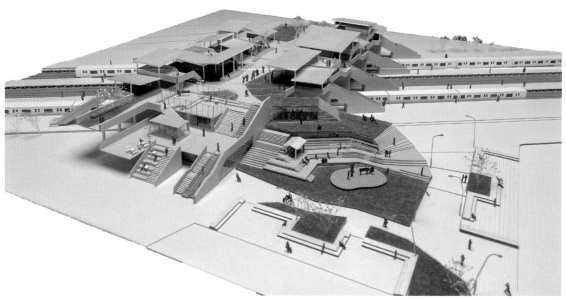

Patched Stairs
自由通路を中心とした新しい駅のかたち

電車から初めてまちに降り立った時、どんな風景や体験に出会えたらわくわくするだろうか。これまでの「公共性」や「実用性」を優先した駅ではなく、地域らしさやそこに住む人々の活動が感じられるような駅を創造したいと思った。本設計では駅に必要不可欠な「階段」がプラットホームとなる地形をつくり、変化していくまちを支え続けるような建築を提案する。手法としてデザインシートを作成し、ボトムアップ式に設計を行なった。

ID008

三澤 知夏 /Chika Misawa

京都工芸繊維大学 工芸科学部 デザイン・建築学課程 武井研究室

設計期間 ▷ 半年
製作中の苦労や思い出 ▷ コロナの影響で製図室が思うように使えなかった。
お気に入りの本 ▷ TRANSIT／and then.
製作中に影響を受けた人物や思想 ▷ ―

ID009

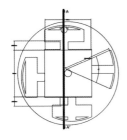
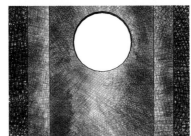
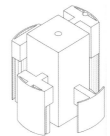

隠喩としての暗室

祖母の死から、私の一部も死んだ。

死んだ私と生きている私とその間にある私の意識を潜める暗室になっている。生滅の中に存在する、感知できるものを空間化する。暗室という機能として、建築への隠喩、現像への隠喩、現象学への隠喩。そして私の存在への隠喩をこの作品を用いて語る。

暗室の中に、時間が止まっている。時間が止まると、生死という概念がなくなる。中陰思想のような生と死の間にある中間質を建築化していく。写真を現像するプロセスは死んだ瞬間の蘇生。その場所は暗室である。

ID009

林 昭澄／Lin Zhaocheng

大阪市立大学 工学部 建築学科 建築デザイン研究室

設計期間 ▷ 1カ月
製作中の苦労や思い出 ▷ 自己否定
お気に入りの本 ▷ 「いき」の構造
製作中に影響を受けた人物や思想 ▷ 柄谷行人、磯崎新

広場がつなぐ人とまち
三軒寺前広場におけるヨリドコロの提案

広場は誰のものか。公共空間に対する「みんなの場所＝誰のものでもない」という意識を変える。敷地は兵庫県伊丹市三軒寺前広場。優れた官民一体の運営体制により一年を通して多種多様なイベントが開催されているこの広場だが、コロナ禍により全てのイベントが中止となった際、ここでの人の活動はほとんど消えてしまった。そこで、より気軽に人々が広場を楽しむためのウチとソトの中間領域であるヨリドコロをつくることで、非日常的なイベント時にのみにぎわいを見せていた三軒寺前広場が、日常でも様々な活動を見せ、非日常であったものと日常が混ざり合っていく。

ID011

佐山 圭香 / Keika Sayama
関西大学 環境都市工学部 建築学科 住環境デザイン研究室

設計期間 ▷ 6カ月
製作中の苦労や思い出 ▷ 提出6日前にノートパソコンが故障
お気に入りの本 ▷ 広場のデザイン
製作中に影響を受けた人物や思想 ▷ 広場ニスト 山下裕子さん

ID012

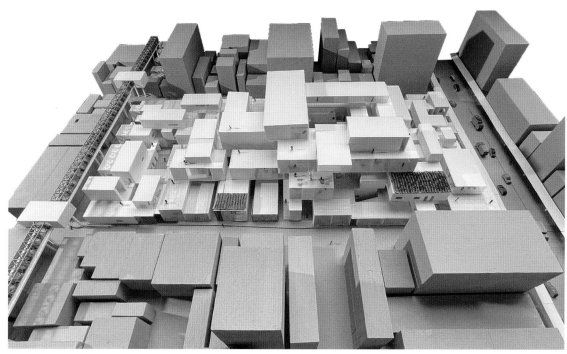

表裏一体都市
都市の余白に生きる京都モデルの再構築

現代の京都における都市は過度な観光地化により都市的な商業機能だけが発達し、高密な都市建築が展開した。都市の余白となる死の空間は増え、街の表と裏が分断された閉鎖的な都市になっている。そこで、空間として死んだ建築のウエとウラを再構築する。街の裏空間に新しくオモテ空間をつくり、さらにそのウラ、ウエへと続々とオモテ空間、ウラ空間を立体的に展開していく。ここでオモテには店舗が並ぶ観光客の場で、ウラには住戸が並ぶ住人の場とする。オモテとウラの空間は分かれているが、多層的に視線でつながった、観光客と住人が互いに孤立せずとも過剰に干渉しすぎない程よい距離感を持った、都市と暮らしが共存したモデルを提案する。

ID012

久保 将己 ／Masaki Kubo

立命館大学 理工学部 建築都市デザイン学科 建築計画研究室

設計期間▷ 2カ月
製作中の苦労や思い出▷ 仲間との議論
お気に入りの本▷ 藤本壮介作品集
製作中に影響を受けた人物や思想▷ 藤本壮介

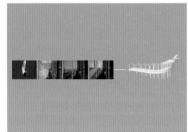

一刻の輪廻

小津安二郎映像メタバース

インターネット上の仮想空間に自分のアバターを作成して行動できる仕組みであるメタバース。そんなメタバースは地域とどのようにして交わるのか。三重県・松坂城跡。1588年蒲生氏郷が築城して誕生したこの城下町は1900年代に映画作家・小津安二郎を育てた。人それぞれが想う城跡の形を裏切らないために実在の城跡には手を触れず、この土地で育った小津安二郎の作品を遺す。それは私たちが未来に託す現代における方法。その土地で育った人をメタバースに遺すことで時代性によって変化する歴史を編集しやすくする。美しい史跡が点在する日本で遺産を楽しむ方法であり、後世へ物語を伝えるプロローグとなるかもしれない。

ID013

宇野 香 ナバラトゥナ ／Kaori Navaratne Uno

大阪工業大学 ロボティクス&デザイン工学部 空間デザイン学科 福原研究室

設計期間 ▷ 1カ月
製作中の苦労や思い出 ▷ 提案の面白さを見失って泣きながら敷地模型をつくっていました。ハンカチで拭ってやりたい。
お気に入りの本 ▷ なんらかの事情
製作中に影響を受けた人物や思想 ▷ 小津安二郎

ID014

  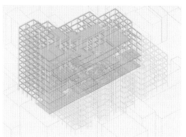

触れ合う都市
── 大阪市北船場 × 中小オフィスビル群再編 ──

大阪市北船場、比較的小さな街区に中小ビル群が高密に立ち並ぶ街区構造が残る独特の下町感が漂う、オフィス街である。高密な中小ビル群から人々が現れる街路空間は、多様な人々が接触する場であり、通りにはそれぞれの雰囲気をまとった界隈が築かれている。このような街区構造を生かした、新たな街区再編について考える。ビルとビルが触れ合うことによる恩恵と介入は、人々にとって自由であり不自由でもある。一人格では捉えきれぬ他者の存在を意識し、思わぬ出会いやコミュニケーションを生むために、人々は都市に集まるのではないだろうか。この建築を登ったとき、これからの北船場にしかない新たな都市の拡がり方が見えるかもしれない。

ID014

菊地 建介 ／Kensuke Kikuchi

大阪大学 工学部 地球総合工学科 建築工学コース 建築・都市人間工学領域

設計期間▷ ─
製作中の苦労や思い出▷ もっと早い段階で多くの人に話を聞いてもらい、切り替えるべきだった。
お気に入りの本▷ 人の集まり方をデザインする
製作中に影響を受けた人物や思想▷ 千葉学

360ぶんの。
地域点在型小中一貫がつくる西宮浜

様々な教育の歴史を経て、現代の日本の学校は集団性、集団原理に基づく規律が守られている場所である。しかし、今日の社会では、「一様」であることから「多様」であること、「みんなと同じことができる」ことから「みんなにはできないことができる」ことが重要視されるようになっている。こうした社会の変化に伴って「他の子どもと同じように」「全ての子どもが平等に」という学校教育の枠組みが問い返されている。学校は20年後の社会の姿であり、学校で大切にされたことはこれからの社会でも大切にされる。今よりも小さな単位での居場所や振る舞いが尊重される学校を提案したい。

ID015

河合 美楓 ／Mika Kawai
関西大学 環境都市工学部 建築学科 都市設計研究室

設計期間 ▷ 3カ月
製作中の苦労や思い出 ▷ よしよしよし···
お気に入りの本 ▷ ちいさな矢印の群れ
製作中に影響を受けた人物や思想 ▷ 小嶋一浩

ID016

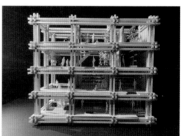

農業都市
次世代の農業の在り方

国産農産物の生産減は深刻化する恐れがあり、今後は国民が農業を支えていくことが重要である。植物工場は、天候に左右されず農作物を安定生産する施設として注目を浴びている。生産コストが嵩む課題はあるが、それ以上に世界の食料不足や国内の農業従事者の減少、自然災害増加による不安定な農作物生産量・価格といった課題解決に繋がるメリットがあると考える。建築設備の老朽化が進んでいる大阪駅前第一ビルを計画地とし、観光客や農業就業者を中心に農業の技術や歴史を広く知ってもらうことで、日本の農業問題の衰退のみならず、世界の農業問題に対しても解決の糸口になるのではないか。

ID016

藤澤 駿大 ／Shundai Fujisawa

京都建築大学校 建築学科 杏義啓研究室

設計期間 ▷ 7カ月
製作中の苦労や思い出 ▷ 徹夜
お気に入りの本 ▷ 不確かな必然性
製作中に影響を受けた人物や思想 ▷ クリスチャンケレツ

「ふるまいはアートに内包される」

－越後妻有地方におけるアート行脚－

大地の芸術祭が開催される越後妻有地方に観光と暮らしが融解する「アート作品を鑑賞する場」を提案する。
周辺の住民は、アート作品が持つ集客性と鑑賞する場の恩恵を受けつつ観光と良好な関係を築いていく。
そして両者が組み合わさった記憶・ふるまいが新たな越後妻有を創出していく。

アート作品は、展示されながらふるまいと共に後世へと受け継がれていく。

「ふるまいはアートに内包される」

越後妻有地方におけるアート行脚

大地の芸術祭が開催される越後妻有地方に観光と暮らしが融解する「アート作品を鑑賞する場」を提案する。周辺
の住民は、アート作品が持つ集客性と鑑賞する場の恩恵を受けつつ観光と良好な関係を築いていく。そして両者
が組み合わさった記憶・ふるまいが新たな越後妻有を創出していく。
アート作品は、展示されながらふるまいと共に後世へと受け継がれていく。

ID018

上田 彬人 ／Akito Ueda

大阪工業大学 工学部 建築学科 本田研究室

設計期間▷ －
製作中の苦労や思い出▷ 友人宅での泊まり込み模型制作（徹夜付き）
お気に入りの本▷ 建築を気持ちで考える
製作中に影響を受けた人物や思想▷ 五十嵐太郎さん

ID019

ミチへの遭遇
神戸三宮における都市と自発的体験の媒介地

情報過多社会においては、メディアによる情報の操作によって人々が受け取る知識や体験が偏っており、人々が新たな未知なる認識に出会うことが難しくなっている。そのため受け取る情報の自発的な選択を初めとし、実世界での他者との交流や創作活動を介した知識体験の共有の場が必要だ。敷地はセンター街・旧居留地をはじめとして多様なまちが粒状にひしめき合う神戸三宮に位置し、周囲を様々なまちに囲まれた幅約45m、長さ約560mに及ぶ区画。ここにまちの多様な要素を集積し、人々に自発的な物事への関わりを生み出す場となって人と人、人とまちの関わりを強め、都市の空白だったこの地は人とまちを媒介する新たな都市のメディアとなる。

ID019

森 健太 ／Kenta Mori

神戸大学 工学部 建築学科 末包研究室

設計期間 ▷ 5カ月
製作中の苦労や思い出 ▷ 多くの先輩・後輩・同期に非常に助けられた卒計でした。
お気に入りの本 ▷ 原っぱと遊園地
製作中に影響を受けた人物や思想 ▷ ダニエル・リベスキンド／ピーター・アイゼンマン／青木淳

「えんとつ」は、街を想ふ。

兵庫県たつの市龍野。中世に龍野城の城下町として形成され、醸造業で栄えたこのまちには、今なお古式な町家や醤油工場・土蔵等が残され、歴史的なまち並みが形成されている。敷地は重伝建地区の外れ、新旧が共に在る地区である。人口減少・高齢化が進み、古くからの住民と若い世代の隔たりも生まれる中で、このまちの静かな日常とまち並みは緩やかに失われつつある。このまちの穏やかな営みを守り、未来へつなげていくために。訪れる人がより深くまちを知り、住まう人も訪れた人もよりまちを好きになってもらえるような、ささやかな居場所を考える。

ID020

宗利 昌哉 ╱Masaya Munetoshi
大阪大学 工学部 地球総合工学科 阿部研究室

設計期間 ▷ 2カ月
製作中の苦労や思い出 ▷ 痩せました。
お気に入りの本 ▷ 考えること、建築すること、生きること
製作中に影響を受けた人物や思想 ▷ 内藤廣

ID021

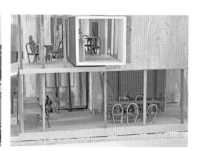

生きられる道

生きられる道
琵琶湖有人島における所有感覚の希薄化を前提とした空間の転用

家は人に生きられて生きている。家は住人がいなくなった途端、ぷっつりと息をするのを忘れたように廃墟化してしまう。もしも『人の所有感覚が希薄化した世界』ならば。

過疎化が進む琵琶湖有人島沖島にて、島民同士の曖昧な所有感覚、島を構成する生活路『ホンミチ』と家との関係を観察した。空き家化する前に家の中に公的な『道』を通すことで空間の所有感覚を揺らがす。行為の交渉による所有感覚が空間にじわじわと染みわたる。家は徐々に道になり、日常と冠婚葬祭の空間として生き続けられる。

ID021

守本 愛弓 ／Ayumi Morimoto

京都工芸繊維大学 工芸科学部 デザイン・建築学課程 長坂研究室

設計期間 ▷ 7カ月
製作中の苦労や思い出 ▷ ラムネコーヒー
お気に入りの本 ▷ 住宅論
製作中に影響を受けた人物や思想 ▷ これまでの人生で関わってくださった全ての方

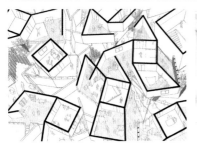

めくられる頁
地域性を獲得する共同住宅

雑多な建物にどこか惹かれるのはなぜだろうか。生活感を標榜させた複雑な様子が初めて見た人の想像力を掻き立てている。表層は混沌としていて未開人には刺激的であるが、内部での暮らしはどうだろうか。偶発性を確実に量産させる空間があるとするならば、これを演出する何かしらの構造を見つけ出せないだろうか。「野生の思考」において、雑多な要素の中からありあわせの記号を用いて自分の考えを表現することをブリコラージュと呼んでいる。このありあわせの記号は新しい言語を生み出す事ではなく、等身大の日常的な場面に置き換え、象徴意欲を働かせて想像力を補う事であると読み解く。この変換作業に則って三次元での多様性の表現を目指す。

ID022

松井 華波 ╱Kanami Matsui

立命館大学 理工学部 建築都市デザイン学科 建築計画研究室

設計期間▷ 4カ月
製作中の苦労や思い出▷ 提出前に同期が適当にかけた馬券が3連単で17万を獲得したこと。
お気に入りの本▷ 乾久美子 『小さな風景からの学び』
製作中に影響を受けた人物や思想▷ 乾久美子

ID023

都市の浸透圧
廃線跡地が占拠されるのを防ぐ楔としての社会包摂機能

西成における本当に共存しあえる場を考える。あいりんセンターの閉鎖や万博開催に伴うジェントリフィケーションによって日雇い労働者の居場所がなくなると想定し、この時、空白の廃線跡を用いて、敷地のフェンスが開放された時に生じる住宅からの浸透、廃線跡に対して配置される宿泊施設からの浸透、その両側のバッファとしての庭によって廃線跡の場の平衡状態を保ち、場が占拠されることを防ぐ、楔としての社会包摂機能を段階的に計画する。結果として、廃線跡地という場を用いて西成の生きる多様な人々が本当に共存しあえる場をつくる。

ID023

山田 紘一 ／Koichi Yamada

近畿大学 建築学部 建築学科 建築環境研究室

設計期間▷ 5カ月
製作中の苦労や思い出▷ 設計に病んだ友人を鼓舞し、家から連れ出したこと
お気に入りの本▷ Tokyo Metabolizing
製作中に影響を受けた人物や思想▷ 北山恒

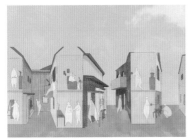

下町情緒の重層化

大阪の下町を対象とした路地の複層化における意識拡張のプロトタイプ

郊外でもなく都心部でもない。建ぺい率の高い小さな家屋が密集し庶民的な気質を持った住民らの居住区である大阪の下町は、居住区だけでなく観光地としても人気を集めていると同時に、多くの観光公害が住人に萎縮した暮らしを強いている。観光者が住人を感じる意識の余白を増幅する機能を露出させ、観光者と住人が互いを意識し合うことで観光公害を抑制し、住みやすく観光しやすくするための装置となる建築。

ID024

葛城 亜美 ／Ami Katsuragi

近畿大学 建築学部 建築学科 都市デザイン研究室

設計期間 ▷ 6カ月
製作中の苦労や思い出 ▷ 設計するには金がいる
お気に入りの本 ▷ かくれた次元
製作中に影響を受けた人物や思想 ▷ エドワード・ホール

ID025

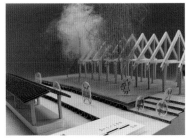
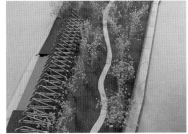

みづの拠り所
── 淀川に流れる動の景観を受け継ぐ船着場 ──

琵琶湖から流れ出る唯一の河川、淀川では古来より主要な交通手段として舟運が発達してきた。しかし、昭和初期以降に鉄道などの陸上交通が整備され、舟運は人々の暮らしから遠ざかっていった。土地の歴史や動の景観［＝シークエンス］を後世に伝えるため、淀川舟運を復活させ、河川とまちを結ぶ役割をもつ場所を提案する。桂川・宇治川・木津川の三川合流地点には、対岸を結ぶ橋や渡し船が存在したが、現在は対岸を結ぶ場所がなく、河川が地域を分断している。舟運を復活させ、淀川を地域の軸とすることが、歴史的風景の継承と地域を結ぶ手段となる。本提案によって、淀川を「地域の拠り所」として地域同士の新たな流れが生まれることを期待する。

ID025

彦井 麻菜 ／Mana Hikoi
摂南大学 理工学部 建築学科 加嶋研究室

設計期間▷ 6カ月
製作中の苦労や思い出▷ 作品展前で忙しい中、ゼミ室のみんなで恵方巻きを食べたこと
お気に入りの本▷ SDGsで読み解く淀川流域
製作中に影響を受けた人物や思想▷ 特にありません

滲む境界と溢れ出す領域
線路のそばの住みこなし

和歌山県御坊市にある、紀州鉄道。その沿線では、かつてより線路空間に対して開いた生活が営まれており、線路空間とまちとの間に隔たりはほとんどない。また線路空間はプライベート性の高いパブリック空間であるという両義性と、踏切では電車がきた時のみまちから切り離された線路空間となる可変性を持っている。これらの性質を利用し、線路空間とまちの滲んだ境界に居住者の生活領域が溢れ出すことで、線路を介した繋がりが生まれ、居住者が地域コミュニティに溶け込みやすくなる。このようにしてできた鉄道と人が共存する風景は、地域資源の一つとしてまちに活気をもたらす。

ID026

石家 佳奈 ╱Kana Ishiie
立命館大学 理工学部 建築都市デザイン学科 建築計画研究室

設計期間 ▷ 10日間
製作中の苦労や思い出 ▷ 「お前もう議論すんなよ」
お気に入りの本 ▷ Diplomaの作品集
製作中に影響を受けた人物や思想 ▷ 杉本博司

ID027

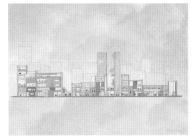

おおさかニューロジ計画
開削による表裏共存の提案

都市化が進むにつれて便利になっていく日々の生活。都市化が進むと繁華街の近くの地域にはたくさんの人が訪れ建物のなかに生活を隠してしまい表裏を分断してしまう。その表裏分断した都市が当たり前の日々をつくってしまっているのではないかと考える。そこで本計画は建物を開削することで新しいファサードが存在する表裏共存した「ニューロジ」を設け、当たり前になっていた日々の生活を再認識させる空間を提案する。そして「ニューロジ」という新たな道をもうけることで新しい生活の場があふれ、能動的な生活の場となり、このまちの人の日常をもまもり、大切にし、自分らしく生活できるようなマチが広がっていく。

ID027

田中 恭子 ／Kyoko Tanaka

武庫川女子大学 生活環境学部 建築学科 田中・鳥巣研究室

設計期間 ▷ 5カ月
製作中の苦労や思い出 ▷ 席の周辺の友達と切磋琢磨しながら戦い抜いたこと
お気に入りの本 ▷ A面がB面がにかわるとき
製作中に影響を受けた人物や思想 ▷ 『ナカノシマ』ノヒトタチ

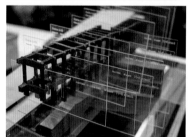

創造する車窓

想像を超える創造過程

新しい形がどのように創造されるのかという問いに興味を持った。創造の種は建築家の想像力ではなく、建築の創造過程にどうしても内在してしまう模型やスケッチ、図面といった他者による想像とのズレにあるのではないかという仮説を立て、その実験としての創造を行った。

敷地は高架化の進む阪急淡路駅周辺。ここに車窓の論理によって車窓のアーカイブを構築することで全く新しい形を創造する。その形は歩行者によって連絡通路として使われることによって今までにないような空間体験をもたらす。

ID028

秋田 次郎 / Jiro Akita

京都大学 工学部 建築学科 ダニエル研究室

設計期間 ▷ 5カ月
製作中の苦労や思い出 ▷ 設計を提出3日前にはじめたこと
お気に入りの本 ▷ 『言葉と建築』『ここじゃない世界に行きたかった』
製作中に影響を受けた人物や思想 ▷ ジル・ドゥルーズ／マルセル・デュシャン／ベルナール・チュミ

ID029

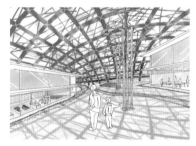

谷の建竹家たち
竹を知り、竹を楽しむ里山のパーク化再生計画

資源としての実用性、環境・防災・景観機能を発揮していたかつての竹林は、生活様式の変化から需要が減少し、現在では放置竹林による里山緑地の荒廃が社会問題となっている。竹林を中心とした緑地の荒廃が進む多井畑地域において、伐採から消費までを楽しむ竹の循環型パークの提案により『厄介者』の竹を有効な資源として活用する。周辺住民を引き込み、整備主体を専門家から地域住民へシフトするフェイズ設定により、持続可能な緑地の維持管理を目指す。地域を分断している谷の緑地をパーク化することにより、地域の憩いの場としての竹利用が暮らしに近接し、現代の暮らしにも竹利用が浸透してゆく。

ID029

中谷 友維／Yui Nakatani

武庫川女子大学 生活環境学部 建築学科 田﨑・杉田研究室

設計期間▷ 5ヵ月
製作中の苦労や思い出▷ 論文と設計の両立
お気に入りの本▷ Bamboo Architecture
製作中に影響を受けた人物や思想▷ ストイックに建築と向き合う友人

Into the Puus
植木の中に佇む環境教育の場

近年の小中学校では1人一台のタブレットが普及し、こどもたちがIT機器に触れる時間が増加している。一方で屋外の遊び場は減少し続け、自然の中での学びや遊びは都市部と地方で差が生じている。北欧では自然の中での教育が日常的に行われており、こどもたちの創造性、自立性、社交性を育む環境教育が実践されている。日本の都市近郊であっても植木産業を利用することでおおよそ森のような自然環境を表現でき、こどもたちが環境教育を受けられる場を創造できると考えた。自然の中に佇(たたず)む北欧の建築を参考にし、こどもたちが自然の中で環境教育を受けられるカルチャーセンターを提案する。

ID031

和田 千夏 ／Chinatsu Wada

京都工芸繊維大学 工芸科学部 デザイン建築学課程 高木研究室

設計期間 ▷ 4カ月
製作中の苦労や思い出 ▷ 製図室が寒すぎた
お気に入りの本 ▷ フェルメールの世界
製作中に影響を受けた人物や思想 ▷ アルヴァ・アアルト

ID032

川と暮らすまち
伝法漁港におけるスーパー堤防でのまちづくり

大阪の歴史は古くより川とともにあった。川は両岸のまちに恵みをもたらし、賑わいをもたらし、そして水害をもたらした。人々は、川を埋め立て堤防を築くことで暮らしを守ったが、かつての風景は失われてしまった。しかし、今でも川との繋がりを求めている。敷地は大阪市此花区、住宅街の中に小さな船溜まりをもつ伝法という地域。スーパー堤防事業によって再整備されるまちで、漁港とお祭りを中心とした川との暮らし方を提案する。

ID032

八尾 陽香 ／Haruka Yao

関西大学 環境都市工学部 建築学科 住環境デザイン研究室

設計期間▷ 5カ月
製作中の苦労や思い出▷ お手伝いさんとゼミのみんなのおかげで卒業できました。
お気に入りの本▷ アアルト展の図録
製作中に影響を受けた人物や思想▷ 東日本大震災の復興まちづくり

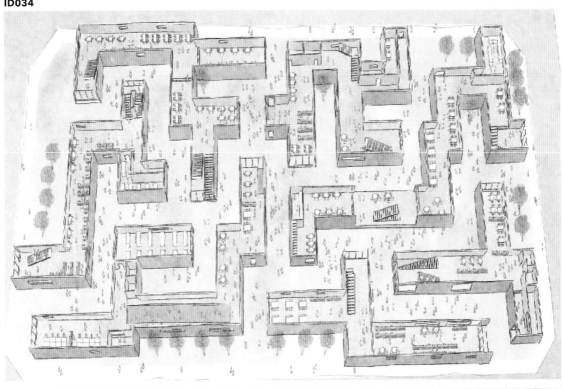

邂逅の迷い路

道に迷ったとき、周囲に意識を向けることで偶然好きな景色に出会ったり、知っている場所につながっていることに気づいたりする。そうしてそのまちを知り、そのまちをより身近に感じられるようになる。利便性と安全性を求めてつくられた新興住宅地は地域性を失い、まちと人の距離が遠い。そうした新興住宅地において、迷い路は偶然の出会いや気づきを創出し、これまで認識してこなかった地域のふるまいを知るきっかけを与える。そこに暮らす人の生活風景を通してまちを知ることで、失われつつある人と人、まちと人の繋がりを再生する。

ID034

小池 侑暉 ／Yuki Koike

立命館大学 理工学部 建築都市デザイン学科 建築計画研究室

設計期間 ▷ 4カ月
製作中の苦労や思い出 ▷ ―
お気に入りの本 ▷ ―
製作中に影響を受けた人物や思想 ▷ レベッカソルニット

ID035

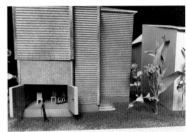

母の家、父の家、わたしの家

大規模郊外住宅地の縮図ともいえる、工場跡地に建てられたわたしの家やまちを用いて、家とは、家族とは、地域とは、建築家の職能のあり方などを問い直す。家族が一つのまとまりとして認識される中、実際はそれぞれ個人が社会と異なる関係で繋がっている。家族の住む家は複数の独立した個人のための場所であるべきではないか。また、郊外の住宅地では敷地境界線の中だけで完了してしまう生活を送る人が多く、家はどの場所にあってもあまり変わらない。「ここにしかないもの」とはここに住む人々とその人々が暮らしてきた形跡である。このまちをここにしかないまちにしていくために、このまちの構成要素のパッチワークが必要なのではないか。

ID035

小林 美穂 ／Miho Kobayashi

大阪工業大学 工学部 建築学科 歴史・意匠研究室

設計期間 ▷ 10カ月
製作中の苦労や思い出 ▷ 空間の形を決めるのに苦労しました
お気に入りの本 ▷ 深澤直人『ふつう』
製作中に影響を受けた人物や思想 ▷ 山本理顕／中川エリカ／深澤直人

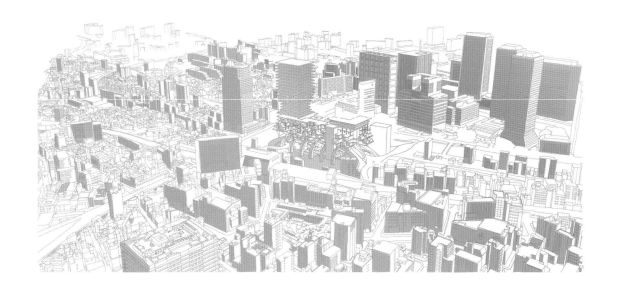

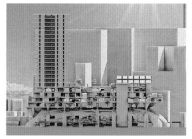

IF建築
京橋の都市開発と新たな商業の在り方

気づきのある建築を。都市には時代によって刻まれた記憶がある。近年都市部での再開発は、商業主義的に建築ボリュームが決定され、残すべき過去の記憶が影を潜めている。今回敷地に選定した大阪京橋にも未来に残すべき記憶がある。これらがなぜ残っているのかを考え、その気づきに基づいて現在の京橋における残すべき要素を抽出し計画する。その抽出した京橋らしさを継承した建築は人々の創造の気づきとなり未来へと受け継がれる。

ID036

武田 剛 /Tsuyoshi Takeda
大阪電気通信大学 工学部 建築学科 北澤研究室

設計期間 ▷ 6カ月
製作中の苦労や思い出 ▷ 絶対に散らかる机、締切に追われる日々、全ていい思い出
お気に入りの本 ▷ 思考の整理学
製作中に影響を受けた人物や思想 ▷ 内藤廣先生

ID038

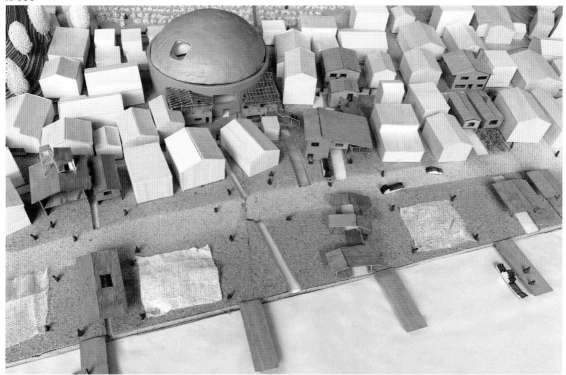

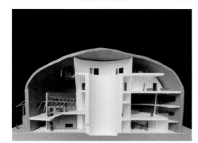

原発解体新町
原発立地地域における歴史の継承と廃炉後の生業・暮らしの提案

原発の廃炉が進む日本。これから廃炉になることがすでに分かっており、原発の歴史や原発立地地域の経済難に対して向き合う必要がある。そこで、ワークショップやヒアリング、原発廃炉の背景を踏まえ、廃炉が決まっている大飯原発の解体廃棄物を活用し、原発の技術の継承及び受け手に任せた歴史の伝承、新しい産業の創出、持続可能な集落の再生を目的とした提案を行う。地域住民へのヒアリングを行い、原発の肯定的な意見・考えが見受けられたことから、原発があった歴史をポジティブに捉え、未来へ継承する。原発の解体廃棄物を利用していく中で、地域の魅力的な要素を活かした計画を行い、原発と地域が混ざり合った風景を生み出していく。

ID038

佐藤 俊／Shun Sato
立命館大学 理工学部 建築都市デザイン学科 都市空間デザイン研究室

設計期間▷ 6カ月
製作中の苦労や思い出▷ 夜中にモンスターで乾杯したこと
お気に入りの本▷ 小さな空間から都市をプランニングする
製作中に影響を受けた人物や思想▷ 先輩

更新される都市、循環する風景
街区の内側に残された空地を文化及び風景継承の場へ

敷地は出雲市大社町、出雲大社から延びる街路に囲まれた内側の空地を計画地として、出雲特有の文化や風景を丁寧に読み解き、これらを継承していく場を提案する。リサーチから得られた街区内側の空地の魅力を踏まえ、内と外の混在した開かれた空間で植物と人・地域住民同士・地域住民と観光客それぞれの関係性が新たに築かれていく。

ID039

殿山 愛弓 ／Ayumi Tonoyama

近畿大学 建築学部 建築学科 ランドスケープデザイン研究室

設計期間 ▷ 5カ月
製作中の苦労や思い出 ▷ 疲れたときは芝生に寝転ぶ
お気に入りの本 ▷ 小さな風景からの学び
製作中に影響を受けた人物や思想 ▷ 乾久美子さん／GGN

ID040

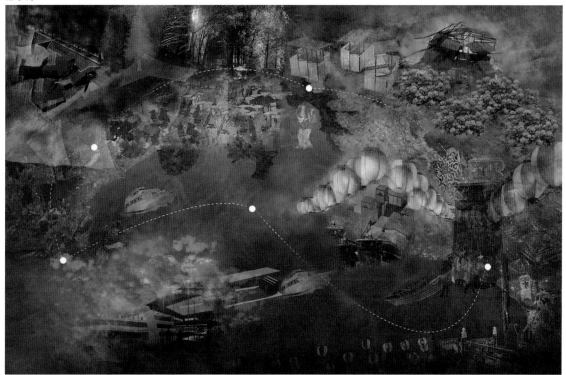

廻演

都市部から分断されていく過疎化地方の生き残りをかけた賑やかな地域復興の物語の幕が今、上がる。過疎化が進む滋賀県湖北の四敷地に舞台施設を設計した。演目のストーリーが繋がることで観客たちは湖北を巡る。各地点の繋がりを通じて少しずつ影響を与え湖北に賑わいをもたらすことを目指す。長浜の祭を起点に、今まで以上の大きなコミュニティを形成していく。それぞれの敷地での日常／祝祭性と定期的に訪れる大きなハレの日が湖北の大自然を舞台背景に行われ、連続的に地域の幕が上がる。雄大な自然が広がる湖北の各地を演劇によって繋ぎ、観客と可動建築が巡る中で湖北の地域復興に寄与する舞台施設を提案する。

ID040

谷口 歩 ／Ayumu Taniguchi

大阪工業大学 工学部 建築学科 本田研究室

設計期間 ▷ 4カ月
製作中の苦労や思い出 ▷ 寝てしまっていいのかと自問自答をしながら眠りにつく日々
お気に入りの本 ▷ 建築家、走る
製作中に影響を受けた人物や思想 ▷ 卒制は、どこまで「嫌」とわがまま言い続けられるかという思想

峡 共 居
── 母子のためのシェアハウス ──

私が4年間の大学生活を通して感じたことは『他人と過ごした時間はかけがえのないもの』である。寮に帰ると「おかえりなさい」「ただいま」と自然に言葉をかわす寮生たち。食事の時間になると同じ空間でそれぞれが料理をし、今日の出来事を話しながら食事をする。そこには4年前の私には想像もできない時の流れがあった。人と暮らす日々をいろいろな人にも経験してほしいという願いから設計したシェアハウス。近隣の住民との関係性が希薄になりつつあるこの現代で、コミュニケーションを図るための子ども食堂や学童保育を併設し、子どもやその親にとってのより良い暮らしを提案した。

ID041

岩田 栞奈 ／Kanna Iwata
武庫川女子大学 生活環境学部 建築学科 鳥巣・田中研究室

設計期間 ▷ 5カ月
製作中の苦労や思い出 ▷ 論文と設計を平行して進めながら、建築巡りの旅に出かけたこと。
お気に入りの本 ▷ 『アルヴァー・アールト エッセイとスケッチ』
製作中に影響を受けた人物や思想 ▷ 「アルヴァ・アアルト」の内部と外部をつなぐ方法

ID042

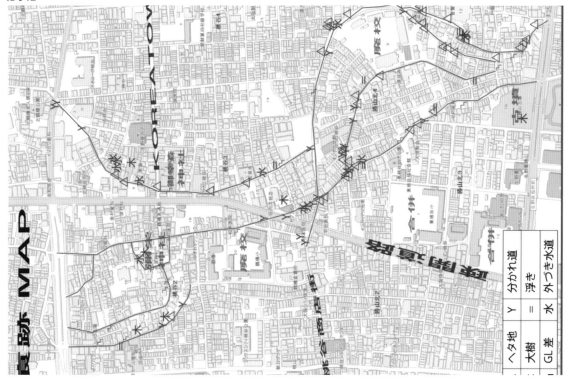

Y字路村の家族を超えた住人たち
── 生野区桃谷における三角長屋の再編成 ──

建物が敷地を領空で超える。家族はその建物を越える。ここでの家族を超えた住人たちが住む家では、みんなが暮らしの空間を自由に隅々まで使いこなす。今までの階層関係からは生まれない空間のその先に、新たな集住空間が生まれるのではないだろうか。敷地、床、壁、開口部、屋根たちが従属しない錯綜する三角長屋で、親戚的なコミュニティが溢れる風景が流れる。かつての河川の痕跡によって不整形な街区が残る桃谷。そこに３つのＹ字路により縁取られたひとつの三角形の街区がある。その街区を構成する21の既存住宅群を見つめ直し、これから先も住み続けるための住宅群へと再編成する。

ID042

李 銀芽 ／Li Yinya

近畿大学 建築学部 建築学科 プロジェクトデザイン研究室

設計期間 ▷ 3カ月
製作中の苦労や思い出 ▷ ゼミのみんなと限界寸前まで笑い合ったこと。
お気に入りの本 ▷ fundamentals
製作中に影響を受けた人物や思想 ▷ 横尾忠則

ひとつなぎ
── 佃島のふれあい公園と防災船着場における日常と非日常の連続 ──

計画敷地のある大阪市西淀川区佃は島で、周囲に堤防が敷設されているものの、水害の大きな危険性を孕んでいる。防災船着場が設定されており、それは陸路での輸送が困難な場合に水路を活用して物資輸送をするものである。ここから避難施設や復興拠点としての可能性に着目した。また、災害時のみならず日常においても、連続して各人が居場所を見つけて交流を広めていける公園施設としても計画した。抵抗のない日常使いの施設に早期避難させることで、減災にも寄与する。日常時と非常時において連続して有意義に利用されることを想定しており、これが避難時の住民の自主的な活動を支え、いつもの延長という安心感をもたらす。

ID043

倉知 直生 ／Naoki Kurachi

神戸大学 工学部 建築学科 中江研究室

設計期間 ▷ 間飛んで6カ月くらい？
製作中の苦労や思い出 ▷ 見積もりがてんで合わない
お気に入りの本 ▷ 思考の整理学
製作中に影響を受けた人物や思想 ▷ 出会った全て

ID044

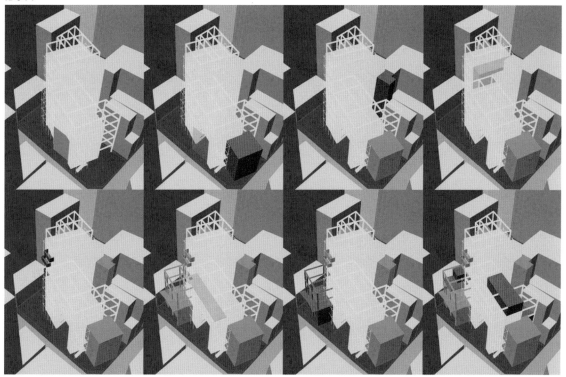

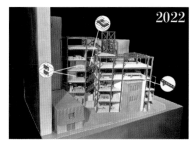

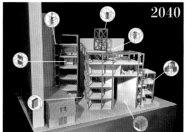

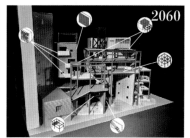

流転

── 建築的補助線による動的な雑居ビル ──

建築を取り巻く状況は絶えず変化する。そんな動的な環境の中、竣工時の姿のまま一生を終える建築のあり方に疑問を抱いた。そこで今や都市における主要なビルディングタイプとなった雑居ビルに焦点を当て、状況変化への応答を導く「建築的補助線」のパタンを作成。ケーススタディとして池袋駅前の雑居ビル密集地に建築的補助線をいくつも内包する雑居ビルを設計し、周辺環境や社会情勢の変化に丁寧に反応しながら場当たり的に姿を変えゆく、いわば「流転する」建築の未来を描く。

ID044

森田 えりか ／Erika Morita

京都大学 工学部 建築学科 田路研究室

設計期間 ▷ 5カ月
製作中の苦労や思い出 ▷ PCでフォルダ分けができることを知った
お気に入りの本 ▷ 異邦人（カミュ）
製作中に影響を受けた人物や思想 ▷ ―

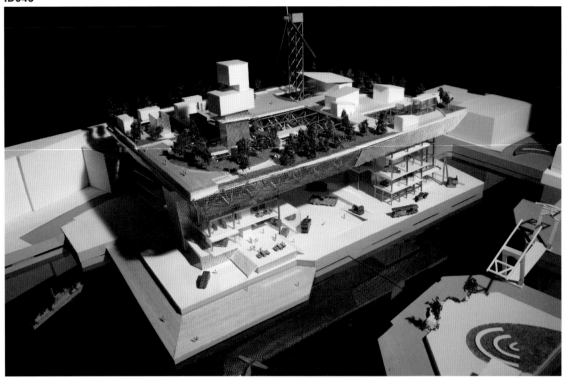

労働礼賛
日常を支える労働者のミュージアム

現代人は技術の発達により日常生活において多くの恩恵を受けている一方で、社会を陰で支え、かつ現場で働く労働者の重要性に気づいている人間は多くはいない。さらに近年のcovid-19蔓延以降、場所を問わない働き方の急速な普及は、現場で働く労働者の存在が必要不可欠であることを浮き彫りとした。そこで自由な働き方や社会を陰で支える労働者の重要性について注目されているこの時代において、労働者の研修施設と純粋な子どもを対象とした労働の大切さを伝えるミュージアムが複合した施設を提案する。

ID045

本田 暁彦 ／Akihiko Honda

立命館大学 理工学部 建築都市デザイン学科 建築意匠研究室

設計期間 ▷ 4カ月
製作中の苦労や思い出 ▷ 睡眠不足
お気に入りの本 ▷ リチャードロジャースの作品集
製作中に影響を受けた人物や思想 ▷ リチャードロジャース

ID046

丸山ブリコラージュ
斜面へのタイポロジー

便利で何でも画一化されていく現代には"つくる"という人間の本能意識が薄れていく。一方で丸山というすり鉢状の斜面に住み着く人々の斜面に対する場当たり的なふるまいは斜面へのタイポロジーとなってまちの風景に表れている。ブリコラージュ的な成り立ちをしたこのまちのプロセスを積層させ、つくるという文化的行為を促す建築群を提案する。

ID046

高村 優月 ／Yuzuki Takamura

近畿大学 建築学部 建築学科 松本研究室

設計期間▷ 8カ月
製作中の苦労や思い出▷ 辛ラーメン
お気に入りの本▷ 路上と観察の表現史
製作中に影響を受けた人物や思想▷ 考現学

フェアウェイを耕す

大規模な物流拠点や住宅地開発は都市郊外の農地を浸食し、暮らしは大きな経済循環の中に埋もれていく。そんな都市の社会背景に違和感を覚えた。本設計ではバブル時代建設され経営困難に陥る多くのゴルフ場に着目し、環境循環と一体化した新たな都市郊外のライフスタイルを見出す。

ID047

貢 駿登 ╱Shunto Mitsugu

大阪工業大学 工学部 建築学科 寺地研究室

設計期間 ▷ 4カ月
製作中の苦労や思い出 ▷ －
お気に入りの本 ▷ 外山滋比古『やわらかく、考える』
製作中に影響を受けた人物や思想 ▷ リチャード・ノイトラ「VDLリサーチハウス」

ID048

融解する境界
キャンパスとまちの共存に向けて

大学キャンパスは小さな都市である。多くの学生や教員の研究や学びの活動が存在し、周辺地域の土地利用や景観、居住環境や街の賑わいなど、多様な側面で影響があるものと考えられる。近年、郊外キャンパスは囲われた領域のなかでひとつのまとまりとして考えられており、まちとの関係が希薄になりがちである。しかし、キャンパスがまちにあることは、持続可能な地域社会現実のために大きな可能性を有していると考えられる。

よって、大学キャンパスと地域との関係性が重要となり学生や周辺に住む地域住民の生活の中で連続する必要がある。本設計は、大学キャンパスと隣接するまちの境界を融解させ、共存させることを目的とした提案である。

ID048

山際 綾 ／Ryo Yamagiwa

立命館大学 理工学部 建築都市デザイン学科 都市空間デザイン研究室

設計期間 ▷ 6カ月
製作中の苦労や思い出 ▷ モンスター
お気に入りの本 ▷ ひとの居場所をつくる
製作中に影響を受けた人物や思想 ▷ 先輩方

奏でる和み歌
単身者向け集合住宅

郊外には、住宅や福祉施設が流れ込み、井戸端会議的空間として存在していた地域の自然な拠点が減少している。
地域性を含めた設計の中で、住棟内外の生活に身近な空間に、自然と人とが絡まる生産性のある計画を行う。縦と
横の抜けが、土地の情景や差し込む光に人が入り込み、建物が人と人の曖昧な空間での関わりを育みだす。
日常的な場に集会する空間を形成することで、軽度の支えを必要とする単身高齢者の簡易な拠り所になり、日常
的（自然）に存在する空間が、単身住人や地域のアウトリーチにもつながり、孤独死・早期施設収容の防止につなが
るだろう。

ID049

谷口 佳乃子 ╱Kanoko Taniguchi

帝塚山大学 現代生活学部 空間デザイン学科

設計期間 ▷ 5カ月
製作中の苦労や思い出 ▷ 電車で2時間の模型運搬
お気に入りの本 ▷ ノックアウトのそのあとで
製作中に影響を受けた人物や思想 ▷ 学科の友人

ID050

Vividly House
自己と他者との関係から成る6人の住まい

人は他者に映る自分の像とともに生き、そこに自己の存在を発見する。自分がある他者から求められた時、その他者にとって自分は欠けがえのない存在となっている。一方で、自分はその他者を心の在りどころとしている。他者の中で生きる自分が自分に生きる意志を与え、両者はお互いに存在を補い合いながら生きている。そのような人と人との関係性に基づき、建築を補助線として自分の住まいに他者の生活が入り込み、一緒に住まいをつくっていくような住まいモデルを提案する。他者の存在によって自分の住まい方が有機的に変化し、一緒に成長していく、生きているような住宅を目指す。

ID050

小高 朋海 ／Tomomi Kodaka

大阪大学 工学部 地球総合工学科 木多研究室

設計期間 ▷ 1カ月
製作中の苦労や思い出 ▷ 後輩たちが一緒に模型づくりを手伝ってくれたこと
お気に入りの本 ▷ 富嶽百景
製作中に影響を受けた人物や思想 ▷ A.スミス

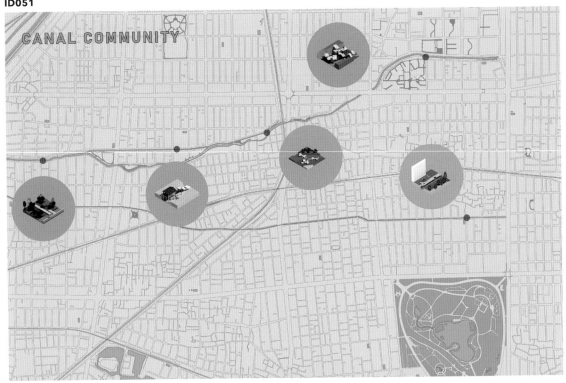

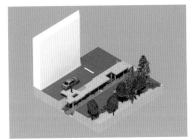
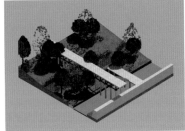

CANAL COMMUNITY
児童の自己教育力と建築・都市の活用方法

過去に川に降りて遊んでいると小学校の先生に見つかり怒られたことがある。

子どもの頃段差を遊具に、柵をハードルに、白線を崖の淵に、何もない場所を建築として捉えていた。

このような考えは時代が進むにつれ、また社会性を身に着けるたびに失われるものなのか。

本計画はまちにある建築を見つけだす機会をつくり、箱で建築を感じるのではなく、土地全てで建築を楽しむきっかけになる。

ID051

播本 直樹 ／Naoki Harimoto

大阪工業大学 工学部 建築学科 岡山研究室

設計期間 ▷ 1年間?
製作中の苦労や思い出 ▷ 声が五月蝿くて、怒られた。
お気に入りの本 ▷ 都市と建築のパブリックスペース／チェンソーマン
製作中に影響を受けた人物や思想 ▷ 仙田満／モンテッソーリ教育

ID052

変容する孤の空間
孤りの価値を問い直す集合住宅

コロナ禍で人々は距離に対して敏感になるとともに、一人で過ごす時間が急激に増えた。「状況としての一人」は同じでもどう受け止めるかは人により異なる。日々の充実感を感じる人、能動的に変化を楽しむ人、漠然とした孤独を抱える人など様々である。そんな中、精神的な苦痛を感じ、自己を見失ってしまう人も少なくないだろう。彼らの生活は無機質な個室で完結することが余儀なくされる。そこで、集合住宅の個室そのものの在り方、集合体としての在り方が問われる。他者との接点をどうつくるのかではなく、孤の空間をどうつくり、他者との関係から孤の価値がどう生まれるのか。それを求めた先に、人と一緒に住むことの新しい意味が浮かび上がる。

ID052

三浦 一輝 ／Kazuki Miura

大阪市立大学 工学部 建築学科 建築デザイン研究室

設計期間 ▷ 1.5カ月
製作中の苦労や思い出 ▷ 模型の塗装に失敗
お気に入りの本 ▷ 美しいノイズ
製作中に影響を受けた人物や思想 ▷ 特にありません

遷る壁
高速増殖炉もんじゅの弔い方

福井県敦賀市の北端に位置する高速増殖炉もんじゅ。技術的な困難さから失敗に終わってしまったため廃炉が決定し、30年後には更地にする計画である。一方で様々な問題を背負いながらもこの場所は、周辺住民にとっては生活の支えとなり世界の最先端となりうるという希望を持たせてくれる場所でもあった。また、もんじゅから排出される核のごみは無毒化までの数百年間、違う場所で安全に管理される必要がある。この地の終わらせ方を、原子力発電所において人々を物理的に守る概念である五重の壁に対して、時間とともに遷る第六の壁をメタファとして、提案する。

ID053

眞下 健也 ／Kenya Mashimo

神戸大学 工学部 建築学科 光嶋研究室

設計期間 ▷ 2カ月
製作中の苦労や思い出 ▷ 敷地内が立ち入り禁止で敷地見学できなかったこと
お気に入りの本 ▷ RCRアーキテクツ『夢のジオグラフィー』
製作中に影響を受けた人物や思想 ▷ RCRアーキテクツ

ID054

水村山郭
ぼく、わたしたちの村

都市部では子どもたちが自由に遊べる環境が減り、地方では高齢化に伴う過疎化が進み、共に過ごし、守り、守られてきた自然環境が衰退している現状にある。現状の遊びの環境を再考していき自然に寄り添い、自然環境をなるべく壊さず、子どもたちが自ら手を加えられる余地がある子どもたちの「生活／活動」の場としての『村』となる基盤を計画する。限られた資源で工夫し、時には大人の協力も得ながら自分たちの居場所を拡張していき、結果として子どもたちの『村』となる事を目指す。大きな自然の中で、失敗を繰り返しながら遊び、学び、成長していくと共に、子どもたちが山で暮らし、自然と共に生きる事で山の環境を守っていく。

ID054

川村 泰雅 ／Taiga Kawamura
大阪工業大学 工学部 建築学科 本田研究室

設計期間 ▷ 8カ月
製作中の苦労や思い出 ▷ イメージが固まらず苦労した
お気に入りの本 ▷ 新建築
製作中に影響を受けた人物や思想 ▷ 藤森照信

侵食され、紡がれる
坂出人工土地を再編する

人口減少に従い、スポンジ化スプロール化が進み、低密度化してゆく地方都市。地元香川県坂出市に位置する、メタボリズム建築坂出人工土地は、新陳代謝することなく市街地の中に取り残されている。居住者以外が地盤上へ上がることはほぼなく、まちから忘れ去られていくこの土地をもっと豊かに使うことはできないだろうか。第二の土地に、大きな操作を加えることで、周囲から地盤上へアクセスするきっかけをつくり、住空間から公共空間へと姿を変えながら周囲と調和し共に新陳代謝してゆく新しいメタボリズムのあり方を模索した。絶対的なヴォリュームを持つ人工土地が周囲からの侵食を受け入れることで未来へその姿をつないでいく提案である。

ID056

小林 優里 ╱Yuuri Kobayashi
関西大学 環境都市工学部 建築学科 住環境デザイン研究室

設計期間 ▷ 10カ月
製作中の苦労や思い出 ▷ 睡魔
お気に入りの本 ▷ 都市をたたむ
製作中に影響を受けた人物や思想 ▷ 饗庭先生

ID057

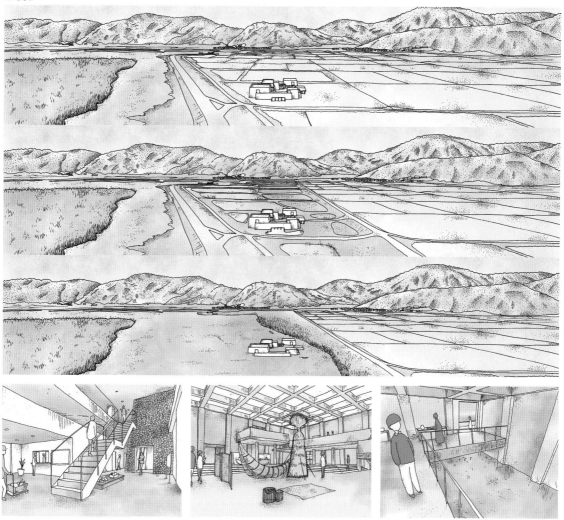

半農半漁の島
干拓の過渡期、内湖の帰期

身の回りにある自然は本当に自然なのだろうか。自分が生まれ育ってきた滋賀県には琵琶湖を中心に広大で美しい田園風景が広がっている。しかし、その多くは内湖と呼ばれる水産業と生態系を支えた浅い湖を干拓してできた景観である。本来の湖底を露出させた干拓地は浸水のリスクや排水のコスト、農業従事者の減少を背景に過渡期を迎えている。そこで干拓地を欧州の近代的な農景観を貼り付けたヨソモノの自然と捉え、それを一部めくり上げるように内湖に戻していくことで干拓がもたらした変化を逆行して体感する場を提案する。引堤の操作とその間の移り変わる植生、沈みゆく建築と変わるプログラムが視覚、身体的に変化を体感させる場を作り出す。

ID057

栗栖 捷太／Shota Kurisu

立命館大学 理工学部 建築都市デザイン学科 建築計画研究室

設計期間▷ 1カ月
製作中の苦労や思い出▷ 対象地が広すぎた。
お気に入りの本▷ そして生活はつづく
製作中に影響を受けた人物や思想▷ ネイティブアメリカンの「地球は子孫からの借り物」という考え

都市に染み出す川辺みち

都市化が進むことで失われた河川の潤い。道頓堀川は政府の取り組みによって水質浄化等が行われているが、地域の人には汚い・危ないという昔のイメージが残ったまま。計画敷地とする繁華街から少し離れた住宅やオフィスが多く建ち並ぶ場所では、まだ川沿いはカミソリ護岸が続いて人が立ち入れるようになっていない。そんな道頓堀川沿いに地域の人々が連続して歩くことができる緑豊かな川辺みちをつくる。川辺みちは川沿いから建物の間や中に入り込み、都市の中に染み出していく。そして、人と自然が共生する風景がつくられ、地域の人によって川辺みちが愛され保たれていく計画。

ID058

中村 菜瑠光 ／Narumi Nakamura

武庫川女子大学 生活環境学部 建築学科 岡崎研究室

設計期間▷ 5カ月
製作中の苦労や思い出▷ 論文と設計を両立して行うこと
お気に入りの本▷ パタン・ランゲージ
製作中に影響を受けた人物や思想▷ 陣内秀信さん

ID060

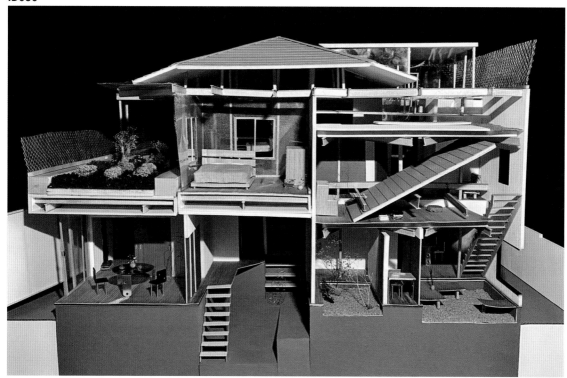

建築要素の番狂わせ

リノベーションとは既存建築を捉え直す行為である。昨今では、躯体を残し、壁・床・天井の一部を取り去るような設計があふれている。しかしリノベーションの本質は、開放的な空間でも、間取りや仕上げの変更でもなく、建築要素を捉え直す事にあるのではないか。ここでは実験的にさまざまな建築要素に対して、位置をずらす・反転させる・傾けるといった操作を行う。これにより建築要素の性質・役割は、時に序列を入替え、時に分解する。ここに既存建築の残像が残ることで、住み手は新たな捉え方を見出す。その先にある未来は、不確定な要素を含みながらも刺激的なものへと変化していく。

ID060

増田 雄太 ／Yuta Masuda

大阪市立大学 工学部 建築学科 建築史建築デザイン研究室

設計期間▷ 5カ月
製作中の苦労や思い出▷ 〆切に追われた日々
お気に入りの本▷ 原っぱと遊園地
製作中に影響を受けた人物や思想▷ 増田信吾／大坪克亘

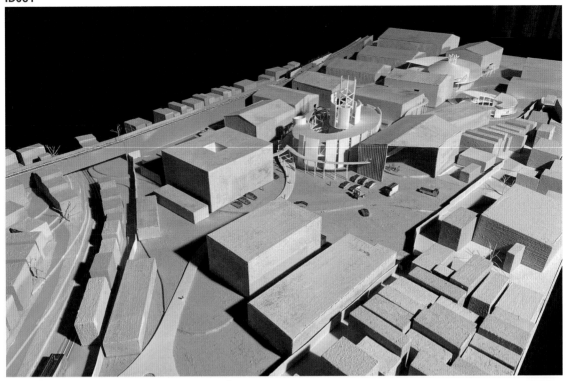

  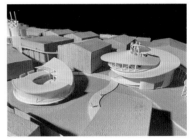

幾重の創造体験

京都太秦映画撮影所を舞台として

デジタル技術によって生み出された情報があふれかえる社会。人間が物事を感知するために使用する五感のうち、視覚と聴覚だけで多くの情報が簡単に受けとれるようになった。しかし、実体験としての"アナログな"情報をデジタル化することにより、感知できる情報量は大幅に減少し、切り取られた情報を受け取るだけの日々を送ることによって、人間の心の豊かさが失われつつある。映画撮影所を舞台とし、五感を使って様々な表現をひろい集める。この実体験を通してデジタル化が進む社会が落としていった、豊かで繊細な心を探し創造する。自分の手で何かを生み出すことで得られる新たな発見と感動、まるで映画のような体験を提案する。

ID061

比果 未穂子 / Mihoko Hika

立命館大学 理工学部 建築都市デザイン学科 都市空間デザイン研究室

設計期間 ▷ 5カ月
製作中の苦労や思い出 ▷ 同じ部屋のメンバーと頑張った
お気に入りの本 ▷ 美術館をめぐる対話
製作中に影響を受けた人物や思想 ▷ ―

ID062

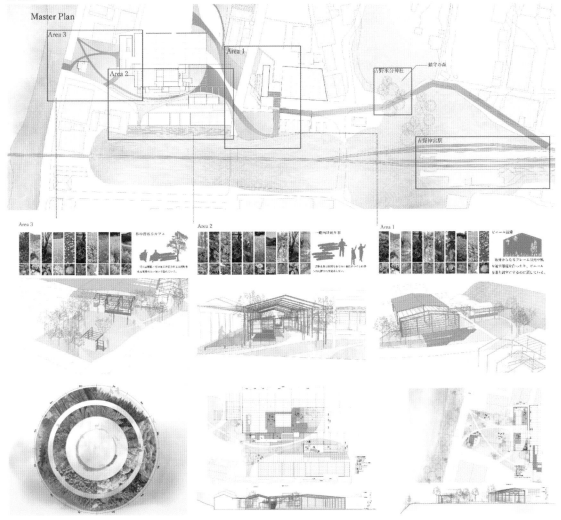

産緑共生
── グリーンベルトが繋ぐエコロジカル・インダストリーの提案 ──

私たちが豊かに暮らす都市や生活において、「産業」はなくてはならないものである。しかし、産業地帯は工場が高密度に整列されまちに溶け込めなくなっている。これからの都市と建築のあり方を考える上で、人々の活動の場の確保・生態系の維持・生産工業の魅力化が重要と考える。豊かな自然を分断してしまっている工場地帯に周囲の緑を引き込むための"余地"をつくり出し、工場内部にまで緑を侵入させる。そうしたことで生まれる豊かな場所に人の居場所を形成することで新たな工場のあり方と自然のネットワーク、吉野木材のこれからの地位の追求を行う。

ID062

松下 暉佳／Akiyoshi Matsushita
近畿大学 建築学部 建築学科 ランドスケープデザイン研究室

設計期間▷ 5カ月
製作中の苦労や思い出▷ 研究室の先生との口論
お気に入りの本▷ Toward an Urban Ecology
製作中に影響を受けた人物や思想▷ Diana Balmori

小さき大地より

そこはもう、あなたの知っている動物園ではない。
ヒトは動物たちの大地に潜る。
ひとり一人が自然と向き合い、考え、感じる場所。

自然の内なる部分からヒトとの関係性を見つめ直し、
「隔てる境界」から「繋ぐ境界」へ。

都市の一角から遠く離れた野生の地に思いを馳せる、
小さき大地の提案。

小さき大地より

動物を見世物にするための牢屋から脱却しつつある動物園。生物学の研究や環境教育、種の保存など役割は多岐に渡り、それらは全てこの地球に還元されるためのものである。しかし、ヒトや動物、それに付随する自然など、動物園は考慮すべき要素が多い特殊な場であり、それらの関係は複雑であるのに対し、それらの境界は淡白である。そこで、動物を含む自然の「3つの性格」に新しい動物園像のヒントがあると考え、それらをもとにヒトと自然の間に日常行為を媒介とした境界を設定することで思いがけず自然とヒトの繋がりを感じ、意識を芽生えさせる。それぞれがここで得た感動に価値を考える、これが動物園のあるべき姿である。

ID064

布川 航平 ／Kohei Nunokawa
大阪大学 工学部 地球総合工学科 阿部研究室

設計期間 ▷ 3カ月
製作中の苦労や思い出 ▷ お気に入りの服にジェッソが付いたこと
お気に入りの本 ▷ 動物園から未来を考える
製作中に影響を受けた人物や思想 ▷ 特にありません

ID065

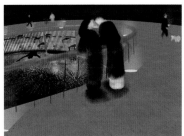

親愛なる海の知覚
都市の水辺との再会をうながす水族館

海に近いまちに住みながら、遠くのリゾートの海に思いを馳せる堺の人々。昔は景勝地として有名で、地元の海に誇りをもっていたのに。今では映えない地元の海に行ったと言えば自慢話ではなく笑い話だ。では綺麗でない水は無価値なのか?「不透明な水＝行く価値無し」という固定観念に縛られた堺の人々を再び水辺に誘い出すには「いつの間にか」水辺に辿り着かせる必要がある。そのために「固定観念に塗れた日常・公園・理想の水質展示」〜「気づきの憩いの場・地元の海・現実の水質展示」まで、ヒエラルキーをつけ、水槽と図書館・シアター・レストランなどの機能を配置し、地元の海の魅力を様々に知覚する機会を与える建築を提案する。

ID065

藤本 美月樹 ／Mizuki Fujimoto
関西大学 環境都市工学部 建築学科 建築史研究室

設計期間 ▷ 6カ月
製作中の苦労や思い出 ▷ 息抜きに水族館に行きましたがあれはリフレッシュになったのか
お気に入りの本 ▷ 村上海賊の娘
製作中に影響を受けた人物や思想 ▷ 特になし

覧古考新「知層」

過去から未来の生きた地層景観を展示するMUSEUM

私たちは生きている今を理解し未来へ進むために歴史を学び続けてきた。どのまちも今日の「当たり前」は先人が闘い、獲得してきた歴史の上に成立している。その過程の理解が現在の社会問題に対する理解を深め解決策を導く。しかし、史跡は地域住民が「全く手に触れない」遺跡となるか、認知されないまま都市開発により本来の形を消失している。本計画では、今ある史跡をまちづくりに生かすため地域住民や都市計画との繋がりを重要視した現代的用途や意義を付与し保存する「活用保存」を行う。繋がる一連の動線と、積層し貫入する形から地域史の一連の流れを体感し、過去と現在を認知し未来を創造することのできるミュージアムを提案する。

ID066

古荘 衣理 ／Eri Furusho

立命館大学 理工学部 建築都市デザイン学科 都市空間デザイン研究室

設計期間 ▷ 5カ月
製作中の苦労や思い出 ▷ 同じ音楽ばかり聴いて飽きてしまった
お気に入りの本 ▷ ココ・シャネルの言葉 「嫌いなこと」に忠実に生きる
製作中に影響を受けた人物や思想 ▷ ココ・シャネル

ID067

都市生物圏

僕は、都市での暮らしを通じてまち並みや人のふるまい、表情から窮屈さを感じる。
都市での暮らしに馴染みながら、それでいて目的の無い振る舞いを許容してくれる余白があってほしいと思う。
とめどなく流れる時間の中で変化する環境を受け入れながら、それでいて環境を愉しむ建築を設計した。

ID067

目片 大揮 ／Daiki Mekata
近畿大学 建築学部 建築学科 建築環境研究室

設計期間 ▷ ―
製作中の苦労や思い出 ▷ 進撃の巨人
お気に入りの本 ▷ ツバキ文具店
製作中に影響を受けた人物や思想 ▷ 宮崎駿

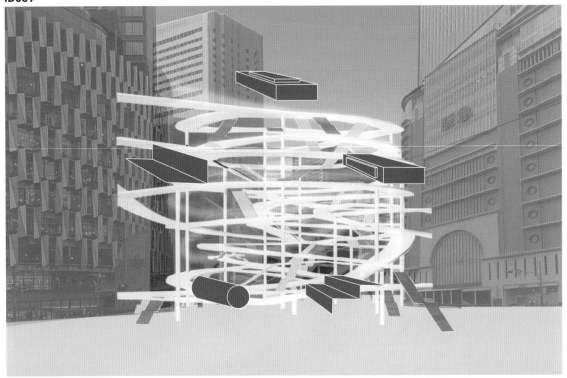

 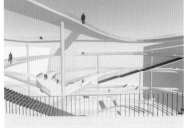 

絡み逢う

人のふるまいを観察しカタチを導く

表層化していく都市、移動の機能だけが目立つ歩道橋。記号化していくカタチ。目的が重視された現在の都市に人の居場所はあるのだろうか。人がたくさん集まる都市だからこそ創れる空間があると考えた。そこで、人が滞留している空間の観察をすることで思い思いに過ごしている居場所の条件を学び、よくふるまいが起こっていた5パターンを抽出した。抽出した居場所のカタチと一体となった立体歩道橋がビル同士を繋ぎ、人々が回遊できる空間を創ることで、都市と建築、人と人が絡み合いそれぞれが繋がる橋となる。

ID069

玉野 奨 ／Sho Tamano

摂南大学 理工学部 建築学科 建築設計研究室

設計期間 ▷ 8カ月
製作中の苦労や思い出 ▷ みんなで楽しく模型制作したこと
お気に入りの本 ▷ 100の思考実験
製作中に影響を受けた人物や思想 ▷ 街中の人々

ID070

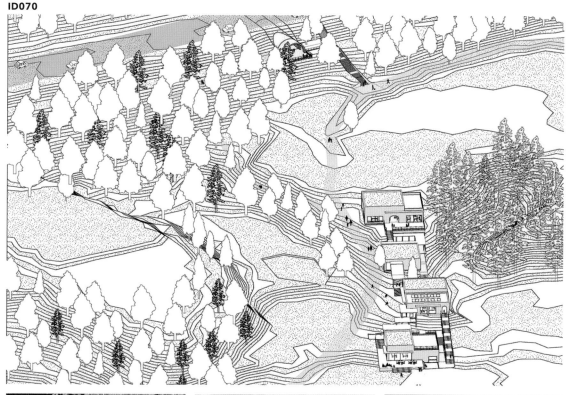

西神ニュータウンこども物語
都市と農村の相互交流拠点

昭和57年、神戸市西区に西神ニュータウンという新しい町が生まれた。かつて田園地帯であった西区では、これを機に歴史が異なる様々な人が隣人となり、ともに生活を送るようになった。西神NTでも新たな命が生まれ、成長する。そんなこどもたちに公園とは違う、魅力に溢れた生の自然に飛び出していって欲しい。ニュータウンに留まらず、周りにはみ出していって欲しい。そこで、こどもたちが周りの町や人々と触れることができるよう、西神NTから櫨谷町への抜け道をデザインするとともに新たに小学校間交流の場としてあそびの拠点を作った。最初は教育の施設として、次に交流の拠点として、そして最後は自然あそびの道具となることを期待する。

ID070

前田 恵美 ／Emi Maeda

京都工芸繊維大学 工芸科学部 デザイン・建築学課程 高木研究室

設計期間 ▷ 5カ月
製作中の苦労や思い出 ▷ コタツで作業し腰痛になったこと
お気に入りの本 ▷ 空間に恋して一象設計集団のいろはカルター
製作中に影響を受けた人物や思想 ▷ 仙田満

繋の廻閘
淀川大堰における舟運拠点の提案

関西を横断するように流れる淀川。かつて淀川の舟運は大阪と京都を繋ぐ人々の生活に欠かせない交通手段だった。しかし、陸上交通の整備により舟運は衰退してしまった。そこで、現在の淀川大堰の場所に閘門を含む複合施設を計画する。これまで大堰により分断されていた淀川上下流間の航路を復活させるとともに、馴染みのなかった土木と私たちの生活が身近になる場を提案する。この場所を起点とし、建築や土木、舟運、そして人々が繋がり合うことで、淀川沿川のさらなる活性化を目指す。

ID071

二宮 幸大 /Kodai Ninomiya

神戸大学 工学部 建築学科 末包研究室

設計期間 ▷ 5カ月
製作中の苦労や思い出 ▷ 困ったらTokimeki
お気に入りの本 ▷ 卒業設計コンセプトメイキング
製作中に影響を受けた人物や思想 ▷ なんでもやれ　全部やれ　能書きはその後だ

ID072

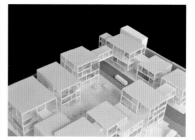

Pixelbox Assemble
オタク文化から和を学ぶ観光拠点

アニメ、マンガ、ゲームに代表されるオタク文化は単なる娯楽ではなく、他の伝統文化と同様に日本人の価値観や感性「和のエッセンス」が継承されていると考える。外国人観光客をターゲットに、京都のオタク街・京都の入り口の歴史を持つ三条にて、オタク文化体験を行える観光拠点を計画し、町中での伝統文化体験と併せて和のエッセンスを体感することにより、日本人のアイデンティティを知るきっかけとなる施設を提案する。

ID072

嶋津 祐哉 ／Hiroya Shimazu

立命館大学 理工学部 建築都市デザイン学科 平尾研究室

設計期間 ▷ 4カ月
製作中の苦労や思い出 ▷ オタク文化をどんな形のプログラムとして提案するかを考えること。
お気に入りの本 ▷ 建築論 日本的空間へ
製作中に影響を受けた人物や思想 ▷ 黒川紀章さん

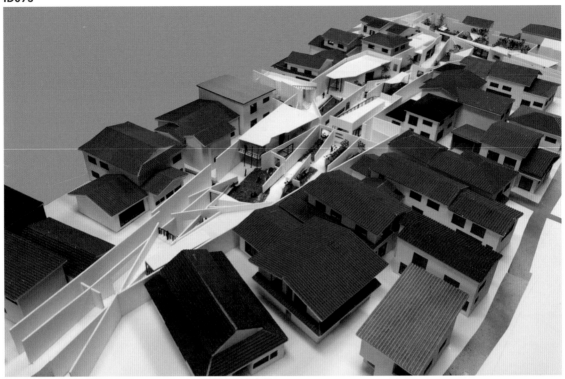

裏側に浸食する生活基盤装置
旧漁村集落のヘタ地における壁と迷路による異世界の提案

滋賀県の湖西側にある北小松で実施されている湖西道路（高架）の拡張により、下道にあるまちや集落から徐々に商店や公民館などの生活基盤と成り得る施設が撤退又は閉店している。そのような地域では、コンビニのような異質感を持つ建築もまちに残るたまり場となっている。そこでたまり場であったヘタ地に、壁と迷路による複数の動線と、利便性を良くするプログラムを取り入れ、まちのリビング的存在となる生活基盤施設をつくり、集落を活気づける。

ID073

松浦 有希 /Yuuki Matsuura

近畿大学 建築学部 建築学科 建築・環境研究室

設計期間 ▷ 3カ月
製作中の苦労や思い出 ▷ 7時のアラーム
お気に入りの本 ▷ プレイスメイキング：アクティビティ・ファーストの都市デザイン
製作中に影響を受けた人物や思想 ▷ Aires Mateus

ID074

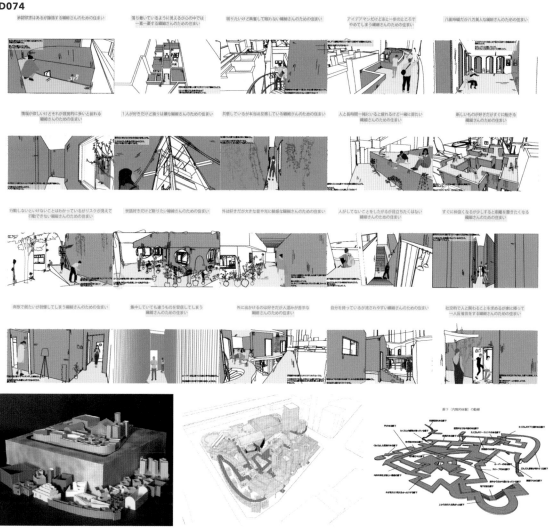

交換する住まい

現在の私たちの暮らしは「共存」が前提に成り立ってきた。しかし 「共存」を前提にした暮らしは必ずしも豊かなのだろうか。これからの暮らしには自分自身で場所や人、時間を選択できる豊かさが必要だと考え、本提案では同質化の動きによって生きづらさを憶える繊細さんが自分自身で場所や人、時間を選択しながら住まいを交換して集まることができる身軽な暮らしの提案を行う。5人に1人の割合で存在する繊細な気質を持つ「繊細さん」が、引っ越しによって自分に合う暮らしを探していく。

ID074

西村 翔太 ／Shota Nishimura

大阪工業大学 工学部 建築学科 藤井研究室

設計期間▷ 1年
製作中の苦労や思い出▷ 周りの意見を鵜呑みにしない。
お気に入りの本▷ 恋する建築
製作中に影響を受けた人物や思想▷ 中田敦彦

Evo CASE-07

Evo CASE-03

Evo CASE-08

Evo CASE-04

Evo CASE-01

新種のヴァナキュラー建築
～生活様式による帰納的建築から新時代への昇華～

Evo CASE-05

Evo CASE-02

Evo CASE-06

新種のヴァナキュラー建築
─生活様式による帰納的建築から新時代への昇華─

ヴァナキュラー建築とメガシティを主題とし、これからの「人類・建築・都市」のあり方を示した。超高層建築の時代を迎えた昨今、画一化された建築から建築本来の意義、及びアイデンティティを取り戻すため、過去の様相に遡る必要がある。現代都市のN.Y.を実験都市として、複数のプロトタイプを原初の建築と統合し計画した。これらの建築が都市を自然に還し、多種多様な生物の共存、建築及び文化のアイデンティティを持続することを目的とする。そしてこの計画が世界各地で連続的に新たな建築を創造していく変遷を研究した。

ID075

高橋 侑里 ／Yuuri Takahashi

大阪電気通信大学 工学部 建築学科 北澤研究室

設計期間 ▷ 4カ月
製作中の苦労や思い出 ▷ 徹夜から自身の限界のその先に到達したこと
お気に入りの本 ▷ 集落の教え100
製作中に影響を受けた人物や思想 ▷ アントニ・ガウディ

ID076

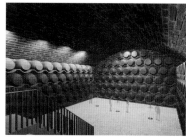

七里岩を巡る
負の遺産の昇華

今日まで残る戦争の痕跡、戦時中に日本が残した負の遺産を現代にあった姿でこれからも残していくことはできないだろうか。原爆ドームや長崎平和公園などのダークツーリズムである場所が成り立っている根拠として、そもそも日本の大きな遺産であることに変わりはないが、周辺に観光は成り立つ巡回性（エンターテイメント性）があるから多くの人が訪れるということも考えられる。つまり、負の遺産単体では多くの人が訪れることはないだろう。この提案は、観光的な巡回性のないこの土地にエンターテイメント性を加えながら、保存でも共存でもない過去の哀れさや、未来に対する期待や希望が張り合い、混ざり合いながら一つの建築として存在する。

ID076

髙杉 優磨 ／Yuma Takahashi
摂南大学 理工学部 建築学科

設計期間 ▷ 5カ月
製作中の苦労や思い出 ▷ 睡眠不足
お気に入りの本 ▷ 場のちから
製作中に影響を受けた人物や思想 ▷ 内藤廣

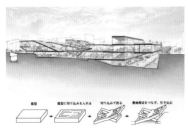

まちみぞ
── 抜けと溜まりの庁舎の提案 ──

都会の密集地に住む私にとって、まち単位でつながりを感じたことはないが、実家前の路地単位ではお隣さんとのつながりを感じて育った。そして路地住民全体で見守るという日常風景が広がっていた。そんなみぞを『まちみぞ』と名付け、箱型化した公共建築をまちみぞによって解体する。本計画では、庁舎を対象とし、庁舎への用事に関わらず通り抜け、溜まることができるまちの拠点を新たな形態操作によって創り出す。折り紙のように切り込みを入れ、中央のプロムナードを軸に上下に振ることで抜けと溜まりが両立するまちみぞが生まれる。そしてまちみぞを介して子供たち、まちの人々、公務員に見守る見守られる関係が生まれ、つながりの再構築を行う。

ID077

神原 夏穂 ／Kaho Kobara

立命館大学 理工学部 建築都市デザイン学科 建築計画研究室

設計期間 ▷ 1カ月
製作中の苦労や思い出 ▷ ヘルプが私の心の安定剤でした
お気に入りの本 ▷ 旅行系の雑誌
製作中に影響を受けた人物や思想 ▷ 宗本晋作

ID078

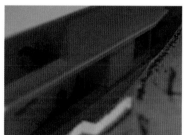

時の重なり

時の流れ方は人それぞれで、その人のことを強く表す要素の一つである。私たちは毎日自分がいつの間にか歪めた時間の中で生活していて、その事実に気づくことは少ない。他者の時の流れを感じることで初めて自分の時の流れを知ることができる。敷地である淡路島には地元住民、移住者、観光客の三者が存在し、彼らの島での過ごし方は大きく違う。しかし三者にはまだお互いの時の流れを知るための場所がない。同じ場所においてどのような過ごし方の違いが生まれるのか。今ある三者の脆弱な接触面を強めることでその違いを認識できる場所をつくる。これは他者の時の流れを知り、交流を持つ前の話である。

ID078

辻本 卯咲 ／Usaki Tsujimoto

京都大学 工学部 建築学科 ダニエル研究室

設計期間 ▷ 5カ月
製作中の苦労や思い出 ▷ ちょうど集中し始めたときに終バスが来ること
お気に入りの本 ▷ 発酵文化人類学
製作中に影響を受けた人物や思想 ▷ 一緒にラボで作業していた同期たち

相利共生

1つの集合住宅をきっかけに
5つの町と人々が相利共生する。

生物学の相利共生を
町と町の関係に置き換える。

相利共生

生物学に相利共生という仕組みがある。これはクマノミとイソギンチャクのように異なる生物種が協力し、
互いの短所を補い合う関係のことである。相利共生を生物からまちに置き換えて考える。
下寺、日本橋、新世界、松屋町筋、黒門。分断され衰退し続けている5つのまち。
1つの集合住宅をきっかけに5つのまちと人々が相利共生する。

ID080

屋 卓冶 ／Takuya Oku

大阪工業大学 工学部 建築学科 藤井研究室

設計期間 ▷ 6カ月
製作中の苦労や思い出 ▷ スケッチと模型の両立
お気に入りの本 ▷ 斎藤裕『ルイスカーンの全住宅』、堀部安嗣『建築を気持ちで考える』
製作中に影響を受けた人物や思想 ▷ レム・コールハース／内藤廣

ID082

木霊の溜まり
木材流通機能を持つ駅による木造都市の新たなカタチ

環境配慮の観点から鉄道輸送が再び注目されているなか、かつて鉄道の開通により木の集散地である奈良県桜井市の桜井駅を木材流通拠点とすることを提案する。木材流通拠点は鉄道により木材が輸送されるだけでなく、木材の流通を可視化させる。駅利用者が木の流通プロセスを見ることができる関係を構築し、駅に木の文化や技術を記録、継承するための木の文化拠点としての機能を持たせる。いつも同じ形でたたずみ景観的に変化のない駅に、短期間で変わり続ける木材の流通を組み込むことで駅空間に変化を与え続ける。再び木の時代が訪れようとしているなか、桜井駅は木との新たな接点をつくることで木に対する新たな価値を生み出す場となる。

ID082

井宮 靖崇 ／Yasutaka Imiya

大阪工業大学 ロボティクス&デザイン工学部 空間デザイン学科 福原研究室

設計期間 ▷ 4カ月
製作中の苦労や思い出 ▷ 案が決まらず前々日までスタディーをしていた。出費がやばい。
お気に入りの本 ▷ 陰翳礼讃／内藤廣作品集
製作中に影響を受けた人物や思想 ▷ 内藤廣／小原二郎

渡る世間に天幕あり

膜構造とテンセグリティを用いた仮設建築物の提案

"世の中には無情な人ばかりではなく、困ったときには助けてくれる情け深い人がいる"

建築も同じであり、社会が急激に変化していく環境下において、私たちを助けるのは時として建築である。これからの世が様変わりしてく中、時に形を変え、また時に場所を変え、需要に対して柔軟に対応しながら皆の期待に応えていく。

そのような願いを込め、だれでもどこでも建てることができ、日常に時にはサードプレイスとして、災害時には復興初期の避難所や拠点として使用できる膜構造とテンセグリティを用いた仮設建築物を提案する。

ID083

金子 亮太 ／Ryota Kaneko

大阪市立大学 工学部 建築学科 建築構造学研究室

設計期間▷ 3カ月
製作中の苦労や思い出▷ 実寸大模型が大きすぎること
お気に入りの本▷ ディテールから考える構造デザイン
製作中に影響を受けた人物や思想▷ 丹下健三

ID084

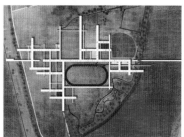

葦辺の白帆
スポーツをコアとしたWellness Cityの拠点

高齢化が進む現代社会において、ウェルネスへの関心が高まっている。ウェルネスの向上は身体的・精神的な健康の水準を高めることや、高齢者の健康寿命を延ばすことにつながる為、生涯スポーツに取り組む事やスポーツを通じたコミュニティの形成が重要視されている。しかし、スポーツの観戦するものとしての要素が強いこと、運動に取り組むまでのハードルが高いことなどにより、スポーツに取り組む人働く世代や高齢者が少ないのが現状である。本提案では、滋賀県草津市の矢橋帰帆島を対象とし、歴史性・公園運営に関連付けたスポーツに取り組むきっかけ、取り組みやすさが組み込まれたウェルネスシティの拠点の提案を行う。

ID084

牧田 竜明／Tatsuaki Makita

立命館大学 理工学部 建築都市デザイン学科 建築意匠研究室

設計期間▷ 3カ月
製作中の苦労や思い出▷ 現役で競技もしているので、練習と設計の両立が大変だった。
お気に入りの本▷ ドイツのスポーツ都市:健康に暮らせるまちのつくり方
製作中に影響を受けた人物や思想▷ 高松平藏

World Wide pepper

胡椒の毒と蜜

戦争を引き起こした胡椒の歴史は長いが、その歴史を知る人は少ない。壮絶な負の歴史と日常の料理に欠かせない胡椒について知ることは、平和や物の流通のありがたさを改めて実感できる一助となると考えた。胡椒にまつわる暗と明の歴史をもつカンボジアを敷地として、胡椒の歴史をたどり未来の食や暮らしを考える場を計画する。カンポット胡椒の自然農法に見立て年数を重ねるごとに建物に歴史が記憶される建築にする。主にコンクリートを使用し、内戦・戦争後にも建物が存在する風化しないように後世に残る建築にする。敷地を2つ設け、過去⇔現在を考える建築、体験をもとに未来を考える建築を設計し、両サイドから胡椒の歴史をたどる。

ID086

西口 英里 ／Eri Nishiguchi

大阪工業大学 工学部 建築学科 設計第一研究室

設計期間 ▷ 5カ月
製作中の苦労や思い出 ▷ ラストスパートをコロナに邪魔された…
お気に入りの本 ▷ Geoffrey Bawa ／内藤廣氏の作品集
製作中に影響を受けた人物や思想 ▷ Geoffrey Bawa ／内藤廣氏

ID088

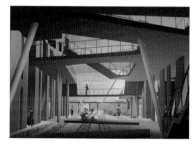

Archi FOREST
伊丹空港跡地における生態系の再構築計画

近未来を見据えた交通機関としての飛行機利用、環境問題、そして関西三空港との関係性から、伊丹空港がいずれ廃港すると仮定する。その後静寂に包まれる320haもの広大な跡地に対して、人口減少・および地球環境時代と呼ばれる21世紀日本の未来を見据えた「循環する生態系としての森」と建築の調和した空間を提案する。
本設計では伊丹空港跡地を「人が関わり続ける豊かな森」へと建築することで、豊かな生態系を創出し、周辺地域の人々の野生に満ちた森への関心を呼び覚ます。そしてかつて豊かな自然が広がっていたこの土地で失われた生態系を建築として再構築する。

ID088

本山 有貴 ／Yuuki Motoyama

神戸大学 工学部 建築学科 光嶋研究室

設計期間 ▷ 5カ月
製作中の苦労や思い出 ▷ 朝昼晩食堂飯
お気に入りの本 ▷ Rhinoceros逆引きコマンド・リファレンス
製作中に影響を受けた人物や思想 ▷ 都市をたたむ

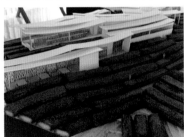

茶源郷
和束町における茶の生産と人々の暮らしを結ぶ地域拠点

宇治茶の主産地である京都府和束町。まち全体に茶畑が広がり、美しい景観を誇る一方で、茶農家の高齢化や後継者不足が問題となっており、このままでは美しい茶畑景観が失われてしまう可能性がある。そこで、茶の生産と人々の暮らしを結び、和束町を「茶のまち」として確立するための建築を提案する。観光のエリアと暮らしのエリアの境界となっている場所で、茶農家、町民、観光客の交流が生まれる。茶畑と自然の地形の関係を屋根と平面の関係に用いることで、周囲の茶畑景観に溶け込みつつ、その中で人々の活動が行われる。この建築により、不足する茶農家の後継者確保へと繋がり、美しい茶畑は継承されていく。

ID090

赤川 舞花 ／Maika Akagawa

神戸大学 工学部 建築学科 末包研究室

設計期間 ▷ 5カ月
製作中の苦労や思い出 ▷ 研究室のみんなと泊まり込みで作業して、寝袋に入って寝たこと
お気に入りの本 ▷ 伊東豊雄『自選作品集 身体で建築を考える』
製作中に影響を受けた人物や思想 ▷ SANAA／石上純也

ID091

すくいとける器

京都四条においてまちを展示する

まちの中にいると、いつも何かに脅かされているような感覚になる。独りになりたい時にも、常に何かを意識してしまう。

しかし、家に帰れば本当に独りぼっちである。

まちを行き交う華やかな人々にはどこか違和感を覚えながらも、どこかに混ざって居たい。都市や社会とは上手く馴染めないと感じながらも、そうしたものを見通せる場所をつくる。

ID091

朝子 陸矢 ／Rikuya Asako

関西大学 環境都市工学部 建築学科 建築史研究室

設計期間 ▷ 5カ月
製作中の苦労や思い出 ▷ ドライアイ
お気に入りの本 ▷ 堕落論
製作中に影響を受けた人物や思想 ▷ 下村悟

帯の幅ほどある街で
福井県坂井市三国町における三国祭の「山車蔵」の点在性を活かした街づくりの提案

私の故郷、福井県坂井市三国町はかつての湊町であり、その繁栄を示すものとして「三国祭」がある。この祭がまちにとって重要なコンテクストになっている。しかし近年は他の多くの地域でもそうであるように、人口減少・高齢化によって現状の地区単位での祭礼催行が難しくなっている。三国には計17棟の「山車蔵」が地区ごとに存在しており、祭の拠点となっている。この蔵に、各「地区らしさ」を高めた機能を付随させることにより、地域住民のアイデンティティ形成と祭を通じた関係人口の創出を行い、現状の地区単位での三国祭の存続をねらう。

ID093

岸本 晃司 ／Koji Kishimoto

大阪大学 工学部 地球総合工学科 木多研究室

設計期間 ▷ 5カ月
製作中の苦労や思い出 ▷ 2ヶ月間の製図室段ボールベッド生活
お気に入りの本 ▷ 三国湊奥景・三国祭頌景
製作中に影響を受けた人物や思想 ▷ 岡田翔太郎「でか山」

ID096

木憶
都市の木質化へ向けた地域拠点のデザイン

近年、都市部でも地球温暖化の防止のために、公共施設などの木質化が求められている。しかし、木質化の多くは設計者や工務店が担い、暮らしの中で人々が十分に関われているとは言えず、より人々が関わりながら行う必要がある。また、かつて都市部は城下町の形成のための木材産業が栄え、木材の文化が根付いていた。都市部で今も残る木材の文化を継承することで木質化を進めるためのきっかけをつくる。
そこで木材産業が栄えた敷地をモデルとし、木材の豊富な知識を持った材木屋や製材所との接点を持てる拠点を計画する。人々が木材の文化に触れながら、木質化に対して関心を持つきっかけとなる。

ID096

瀬沼 駿 ／Shun Senuma
立命館大学 理工学部 建築都市デザイン学科 都市空間デザイン研究室

設計期間▷ 2カ月
製作中の苦労や思い出▷ 睡魔との闘い
お気に入りの本▷ 宮脇檀『旅の手帖』
製作中に影響を受けた人物や思想▷ 隈研吾

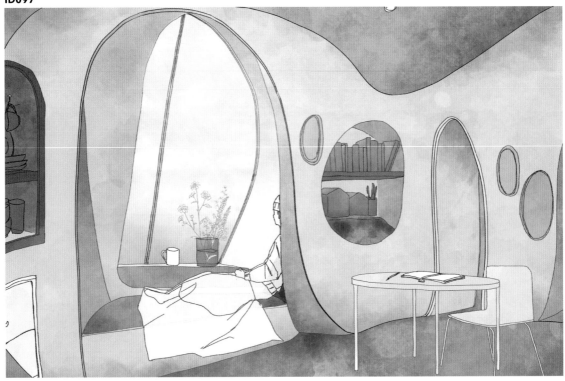

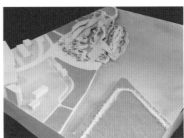

未来への憧憬
コモンズを通じてつくる、退院後の白血病患者の居場所

身近に、白血病を患った人がいる。白血病の患者は、退院してから完全に回復するまで、一般でいうがんなどよりもかなり長い期間を要する。彼は退院してからも部屋にずっといなければならず、他の人との関わりが薄いままである。そんな様子を見て、退院後の白血病患者が社会復帰までに過ごせる居場所が必要なのではないかと考えた。患者はコモンズを通じて、回復とともに少しずつ社会との関わりを取り戻していく。

ID097

木崎 理沙 ／Risa Kisaki

神戸大学 工学部 建築学科 末包研究室

設計期間 ▷ 5カ月
製作中の苦労や思い出 ▷ 研究室に11連泊
お気に入りの本 ▷ 新建築
製作中に影響を受けた人物や思想 ▷ 塚本由晴

ID098

遷移都市
〜人の居場所とユニチカ貝塚工場跡地〜

Context

建物が造られ、壊され、姿を変えるのと同様に
都市も変化する。
それは時に、周囲の風景とは隔絶した様相を呈すが、
その本質は土着的である。
断続的に変化する都市と人の居場所のあり方について考える。

遷移都市
── 人の居場所とユニチカ貝塚工場跡地 ──

建物が造られ、壊され、姿を変えるのと同様に都市も変化する。それは時に、周囲の風景とは隔絶した様相を呈すが、その本質は土着的であり、植物と同様に遷移する。都市の遷移とは。建物における終末とは建物自体が完成した時であり都市における終末とは人が街を使い果たした時であり、ランドスケープにおける遷移とは永久的に変化し続けるものであり終末の無い変化である。都市・建物は、永続的に変化するランドスケープの中で、人が生きた証として残り続ける。変化し続けることを許容し、微地形、歴史、現状から抽出した要素を遷移を促すように挿入し、人の居場所と共に都市が変化すると捉え、提案を考える。

ID098

山下　大翔 ／Daiki Yamashita
関西大学 環境都市工学部 建築学科 都市設計研究室

設計期間 ▷ 6カ月
製作中の苦労や思い出 ▷ 常に何をやろうとしているのか難しすぎてわからないと言われ続けた。
お気に入りの本 ▷ 浅田孝　つくらない建築家、日本初の都市プランナー
製作中に影響を受けた人物や思想 ▷ 磯崎新「プロセス・プランニング論」

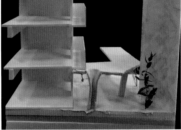

建築のふもと
建築と大地との結節点の再考

建築と大地は宅地造成やインフラの整備によって切断され、都市を拡大させ、大地には無関心といった状態である。また近年多発する大規模水害は現代の直面する問題である。このことから建築と大地の結節点の再考の必要性があると言えるのではないだろうか。また長年暮らしを積み重ねてきたまちの足元には暮らしの痕跡があり、それらの観察から"建築のふもと"という概念を考えた。この設計では建築と都市の隙間に建築のふもとを構築した。

ID101

林 晃希 ／Koki Hayashi

大阪工業大学 工学部 建築学科 本田研究室

設計期間 ▷ 1カ月
製作中の苦労や思い出 ▷ 年明けの提出では餅ばかり食べてシートをつくった。
お気に入りの本 ▷ 江戸に学ぶエコ生活術
製作中に影響を受けた人物や思想 ▷ 能作文徳

ID102

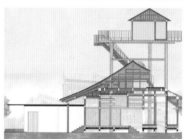

まちをうつす記憶の継承

無住寺の再考

寺院消滅。近年地方を中心に寺が消滅危機にあっている。その寺の多くが住職不在による無住寺である。無住となった寺は放置され、いずれ消滅する。しかしその寺には檀家が存在する。そして長い間その地域を見てきた存在である。かつて地域コミュニティの中心であった寺のあり方を再考、再定義する。まちの記憶としてこの先も引き継がれていく。

ID102

堀下 遥生 ／Haruki Horishita

大阪市立大学 工学部 建築学科 建築デザイン研究室

設計期間 ▷ 3カ月
製作中の苦労や思い出 ▷ 実測
お気に入りの本 ▷ 小さな風景からの学び
製作中に影響を受けた人物や思想 ▷ 特になし

  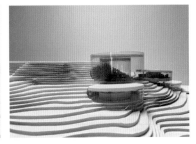

MOLO Lab
── しらべる・まなべる ──

徳之島の自然をより深く研究、学習する場所を提供することである。より近く、体験しながら研究することができる施設を提案することで新しい発見ができるかもしれない。また、観光を目的として訪れた人々が徳之島について知識をつけると同時に、地域住民が地元の新たな知識を広げることができるだろう。
さらには、ここで観光客と地域住民が交流し方言で見知らぬ人と会話することで非日常と偶然の出会いが、旅を豊かなものにするだろう。

ID103

豊 絵理奈 ／Erina Toyo

京都橘大学 現代ビジネス学部 都市環境デザイン学科 鈴木研究室

設計期間▷ 5カ月
製作中の苦労や思い出▷ 情報が少なく、下調べが大変でした。
お気に入りの本▷ 冒険する建築
製作中に影響を受けた人物や思想▷ 藤本壮介

ID104

水際の記憶
ヨシの暮らしを継承する寺院

古来より日本各地に存在するお寺。お寺では文化や伝統が生まれ、受け継がれてきた。また、寺院建築を代表する空間である回廊は、聖と俗の境界構造を表現し、囲うことで中にあるものを守る。お寺は、伝統的な暮らしや文化を守っていく ものになるのではないだろうか。対象敷地である西の湖周辺の地域では、ヨシが生い茂る水辺の風景が美しい。ヨシは古来から人の暮らしと関わってきた。毎年のヨシ刈り、ヨシ原の火入れによってヨシ原の美しい風景を継承している。しかし、現在ではヨシと暮らしが離れつつあり、ヨシの風景が失われてきている。以上により本計画では、お寺でヨシの暮らしを囲うことで、ヨシ文化の継承と風景の保存を図る。

ID104

森本 龍 ／Ryu Morimoto
立命館大学 理工学部 建築都市デザイン学科 建築計画研究室

設計期間▷ 1カ月
製作中の苦労や思い出▷ 1カ月を共にしたキャンピングベットとの日々
お気に入りの本▷ 日本の回廊、西洋の回廊:美と祈りの空間
製作中に影響を受けた人物や思想▷ 竹田勝博

「ぽつん」の居場所

不意に、目を見開くほどの途方もない気持ちが襲ってきて、憂鬱と対峙した。世界の中に生きている「自分」という
存在が、いかに頼りないものかを自覚した。

ID105

城 怜奈 ／Reina Jo

京都大学 工学部 建築学科 田路研究室

設計期間 ▷ 5カ月
製作中の苦労や思い出 ▷ たのしかったです
お気に入りの本 ▷ 揺れる心の真ん中で
製作中に影響を受けた人物や思想 ▷ 夏生さえりさん、いままで出会ってきたいろいろなひとや本

ID106

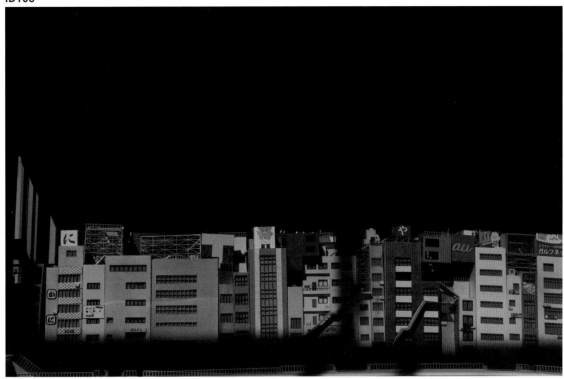

反転増築
看板広告による道頓堀の都市景観再編

芝居文化の発祥地であった道頓堀は、看板広告という資本主義に占拠され、消費社会に受動的な形態を取るように
なった。

本設計は建築より優位に立つ特徴的な看板広告を軸として、文化の発信地として再生し、看板の新しい在り方を
提案するとともに、建築群としての更新の仕方を提示することで道頓堀の都市景観を再編する計画である。

ID106

窪田 啓吾／Keigo Kubota

近畿大学 建築学部 建築学科 松岡研究室

設計期間▷ 5カ月
製作中の苦労や思い出▷ 大学常駐
お気に入りの本▷ 代謝建築論
製作中に影響を受けた人物や思想▷ MVRDV

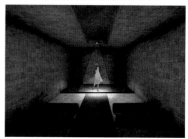

刻の堆積
変容する寿祝きの風景

人が年をとるごとに、世界も時を積み重ねている。ここは「時間の流れを楽しむ」建築。この結婚式場では、未来に祈りを捧げる2人の時間と、四季による自然の変化、水位と建築空間が織りなす時の移ろいが重なり合う。ダム湖に少しずつ溜まってゆく砂に時の重なりを感じ一体となっていた建物が断片化され、一つ一つの世界を創る。時間の持つ重みは建築空間に人の設計では扱うことができない神聖さを与えるのではないか。自然と建築が創造するその時々の風景に新しい祝祭の場が生まれるだろう。

ID107

熊渕 公乃 ／Kimino Kumabuchi

大阪工業大学 ロボティクス&デザイン工学部 空間デザイン学科

設計期間 ▷ 4カ月
製作中の苦労や思い出 ▷ データの整理
お気に入りの本 ▷ 積み木の家
製作中に影響を受けた人物や思想 ▷ 積み木の家

ID108

領域展開
奈良町の暗渠小路による裏庭的スペースの提案

都市には様々な軸によって道が構成されており、土地の構成により建物が建っていく。川の跡として残されている暗渠の曲線と都市軸の直線が混じり合いつくられた都市の余白は日本の様々なところに存在する。暗渠は川に面していたため、建築が背を向けて建つために、閑散としたまち並みを形成している。そこで、暗渠と建築の境界を作る塀に着目し、どのように建築と都市の境界を作るか、また、裏側にファサードを持つ建築がどのような形態で建っていくべきかを考えた。

ID108

北口 あすか ／Asuka Kitaguchi

近畿大学 建築学部 建築学科 建築・都市デザイン研究室

設計期間 ▷ 6カ月
製作中の苦労や思い出 ▷ 遅寝早起
お気に入りの本 ▷ こっそりごっそりまちをかえよう
製作中に影響を受けた人物や思想 ▷ オンデザの本に載ってる模型

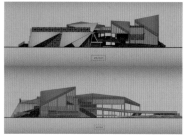
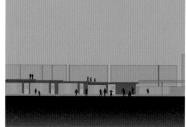
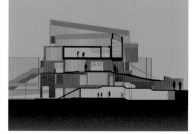

STREET HACK
道路を解いて地域にみちをひらいた小学校の提案

人口が増加し続ける現代都市において道路及び自動車は物流利便性と引き換えにして、私たちからコミュニティ形成の居場所を奪った。そこで近隣住区を分断する道路のあり方を捉え直し、地域住民に社会的交流の居場所を提供する空間を併せ持つ未来の小学校兼街路をデザインする。また小学校及び周辺街路のデザインを通じて、新しい建築と都市の豊かな可能性を提案する。本提案では、「建築と大地とは本来、有機的な一体として大地に存在している」という考えのもと、住民が主体的になり自由にみちで振舞い―ストリートをハック―そうした行為が集積し風景となってみちに現れ、分断していたコミュニティ形成の場を取り戻すことを目指す。

ID109

松岡 絢加／Ayaka Matsuoka

神戸大学 工学部 建築学科 光嶋研究室

設計期間 ▷ 6カ月
製作中の苦労や思い出 ▷ 門限23時
お気に入りの本 ▷ 鈴木了二 『ユートピアへのシークエンス』
製作中に影響を受けた人物や思想 ▷ ZAHA HADID

ID110

百年先のあの頃の海へ

原子力災害が日本で起きて11年が経過した現在。忘却されつつある今、この問題に向き合う必要があると私は考える。汚染土壌が置かれ、立ち入りのできなくなった場所と建築のあり方を私なりに提示した。「住む」ための場所に戻るのではなく「訪れる場」として双葉町の持つポテンシャルである海水浴場の復活までの100年間を3つにわけ、3つの建築を設計する。そこに想起を引き起こすための空間をそれぞれ挿入する。

ID110

吉田 快／Kai Yoshida

大阪大学 工学部 地球総合工学科建築コース 木多研究室

設計期間▷ 5カ月
製作中の苦労や思い出▷ あまりアドバイスをもらえなかったこと、ボード制作を手伝ってもらえなかったこと
お気に入りの本▷ 最近はポール・オースターにはまってます
製作中に影響を受けた人物や思想▷ 電話に応じてくれた地元の友達

地に刻まれた記憶を辿る

被爆遺構再生計画

76年前、長崎に原子爆弾が投下されたが、現在のわたしたちの記憶からは薄れつつある。これからの平和祈念を願う今回の敷地とした長崎平和公園も観光地化などにより、祈りの空間としての意義が薄れつつある。この平和公園を新たに再編することで新たな伝承・平和祈念空間を提案する。本敷地は原爆投下前、刑務所が建っており、当時の反政府の思考を持った人や、捕虜が投獄され、殺されていた。原爆投下後、被爆者の意向により遺構は埋め立てられ、本公園が造成された。本計画ではその刑務所のフットプリントを利用し、当時の地面レベルから地下空間をつくり出す。それにより地下と地上に過去と、未来の二面性を持つ空間を創造する。

ID111

寺田 壮志 ／Soshi Terada

立命館大学 理工学部 建築・都市デザイン学科 建築計画研究室

設計期間 ▷ 1カ月
製作中の苦労や思い出 ▷ ヘルプのみんなと食べた蒙古タンメン
お気に入りの本 ▷ 田根剛作品集
製作中に影響を受けた人物や思想 ▷ 田根剛

ID112

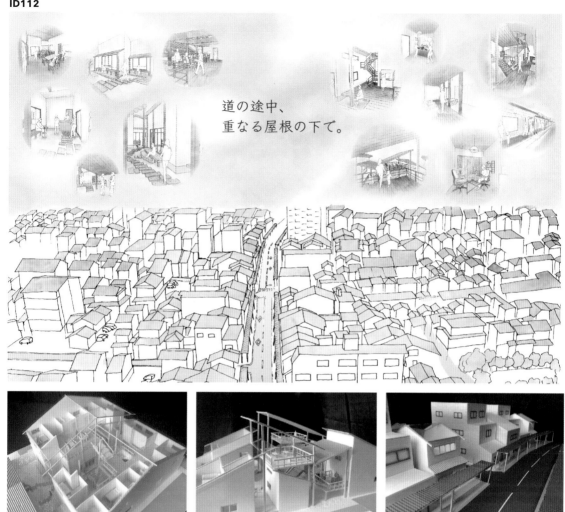

道の途中、
重なる屋根の下で。

道の途中、重なる屋根の下で。
宿場町大津における商人文化の継承物語

江戸時代、東海道最後の宿場町であった大津は旅人をもてなす商売がひしめき合い、その賑わいから当地域は「大津百町」と称された。その背景として現存する複数の商店街は、しかしながら近年の郊外型大型店の出店などにより客足が遠のいている。本設計では、町家の集積として成り立った商店街と商人文化を大津の魅力として次世代に受け継ぐため、大津駅前商店街の空き地において、アドレスホッパーに向けた宿泊施設を3つのフェーズに分けて計画する。全国を転々とするアドレスホッパーが大津に何度も訪れる中で地域住民と新たなコミュニティを築き、4つ目のフェーズとして大津百町の空き家に移住する目指す。

ID112

櫻坂 友香 ／Yuuka Osaka

京都女子大学 家政学部 生活造形学科 井上研究室

設計期間 ▷ 3カ月
製作中の苦労や思い出 ▷ 甥っ子が毎日癒やしてくれたこと
お気に入りの本 ▷ 真夏の方程式
製作中に影響を受けた人物や思想 ▷ 商店街で出会った方々

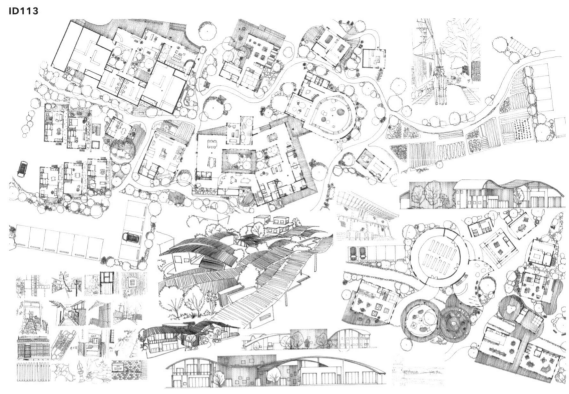

一樹の陰 一河の流れも多生の縁
中宇治をサイクルするみちといばしょ

宇治市では世代によって家や職場以外の「いばしょ」が必要とされている。魅力的なさんぽみちが広がる中宇治エリア2カ所に、"いっぷく"と"みちくさ"を提案し、各世代に合った「いばしょ」を生み出す。
活動のあふれだしや施設内への引き込みを通して「いばしょ」とさんぽみちにつながりを持たせ、施設内にとどまらず、他方の施設と魅力的な風景や生活が広がるまちにも活動の選択肢を派生させ、人のサイクルを生み出す。
他人に対しての構えをふっと解ける人とのゆるやかな結びや自然の要素を施すことにより、心地よい空間を生み出す。まち全体として「いばしょ」の領域や見守りの目が広がり、地域住民の心のより所となることを目指した。

ID113

石井 凪紗／Nagisa Ishii
帝塚山大学 現代生活学部 居住空間デザイン学科 小菅研究室

設計期間▷ 5カ月
製作中の苦労や思い出▷ 手書き図面を書き上げるのに5日かかったこと
お気に入りの本▷ 山本理顕『脱住宅:「小さな経済圏」を設計する』
製作中に影響を受けた人物や思想▷ 集まって住まう／袖振り合うも多生の縁

ID115

ironなアートでつくる道
分散型美術館としての神戸ミュージアムロード

歩くことで、普段関わることのなかった人や、アートに出会う。神戸市の芸術の発信地として、神戸市ミュージアムロードの計画により、国内外からアートやアーティストが集まる"みち"を創出する。ミュージュアームロードは、来訪者だけでなく、地域住民が歩いて楽しい空間であり、神戸市の新たなるアートの魅力発信地として、人々の暮らしを豊かにすることを期待する。

ID115

宮本 紗佳／Sayaka Miyamoto
関西大学 環境都市工学部 建築学科 都市設計研究室

設計期間▷ 4カ月
製作中の苦労や思い出▷ データが重すぎてパソコンが動かない
お気に入りの本▷ Singu
製作中に影響を受けた人物や思想▷ 新宮晋

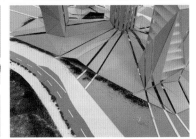

街の標
火山灰と生きる

「火山灰は厄介者」鹿児島県民にとって火山灰は悪い印象であるため、無関心である。しかし大きな噴火が起きたとき、避難に遅れたり、しなかったりと命に危険を及ぼすことになる。そのため、まちのシンボル的存在になる避難所を設けることによって、火山灰に対しての意識を促す。避難所を日常から使われる施設にすることで、迷いなく避難することができる。これからも火山灰との生活が続くなか、火山灰を中心としたネットワークを日常と避難での使い方を分け、組み合わせることによって、これからの生活に火山灰の可能性を伝える建築を目指す。桜島からの避難港は2ヵ所あり、桜島フェリー乗り場はその一つだ。本計画敷地で初めの建築を提案する。

ID116

澤 亜美 ／Ami Sawa
立命館大学 理工学部 建築都市デザイン学科 建築計画研究室

設計期間 ▷ 4カ月
製作中の苦労や思い出 ▷ 毎日笑いながらの制作
お気に入りの本 ▷ 新建築
製作中に影響を受けた人物や思想 ▷ 磯崎新

ID117

 ●手法 **A** 　　　転換

既存物の用途を再解釈し、別の役割を与える。

●手法 **B** 　　　付与

新たな要素を空間に与え、新たな空間性を引き出す。

●手法 **C** 　　　接続

分校の周辺環境を読み取り、建築内に取り込む。

何気ない風景から生まれる居場所
兵庫県三木市別所小学校下石野分校の読み解き

身近にあった駅と学校、元の用途を離れた2つの場所に興味を抱いた。駅は取り壊され、微かな痕跡が残るのみである。それに対し、学校は一度の耐震工事を経て、ほとんど外観が残ったままである。私は駅と人の関わりをヒントに、仮説を立てた。それは、「ある場所に残された痕跡には、その場所を知らない人にとって、想像の余地が残されており、その人々の行為こそが、人と場所を結びつける要因なのではないか」というものである。これをもとに、残された廃校舎に、私自身がそれを知らない者として、痕跡を探し出し、余白に想像することで、これからのこの場所の在り方を模索する。

ID117

前田 菜摘／Natsumi Maeda

神戸大学 工学部 建築学科 栗山研究室

設計期間▷ 5カ月
製作中の苦労や思い出▷ みんなで食べる食堂のごはん
お気に入りの本▷ 場のデザイン
製作中に影響を受けた人物や思想▷ 内藤廣さん

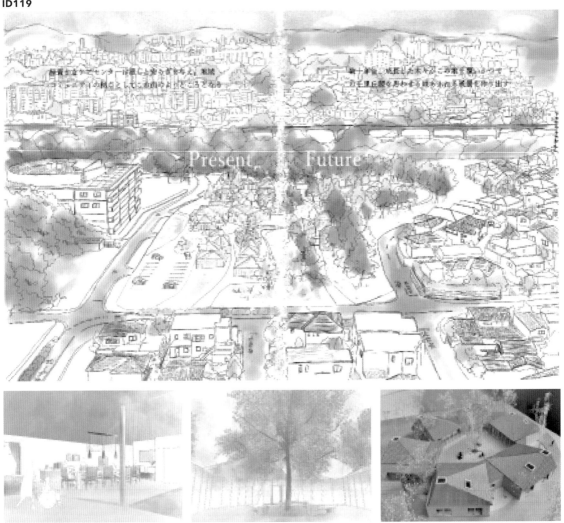

Apoptosis.
緑と生きる人生のエンディングストーリー

最期をどこで迎えたいか。多くの人がこの問いに住み慣れた自宅を希望するが病院死率は年々増加傾向にあり、希望する場所で死ぬことが困難になりつつある。人生を締めくくるにあたり、最期を迎える場所が私たちに与える影響は大きく重要だ。単調で無機質な設えの医療施設ではなく、自宅でなくとも患者にとって第2の家となるようなぬくもり溢れるケアセンターを計画する。緑あふれる安らぐ環境の中で、最期まで自分らしく生きたい人の手助けとなることを願う。

ID119

大槻 実礼 ／Mire Otsuki

京都女子大学 家政学部 生活造形学科 是永研究室

設計期間▷ 4カ月
製作中の苦労や思い出▷ お菓子の大量摂取と真夜中の女坂下山
お気に入りの本▷ アートがわかると世の中が見えてくる
製作中に影響を受けた人物や思想▷ 藤野高志

ID121

風土で感じる
地層の隙間で育む未来

日々忙しく働く人々は食に対しての関心が薄まり、生活習慣に乱れが生じているのではないか。本来大切にしなくてはならない事を忘れているように感じる。私自身が生まれ育った地元、河内長野市にある寺ヶ池沿い。河内長野市の食材を育む豊かな土壌は、数千年間の地球の蓄積。その蓄積として現れる地層の表現する自由な姿の隙間には、重要な用途が挟まれている。自分達で実際に野菜や果物を収穫し、採れたての食材を使った料理を堪能する。ここに集った人達とのコミュニケーションでは新しい繋がりが生まれる。ここで過ごして見つけた心温まる出会いや発見から、また新しい日常を送ろうと思う。生まれ変わりを届けるオーベルジュを提案する。

ID121

池上 真未子／Mamiko Ikegami

大阪工業大学 ロボティクス&デザイン工学部 空間デザイン学科 建築計画研究室

設計期間▷ 3カ月
製作中の苦労や思い出▷ 睡眠不足
お気に入りの本▷ 10 mame kurogouchi
製作中に影響を受けた人物や思想▷ ザハ・ハディド

蠣遷の浮筏

「海のミルク」とも呼ばれる牡蠣。その牡蠣殻の廃棄は海の環境汚染原因の一つとなっている。また、牡蠣打ち場では担い手不足により、かつての生業が失われつつある。本提案では、生産元である牡蠣打ち場に牡蠣殻再生工場を付設し、牡蠣が循環するプログラムを建築として体現させる。それにより、市民に対して牡蠣殻の循環を可視化させ、地域社会にアプローチする。牡蠣殻から生まれ変わった肥料や浄水装置により、地域の植生や牡蠣筏の景観を再編し、地域循環社会を実現する。建築が山と海を繋ぐ役割を果たし、建築がその風景に溶け込むことで海から山まで続くランドスケープを生み出す。そして、時を経るごとに、地域の風景が育っていく。

ID122

片山 雅也 / Masaya Katayama

立命館大学 理工学部 建築都市デザイン学科 建築計画研究室

設計期間 ▷ 3カ月
製作中の苦労や思い出 ▷ 研究室仲間や先生との議論
お気に入りの本 ▷ 思考は現実化する
製作中に影響を受けた人物や思想 ▷ 宗本晋作

ID123

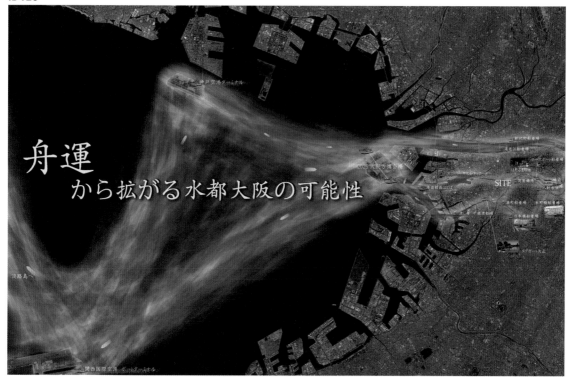

舟運から拡がる水都大阪の可能性

大阪の特徴である都市の中にひとつなぎで川が繋がっているのに対し、川から海へ舟だけで移動する際に必要な、川船から海船に乗り換える舟運乗り換えターミナルを提案する。場所は、大阪で最も多くの川の交流がある中央卸売市場の向かい。水辺にある防潮壁の在り方を考えながら、川と地の交流を考、水都大阪の拠点創りを考える。また、ターミナルの設計だけでなく、既にあるほとんど利用されていない船着場に最小限のデザインを加え、インバウンドは勿論、日常からの舟運利用を目指し、現代の水都大阪の可能性を拡げる。

ID123

櫻本 聖成／Sena Sakuramoto

大阪工業大学 工学部 建築学科 寺地研究室

設計期間▷ 4カ月
製作中の苦労や思い出▷「なぜ卒制をやるのか」という自分の問いに対しての答え探し
お気に入りの本▷ メモの魔力
製作中に影響を受けた人物や思想▷ 乾久美子／谷尻誠

幹 部 名 簿

役職		名前	大学	学部学科
代表		坂東幸樹	京都建築大学校	建築学科
副代表（会計）		葛城亜美	近畿大学	建築学部建築学科
副代表（書記）		澤 亜美	立命館大学	理工学部建築都市デザイン学科
企画班	班長	岡崎輝一	立命館大学	理工学部建築都市デザイン学科
	企画	石井凪紗	帝塚山大学	現代生活学部居住空間デザイン学科
	企画	池上真未子	大阪工業大学	ロボティックス＆デザイン工学部空間デザイン学科
	企画	播本直樹	大阪工業大学	工学部建築学科
	企画	小林優里	関西大学	環境都市工学部建築学科
	企画	木崎理沙	神戸大学	工学部建築学科
	企画	寺田壮志	立命館大学	理工学部建築都市デザイン学科
スポンサー班	班長	櫻本聖成	大阪工業大学	工学部建築学科
	副班長	髙杉優磨	摂南大学	理工学部建築学科
	副班長	谷口佳乃子	帝塚山大学	現代生活学部居住空間デザイン学科
制作班	班長	秋田次郎	京都大学	工学部建築学科
	副班長	大槻実礼	京都女子大学	家政学部生活造形学科
	副班長	川村泰雅	大阪工業大学	工学部建築学科
ゲスト班	班長	本山有貴	神戸大学	工学部建築学科
	副班長	藤澤駿大	京都建築大学校	建築学科
	副班長	眞下健也	神戸大学	工学部建築学科
会場班	班長	鎌田彩那	武庫川女子大学	生活環境学部建築学科
	副班長	纓坂友香	京都女子大学	家政学部生活造形学科
書籍班	班長	井上悟郎	立命館大学	理工学部建築都市デザイン学科
	副班長	片山雅也	立命館大学	理工学部建築都市デザイン学科
	副班長	前田菜摘	神戸大学	工学部建築学科
	副班長	山井 駿	京都大学	工学部建築学科
広報班	班長	二宮幸大	神戸大学	工学部建築学科
	副班長	岩田栞奈	武庫川女子大学	生活環境学部建築学科
学校代表班	班長	川﨑 蓮	京都工芸繊維大学	工芸科学部デザイン・建築学課程

未来を築く使命を担う。

明日のソリューションプロバイダーへ

AIMING FOR THE NEXT LEVEL OF CONSTRUCTION

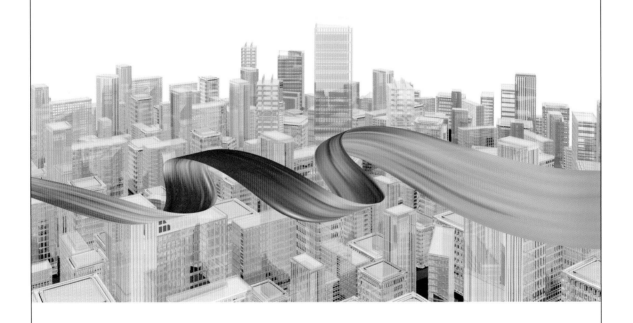

波に形はありません。
それは、新井組が持続可能な未来を築いていくために、
社会に対して様々な形に変化できる、
ソリューションプロバイダーとしての役割を担うことを意味します。

細い波が時間が経つとともに太くなるという表現は、
細い波は現在、新井組が社会に対して取り組んでいる課題を意味し、
太くなる波は 2030 年という未来に向かって、
更なる社会の課題に取り組む姿勢を意味しています。

波の色は、新井組が取り組んでいる SDGs ゴールの色でつくられています。

株式会社 新井組

本社　兵庫県西宮市池田町 12 番 20 号
TEL：0798-26-3111
東京支店　東京都港区海岸2丁目2番6号
TEL：03-6435-2501
名古屋支店　名古屋市中区丸の内3丁目5番10号
TEL：052-211-8849
URL：http://www.araigumi.co.jp/

株式会社 内藤建築事務所

ARCHITECTS

　創業以来、長きにわたる設計活動の歴史において、私たちは『いのちと生活を支える環境づくり』をその使命と考え、建築からまちづくりまでの幅広いフィールドでの創造に携わってきました。その一つ一つが社会活動であり、幅広い環境デザインの実践となっています。

　設計活動においては、医療や福祉分野に展開される"ヘルスケアデザイン"をメインフィールドとし、行政や教育、その他の分野への広がりを"ライフサポートデザイン"として広げています。

　建築物の企画・設計・監理のほかに、医業からまちづくりまでのコンサルタント業務全般を視野に収め、更には建物竣工後を視野に入れたトータルコーディネート業務を行っています。

本社 京都市左京区田中大堰町182番地
TEL. 075-781-4111
https://www.naito-archi.co.jp/

事務所：東京・名古屋・京都・大阪・広島・福岡

人やまちを元気にする

かたちとして生まれた建築、
その中で育まれたプロセスが地域・社会を豊かにし、
人の心を元気にする。
そうした願いを抱きながら、人と社会に寄り添い、
未来へと貢献してまいります。

✷ 安井建築設計事務所

www.yasui-archi.co.jp

ゼロ から100を生む仕事

https://zerohome.jp/

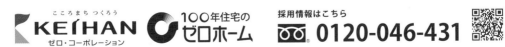

yasuyukifukae architects

Kiyoshi Sey Takeyama + amorphe

各種屋根工事

亀山ルーフ

株式会社ケイアール・ワーク

〒518-0625　三重県名張市桔梗が丘5番町8−10−1
TEL0595-66-4737　　FAX0595-66-4755

山田 登記測量 事務所
　　建築設計

土地家屋調査士
一 級 建 築 士

所 長　山 田 勝 彦

〒584-0025　富田林市若松町西2丁目1734-2
　　　　　　セブンフロアーハイツ1階
T E L：0 7 2 1 − 2 3 − 7 7 6 6
F A X：0 7 2 1 − 2 3 − 7 7 6 7
携 帯：0 9 0 − 3 7 2 0 − 6 3 9 6
E-mail：yamadaof@leto.eonet.ne.jp

岡文右衛門一級建築士事務所
大阪府摂津市　飼上1−5−7
072 650 5565/bun@mxz.mesh.ne.jp

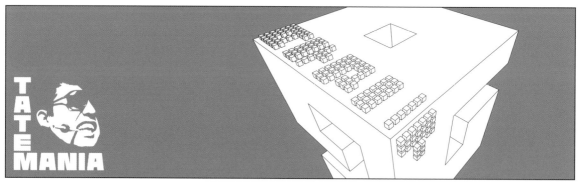

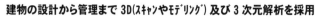

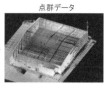
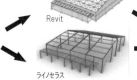
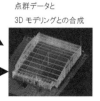

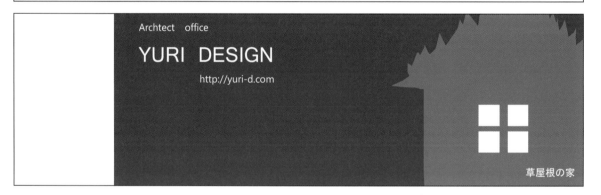

KFΛ
フジタケイ建築設計事務所

https://www.kfarchi.com　大阪府高槻市野見町2-8第2今井ビル4F

半海宏一建築設計事務所

みどり建築企画
一級建築士事務所
登録番号：第01A02155号

村上 とくかず Murakami Tokukazu

代表　CMR（コンストラクションマネージャー）

TEL　　　　：090-6750-0496
E-mail　　：toku0211@amber.plala.or.jp
携帯-mail：tora.papa.0211@ezweb.ne.jp

一級建築士事務所
有限会社　**小林吉則建築計画室**

代表取締役　　小 林 吉 則

〒920-0944 石川県金沢市三口新町1-12-10-301
TEL 076(263)6720 ／ FAX 076(263)6722
URL: http://www.koby-ap.co.jp/
E-mail: info@koby-ap.co.jp

一級建築士事務所
株式会社 カクオ・アーキテクト・オフィス
〒600-8463 京都市下京区高辻通り西洞院西入ル永養寺町 237-19
T：075-344-3557　F：075-344-4457　E：infom@kakuo.jp

KAKUO
Architect Office inc

中西ひろむ建築設計事務所

---

design SŪ

JAS ASSOCIATES
建築・まちづくりのコンサルタント
株式会社 ジャス
代表取締役　加藤精一
〒565-0861 吹田市高野台1-6-8(高野台近隣センター内) Phone 06-6833-6611 URL http://www.jas-ass.jp

---

人もいきいき、建物もいきいき
ARX KOBE

有限会社アークスコーベ　石丸　信明
〒590-0041 大阪市北区天神橋2-2-23 アークスビル
TEL：06-6136-1070／FAX：06-6136-1071
http://www.arxkobe.com

Blend Studio

Tato Architects 島田陽氏設計の宿泊施設The Blend Innを
2021年コンバーションしたハウススタジオです。
不定期で企画展やイベントを開催中。

〒554-0013　大阪市此花区梅香1-24-21
TEL 070-1745-1250 https://blendstudio.net

N2L

N2 LANDSCAPE 株式会社

野口健一郎
根本哲夫

n2landscape.com

UKH

人 と 人 の そ の 先 へ

大阪府大阪市中央区島之内1-7-21 UK長堀ビル4F

info@ukh.jp

PALM

株式会社パルム一級建築士事務所

◎ 株式会社　柏原工務店

一級建築士事務所

本　　社　京都府福知山市字観音寺304-16
　　　　　TEL 0773-27-3148　E-mail kwk159@skyblue.ocn.ne.jp
京都支店　京都市南区上鳥羽高島町69
　　　　　TEL 075-644-7000
【新卒・中途採用随時募集中】

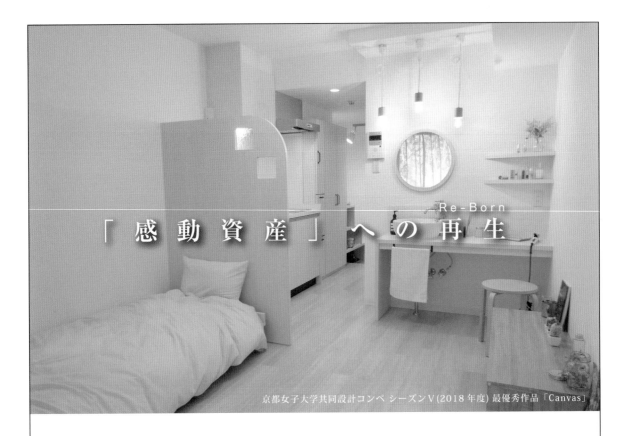

「 感 動 資 産 」 へ の 再 生
Re-Born

京都女子大学共同設計コンペ シーズンⅤ(2018年度) 最優秀作品「Canvas」

コ ン セ プ ト リ ノ ベ ー シ ョ ン

Re-Born

市場競争力が低下したマンションに新たな付加価値を与え
新築以上の魅力を創出するデ・リードのリノベーションブランド「Re-Born」。
デ・リードは京都女子大学様との産学連携の取り組みとして、
ワンルームマンションのリノベーション設計を
学生のみなさんに経験していただくコンペを開催しております。
その優秀な作品は、実際のリノベーション物件として施工しており、
学生さんたちの斬新な発想により
新しい生命が吹き込まれたマンションは、
「感動資産」として市場に再供給され、京都の街の再生に繋がっています。

De'lead

あなたとつくる笑顔の暮らし。

株式会社 デ・リード

本　　　社／〒604-8166　京都市中京区三条通烏丸西入御倉町85番地1　TEL.075-222-1710　FAX.075-222-1701
大阪オフィス／〒541-0041　大阪市中央区北浜一丁目1番27号　TEL.06-6201-5005　FAX.06-6201-3311
ホームページ／http://www.delead.jp
お問い合わせは／info@delead.jp

京都旅企画

https://www.kyoto-tk.com
TEL 075-394-4551

熊野寮

熊野寮とは?
月4100円で住める京大の学生寮です。
いつでも見学可能です！ぜひ遊びに来てください。

熊野寮について詳しくはこちらから⇒

熊野寮自治会は、築108年の木造建築
物、京大吉田寮への退去通告に反対していま
す。

抗議文はこちらから⇒

建築模型材料　画材　額縁

オレンジ画材

〒606-8203
京都市左京区田中
関田町 2-7 思文閣会館 1F

TEL：075-751-0845

http://orangegazai.net
E-mail:orangegazai@yahoo.co.jp

ALEX
a life exclusive

・インテリアコーディネート　・窓装飾　・照明　・空調　・緞帳舞台幕
・家具　・家具リメイク　・その他内装工事

株式会社アレックスコーポレーション
〒550-0005　大阪府大阪市西区西本町 1-13-38 4F
TEL　06-4391-3213　FAX　06-4391-3214

Campaign

新社会人になる方々への新生活応援キャンペーンを開催しております

・窓廻り商品（カーテン、ブラインド、ロールスクリーン等）
・照明器具

通常割引価格よりさらに１０％OFF でご提供いたします
「Diploma を見た」とお伝えください
ご友人・ご家族のご利用も OK です

お気軽にお問い合わせください

 ジョニーのからあげ ®

KYOTO

京都精華町／京都四条烏丸／京都白川通

 ジョニーのからあげ ®

KYOTO

精華町　　四条烏丸　　白川通

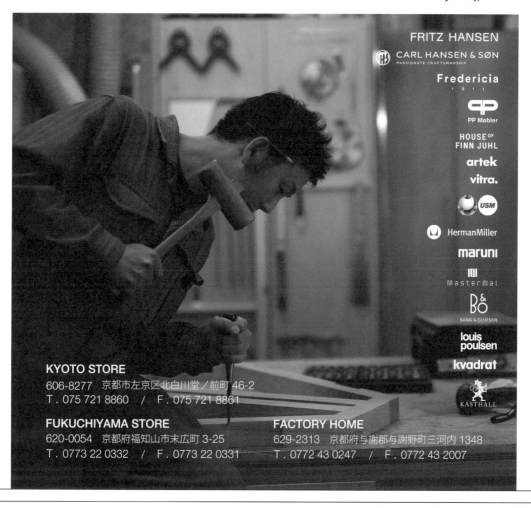

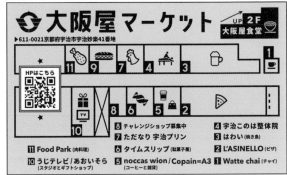

住福運輸株式会社

代表取締役社長
住田 米運
Sumida yonekazu

〒811-5223
長崎県壱岐市
石田町久喜触 19 番地
TEL:0920-44-5133 FAX:03-6888-6533

他の追随を許さない唯一無二の「講習システム」と「合格実績」

令和4年度 **1級建築士** 学科・設計製図試験

[令和4年度 学科+設計製図]
全国ストレート合格者占有率

No.1

57.9%

他講習利用者＋独学者／当学院当年度受講生

全国ストレート合格者 **1,468名**中／当学院当年度受講生 **850名**

令和4年度 **1級建築士** 設計製図試験 卒業学校別実績(合格者数上位10校)

右記学校卒業生
当学院占有率

58.1%

右記学校出身合格者 807名中／
当学院当年度受講生 469名

	学校名	卒業合格者数	当学院受講者数	当学院占有率		学校名	卒業合格者数	当学院受講者数	当学院占有率
1	日本大学	149	91	61.1%	6	工学院大学	63	48	76.2%
2	東京理科大学	123	67	54.5%	7	明治大学	60	34	56.7%
3	芝浦工業大学	96	62	64.6%	8	法政大学	56	33	58.9%
4	早稲田大学	79	36	45.6%	9	神戸大学	55	28	50.9%
5	近畿大学	74	46	62.2%	10	千葉大学	52	24	46.2%

※当学院のNo.1に関する表示は、公正取引委員会「No.1表示に関する実態調査報告書」に基づき掲載しております。　※総合資格学院の合格実績には、模擬試験のみの受験生、教材購入者、無料の役務提供者、過去受講生は一切含まれておりません。　※全国合格者数・全国ストレート合格者数・卒業学校別合格者数は、(公財)建築技術教育普及センター発表に基づきます。　※学科・製図ストレート合格者とは、令和4年度1級建築士学科試験に合格し、令和4年度1級建築士設計製図試験にストレートで合格した方です。　※卒業学校別実績について総合資格学院の合格者数には、「2級建築士」等を受験資格として申し込まれた方も含まれている可能性があります。(令和4年12月26日現在)

総合資格学院

東京都新宿区
西新宿1-26-2
新宿野村ビル22階
TEL.03-3340-2810

スクールサイト
www.shikaku.co.jp 　総合資格 [検索]

コーポレートサイト
www.sogoshikaku.co.jp

令和4年度
2級建築士 学科試験

当学院基準達成
当年度受講生
合格率
95.0%

全国合格率
42.8%に対して

8割出席・8割宿題提出・総合模擬試験正答率6割達成
当年度受講生498名中／合格者473名〈令和4年8月23日現在〉

令和4年度
1級建築施工管理技術検定 第一次検定

当学院基準達成
当年度受講生
合格率
91.2%

全国合格率
46.8%に対して

7割出席・7割宿題提出
当年度受講生328名中／合格者299名〈令和4年7月15日現在〉

Twitter ⇒「@shikaku_sogo」
LINE ⇒「総合資格学院」
Facebook ⇒「総合資格 fb」で検索!

開講講座 1級・2級 建築士／建築・土木・管工事施工管理／構造設計1級建築士／設備設計1級建築士／宅建士／インテリアコーディネーター／建築設備士／賃貸不動産経営管理士

法定講習 一級・二級・木造建築士定期講習／管理建築士講習／第一種電気工事士定期講習／監理技術者講習／宅建登録講習／宅建登録実務講習

Diploma×KYOTO´22

京都建築学生之会合同卒業設計展

——

2023年2月20日　初版発行

編著　　　京都建築学生之会

発行人　　岸 和子

発行元　　株式会社 総合資格
　　　　　〒163-0557　東京都新宿区西新宿1-26-2　新宿野村ビル22F
　　　　　TEL 03-3340-6714
　　　　　株式会社 総合資格　https://www.shikaku.co.jp
　　　　　総合資格 出版サイト　https://www.shikaku-books.jp

編集　　　株式会社 総合資格 出版局(藤谷有希)

編集協力　京都建築学生之会 書籍班

デザイン　株式会社 総合資格 出版局(三宅 崇)

撮影　　　瀧本加奈子、北川紗也

印刷・製本　シナノ書籍印刷 株式会社